生本教育三部曲

教育走向生本
教育激扬生命——再论教育走向生本
教育寻归自然——三论教育走向生本

教育走向生本
JIAOYU ZOUXIANG SHENGBEN

郭思乐 著

人民教育出版社
·北京·

图书在版编目(CIP)数据

教育走向生本 / 郭思乐著. — 北京：人民教育出版社，2018.3（2024.1重印）
ISBN 978-7-107-32424-6

Ⅰ.①教… Ⅱ.①郭… Ⅲ.①基础教育—教育研究—中国 Ⅳ.①G639.2

中国版本图书馆 CIP 数据核字（2018）第 059429 号

教育走向生本

出版发行	人民教育出版社
	（北京市海淀区中关村南大街17号院1号楼　邮编：100081）
网　　址	http://www.pep.com.cn
经　　销	全国新华书店
印　　刷	保定市中画美凯印刷有限公司
版　　次	2018年3月第2版
印　　次	2024年1月第10次印刷
开　　本	890毫米×1 240毫米　1/32
印　　张	8.875
字　　数	220千字
印　　数	29 001～32 000册
定　　价	30.00元

版权所有・未经许可不得采用任何方式擅自复制或使用本产品任何部分・违者必究
如发现内容质量问题、印装质量问题，请与本社联系。电话：400-810-5788

修订版前言

时隔17年,《教育走向生本》带着近30次的印刷和近30万的印数,得以再版,我作为作者感到非常荣幸。

在这17年之中,促使众多读者关注这本书的原因,也许是这本书所表达的观点受到了实践的检验,而且得到了广大读者的认同。我们甚至天真地认为,所谓有的人持不同观点,只是因为他们还不完全了解什么是生本教育。比如,如果生本教育说的只是人都有胃,那就几乎不会有不同的观点:人都有胃,这是一个基本事实。进而,如果讨论的命题是在大家共同承认的基本事实上发展起来的,那就不难取得一致。

生本教育区别于其他教育的不仅是因为它重视学生,为学习者说话,更在于它接触了一个基本事实,就是人生命中有一种机能、本领或能力,使人能够言语、思维和行动。这种能力发自天然,我们可以依靠它,我们发现它原来就是像吃饭、睡觉、消化食物一样的本能,但它更高级,我们把它称为高级的本能。我们只要依靠人的言语本能、思维本能和行动本能,就能借助于大自然先天的力量把教育做好。

在这里,我们实际上是借助了一个判断:任何物类,如果有一种本领,是它世世代代赖以生存和发展的,那么,这种物类就一定有这种本领相对应的本能(换句话说,这种本领生而有之),并且,本能不需要教,也不能教,一教就带来了混乱。

◇教育走向生本

这个判断并不难论证。如果幼体的高级本能不存在,它的生存本领要一点点教,这样教,是漫长而艰难的,幼体会来不及学习而缺乏生存的基本本领,无法生存,这种物类就会消失。所以任何现存的物类,不可能不存在相应于基本生存本领的本能。

采蜜是蜜蜂赖以生存的本领,所以小蜜蜂一定有采蜜的本能。对于小蜜蜂,除了提供环境,老蜜蜂不需要教它采蜜。如果偏偏要煞有介事地教,就会使它凌乱了,人们就会看到路旁许多掉下来的小蜜蜂。

进而想一想,在小蜜蜂出生之前,外界就有花朵在等着它,而它拥有与花朵共舞的一切高级准备,比如身体上就有采集花蜜的设置,脚上有刷花粉的绒毛。大自然对此秘而不宣,这是多么神奇而又美妙的事情。

根据上面的判断,由于人类发展和生存,并超出各种物类,靠的基本能力是语言和思维,于是人类幼体就肯定有语言和思维的本能。也就是说,语言和思维是附加在遗传基因里的生而有之的能力。大人不用教,只要提供一个环境,孩子们就会自己学会语言,运用思维。这符合千家万户的育儿经验。

发展语言的方法很简单,就是让他运用语言;发展思维也很简单,就是让他使用思维;甚至发展语文素养也很简单,这就是让他认了字就读书,教他写字,让他自己学写更多的字,适当的时候用笔把想说的记下来。

这就带来了教育的极简方式。我们极简,孩子们可不是极简。他们有了基本的环境,有了时间,有了空间,就像小苗在农人的帮助下长了根,自己就会长大一样,学习和成长的生活丰富而精彩。他们生命激扬,情感奔腾,智慧蓬勃,能力生长,在学习的核心之处欣然忘食,非常认真,然而浪漫。

如果这个判断是对的,那么我们的教育问题就解决了。解决方案就是相信孩子们,尊重孩子们,依靠孩子们。

修订版前言

这正是生本教育的宗旨，也就是生本教育的原理、核心所在，是《教育走向生本》通篇所阐述的思想和做法。

17年来，我们一想到这样的想法，一看到这样的想法带来的"快乐、素养、成绩"的现实，就会情不自禁，乐不可支，瞬间忘记了我们是一些学者，而承认是乐天派。我们所乐的是天，是大自然，它给了我们的教育以这样的出路，这样的美好。

顺便指出，我们形成了我们的一种工作哲学，这就是"究天人之际"。这句话源自司马迁的《报任安书》："究天人之际，通古今之变，成一家之言。"

我以为，后面两句对我们不太重要，重要的是，我们靠着"究天人之际"，了解了大自然给人类成长所准备的伟大力量。借助了大自然的力量，我们走通了一条路，靠生本，出素养，提质量。

多年来，难以解决的一个重要问题就是我们的教育径直地奔向考试，从而也奔向本本，所有语言的、思维的、行为的细节，都变为知识，充填了本本的全部空隙。这样，管理者、教师、学生花费了无穷多力量，去对付浩如烟海的细节。这样的处置方式，唯一忘却的就是人的言语、思维、行为的生命本能，也忽视了这些本能将在人的学习活动中进一步发展，形成素养，而且仅仅在包括言语的实践、思维的实践和行为的实践等学习活动中，才能形成和发展素养。

素养延伸出所有的细节。素养是所有成绩的营养。

简言之，当教育离开了作为教育对象、教育动力、教育过程的栖居地的人，就会变得波诡云谲、复杂困顿。反之，如果依靠了"人"，一切都会变得非常简单。

因此，"究天人之际"是我们解决教育问题的根本方案。而许多对教育的诟病、建言，始终处在人人之际，而不在天人之际，不能借助大自然的伟大力量来改变和提升教育。这时教育遇到的最简单的问题都会复杂化。比如，人们批评某些超级中学，却始终未能

◇ 教育走向生本

阻止这种现象蔓延，而真正要解决的，是找出"生本"的办法，超越这些超级中学。

生本教育的实践，创造了一系列成功的案例，人们说这简直预想不到。

岁月流逝，一届一届的"生本"孩子们毕业了，一个个实验学校、实验区发展了，众多的校长和教师成长了，他们成了名校长和名教师，活跃在教育改革的大地上。时间证明了教育走向生本的判断。

因此在再版之际，除了一些细微的地方需要调整之外，本书基本上不加改动。

由于《教育激扬生命》是《教育走向生本》的"再论"，所以，本再版前言，也用于《教育激扬生命》一书的再版。这两本书再版之后，我们将出版《教育寻归自然——三论教育走向生本》。

谢谢《教育走向生本》的出版者人民教育出版社，以及广大读者、校长、教师和家长们。

郭思乐
2018年3月20日
于华南师范大学

原版前言

教育面对的是人。杜比宁在《人究竟是什么》中写道："人是地球上物质发展、有机进化过程的最重大的成果。""人的出现标志着物质运动的新形式即社会形式的产生。只有人才具有认识自己、认识和改造周围世界的能力。"可以说，整个人类，每个人都是过去、现在、未来的丰美世界。我们面对的孩子，哪怕是数学才考了十多分，哪怕是还拖着鼻涕，哪怕是字写得曲曲扭扭，有一点是可以肯定的，即作为人类的一代，他们都像长江一样，"从远古走来"，又"向未来奔去"。在他们后面的，是人类50万年进化发展的历史；在他们前面的，是正在展开的现代社会，他们将会居于今后所有事情的核心。儿童不可限量。所以，对儿童的尊重，是理所应当的。此外，作为教育者似乎还需要思考这样的问题。假如你是一个裁缝，你给儿童做衣裳；假如你是理发师，你给儿童理发；假如你是牙医，你给儿童打理牙齿：这些职业都是改变儿童的外部。然而，我们既不是裁缝，不是理发师，也不是牙医，我们是教育工作者，我们要改变的不是儿童的外部，不是装饰儿童，而是改变儿童自身。我们用语言来影响他，用环境来作育他，用活动来培养他，但就是没有办法像裁缝、理发、做牙那样地对儿童剪裁、修剪、打磨，我们所做的，全都要通过儿童自己去最后完成，这似乎有点无奈。然而，一旦我们醒悟这一过程的必然性，就会明白教育过程的主人和主力，原来是儿童自己，我们只不过是儿童自主发展的服务者和仆人。我们必须一切为了儿童，高度尊重儿童，全面依靠儿童。否则，我们的教育工作就会做不对、做不好、做不了。

现在的问题是，我们很不容易认识到我们所处的真实地位。多少年来，我们一直认为自己就是教育教学过程的主人。而今天，我们却认识到了这种判断并不符合实际。并且，时代进步、社会发展、教育内部问题的累积、学生的生存状态的改变，使我们迟早都要说破这样一个事实。当然，说破的目的是改变。我们需要把为教者设计的教育，转变为为学生设计的教育，即把师本教育转变为生本教育。这是一个重大的策略性的教育转变，是带有体系意义、根本意义的转变。近年来，我们在理论和实践上一直在探讨这个问题。本书的主要想法和内容，就是在这样的大思考和一定规模的实践中形成的，并且受到对此进行研讨的学术活动的推动。

2000年年底，香港教育署组织部分中小学校长和教师到华南师范大学研习生本教育理念，我为他们作了《生本教育的理论与实践》的讲座，并请他们参观了我们的四所实验学校：深圳东方英文书院、南头小学、广州市天河区华阳小学和昌乐小学。参观者很感兴趣，并希望我把生本教育的想法整理出来；内地也有一些校长和教师们建议我这样做。他们的鼓励加上生本教育的实验使我产生了表述想法的强烈愿望，于是，在春节前后，我写了约十五万字的《教育走向生本》一文。

我把这篇文字及近年来我的有关生本教育体系的文章（其中主要是在《教育研究》中刊登的四篇相关论文）以《教育走向生本》为题成书，并承人民教育出版社惠予出版。

在本书中，我结合了二十年来特别是近三年来我开展的从加强知识发生过程直到生本教育的实验研究，对生本教育的意义、概念、产生背景、哲学思考、主要观念和操作体系等等作了阐述。在写法上，力图联系实际，同广大教育工作者的阅读习惯相一致，希望能便于阅读，这就难免稍同一般学术著作有所区别。此外的若干

原版前言

篇文章，主要谈及了生本教育的理论、感悟和一些概念，也对生本教育时期的教育科学研究的新问题进行了探讨。

在本书撰写过程中，参加生本教育实验的有关学校校长和老师给了我很大的帮助，林少杰、李巧萍、高广方老师以及我的研究生徐论初同志协助我校对稿样，并提出了改进意见，谨此致谢。

人民教育出版社吕达副总编辑、王莉主任和本书责任编辑蒋凯对本书进行了认真的审稿、加工，本书质量的提高得益于他们提出的宝贵修改意见。为满足实验学校和广大读者的迫切需要，人民教育出版社有关领导和出版部门加紧本书的出版进程，体现了敬业精神和工作效率。在此谨致谢忱！

出于仓促和水平所限，本书一定有许多不足之处，请读者提出宝贵意见。

郭思乐
2001 年 3 月 28 日
于华南师范大学

目 录

上 篇

引子 3
 一个教育实验 3
 各个年级都行吗 5

一、**两种教育体系** 9
 关于"体系" 9
 东方文化背景下的丰花硕果 10
 "为教师的设计"就是"为学生的设计"吗 13
 教师的意志就是学生的意志吗 13
  抛秧的启示——尊重人的内部自然 15
  是懒人有懒福吗——内部自然的无意适应 16
  当鞋合脚时 18
 教师的认识规律就是学生的认识规律吗 21
  成人的演绎为主律与儿童的归纳为主律 23
  截流式教学与源流式教学 25
  成人认识的理智律与儿童认识的情感律 27
 师本教育的连动式机制与生本教育的激发式机制 30
 现代生本与人本主义的区别 33

二、生本教育体系的若干理念 …… 35
价值观：一切为了学生 …… 35
伦理观：高度尊重学生 …… 37
儿童是天生的学习者 …… 37
儿童人人可以创新 …… 44
儿童潜能无限 …… 48
儿童的独立性 …… 53
行为观：全面依靠学生 …… 59
学生是教育对象，更是教育资源 …… 60
让学生发生"变异"的新教育生态 …… 65
儿童发展现状的呼唤 …… 71

三、生本教育体系的哲学思考 …… 74
超越两难之法：判明中心 …… 74
无为而为 …… 76
教少学多 …… 78
10/7乘以10/7——从语文读写加速现象看教少学多原理 …… 83
给一张活性蓝图：从计划教育到自调节教育 …… 87
红杏枝头春意闹 …… 89
可以双赢 …… 103
线性思维的最后壁垒 …… 105

四、生本教育的课程观 …… 108
小立课程，大作功夫 …… 108
整体领悟与知识生命 …… 116
课程的整合 …… 119
关于"人生识字糊涂始"：再说课程整合 …… 120
关于思想和技术的思考：大课程整合 …… 124

五、生本教育的方法论 ································ 132
先做后学与先会后学 ······························ 132
先学后教与不教而教 ······························ 135
以学定教与内核生成课程 ·························· 137
一个以学定教的案例 ······························ 140
讨论是学习的常规 ································ 145
感悟：人的精神生命拓展的工作间 ·················· 149
读和做，缓说破——促进感悟，开发潜能 ············ 156
关于两极分化 ···································· 162

六、生本教育的评价与管理 ···························· 167
评价技术与评价策略 ······························ 167
新错误观 ·· 170
课堂组织形式的变化 ······························ 172
改变课堂组织形式的若干案例 ······················ 175
教育教学管理 ···································· 186

七、若干相关问题的思考 ······························ 189
教师与教师的主导作用 ···························· 189
生本教育与学习化社会 ···························· 191
生本教育中的德育 ································ 192
数字化技术使生本教育如虎添翼 ···················· 194

下　篇

一、正确认识学生，深化教育改革 ······················ 199
两种教育模式特征之比较 ·························· 199
师本教育模式的要害——对人的虚体设计 ············ 203
正确认识学生 ···································· 205

二、枯叶蝴蝶——关于学习天性……………………………… 209

三、学习化社会的序歌…………………………………………… 218

四、教育之道，启发潜能………………………………………… 222

五、论科学观念教育在学科教育中的地位…………………… 226
  科学观念的培养是学以致用的关键…………………… 226
  科学观念教育是现代社会对学科教育提出的要求……… 230
  科学观念教育是提高学科教育水平的动力……………… 233

六、让学生通过自己的思维学习数学………………………… 237
  思维教育是数学教学的潜在目的………………………… 237
  思维教育涉及复杂的思维条件系统……………………… 239
  思维教育的重点是作用于思维场………………………… 241

七、教育科学研究向自然科学借鉴些什么…………………… 246
  借鉴自然科学论证的彻底精神…………………………… 246
  借鉴自然科学用微观或超微观研究确定宏观规律的
    方法…………………………………………………… 250
  借鉴自然科学以间接研究取代直接研究的方法………… 253

八、繁荣教育科学，促进教育创新…………………………… 257
  教育科学推动新的教育理想的构筑……………………… 257
  教育科学是战胜非科学流俗的强大武器………………… 261
  教育科学正在成为积极改变现状的行动科学…………… 265

上篇

引　子

一个教育实验

　　整理这本书稿的时候，我们新一批 26 所进行生本教育实验的学校的孩子们正在学着我们设计的教材。这些教材的核心之点，是要让儿童取得真正意义上的主体地位，最大限度地依靠儿童的内部自然来进行教育或教学。一年级的孩子入学才三个月，就在一种自主程度很高的学习中变得十分兴奋，他们很快就能阅读，他们可以朗诵诗文，讲述故事，演课堂剧；他们在游戏中短时间就学会了过去难学的数学，而且成绩要更好。孩子们入学七八个月，就开始出现了自主的阅读写作热，他们或用纸笔，或用电脑，写出了一篇又一篇的日记、文章，其文思敏锐和吸收信息的效率，大大超出了原来的预期。二年级的孩子，有更多的精彩表现。老师们说，他们许多时候甚至有类似五六年级的孩子的那种反应能力和朗读能力。连执教的老师们也感到惊奇：这样轻松就可以使孩子们得到过去苦教不果的东西！我的一个研究生回到她原来工作的农村小学，发现那里开展这项实验之后，学生同样起了很大变化。她说，这所小学都能行，其他学校也肯定行。……所有这些，使参与研究和访问学校的许多人都感到兴奋。

　　这些学校让我们看到了许多东西。然而，我想说的还不是由此表明我们的设计如何好、教育观念如何先进，因为具体的设计和某种理念总是可以争议的。令我满怀感激想要表述的是，我们终于有机会看到了这个事实：儿童在某种考虑其天性的教育条件下，可以达到这样的状态——他们在学习中如此兴奋不疲,他们不让老师下课,为的是要让自己有机会讲述从书上看到的故事。一年级的学生就在进行着有趣的统计、分类、评判,进行学习性的游戏,他们自编儿歌,自编谜语,每个事实都在彰显孩子们的潜能无限,都在呈现着他们是天生的学习者,而且,由此还表现出不多见到的学习效率。事情正如蒙塔古所说,在地球上所有生物中,孩子是最为如饥似渴的学习者,也如克莱恩说的"一旦我们开始根据人类的天性做事,过去认为复杂的事也都变得简单"。

在这样的教学里起作用的是什么呢?是注重了教学的交付。教师尽快地让学生自己活动起来,去获得知识,去解决问题,把可以托付的教学托付给学生。这似乎是一种新的教育思路。此时,学生处在真正自主的状态中,他的潜能得到激发,他的天性得到发展,他的收获像鲜花怒放。我们把这样的依靠学生、为学生设计的教育和教学,称为生本教育体系。著名教育家夸美纽斯在《大教学论》中写下了他的教育理想:"找出一种教育方法,使教师因此可以少教,但是学生可以多学;使学校因此可以少些喧嚣、厌恶和无益的劳苦,独具闲暇、快乐及坚实的进步。"生本教育体系希望实现这样一种理想。

生本教育体系在经济比较发达的、开放改革的前沿地区产生,并不是偶然的,它是社会经济进步和学生丰富多彩的生存状态的反映。它正在引起人们的注意,发展成为一种具有现代特色的教育方式。我们所进行的教材初步实验(生本教育实验的一个重要组成部分)的事实证明,学生不仅是教育对象,更是教育的最重要资源,是动力之源、能量之库;依靠学生的内部自然发展学生的学习天性,释放学生的能量,是教育改革的一项有效的策略思考,它为素质教育提供了一种有效的操作体系,同时鲜明地体现了素质教育的本质含义。我们有理由希望,基础教育的许多问题,诸如"减负",教师苦教、学生苦学、两极分化、高分低能,教师不足,以及培养既有创新能力和实践能力又有很高学业发展水平的人的矛盾等等，可以由此获得较好的解决。这一研究不但对于经济发达的地区，而且对于其他地区的教育改革和发展都具有重大的意义，具有广阔的前景。

面对这样的前景，我们为之激动，为之感奋，并立即感到我们有这样一个重要的使命，即为更多的孩子，为各年级的孩子提供生本教育。

各个年级都行吗

我们立刻就产生了担心。小学低年级可以作这样的改革，小学高年级行吗？中学行吗？其他的各个年级行，高三大概不行吧？文科行，理科能行吗？我回顾自己20年来的研究实践，把这样的理念和做法连同问题向我们广东省教育科学研究所主持的全省普教系统"百千万人才工程"的学员提出来，向许多执着地进行教育改革的校长们、老师们提出来，获得了许多肯定的回答。

1995年参加我的数学教育研究生课程班的罗忱红老师是深圳市福田区教研室的教研员。她主持了三所小学高年级为期三年的数学活动教学，让孩子们通过讨论和动手自己去寻找数学的事实和规律。三年结束时，这些孩子绝大多数都十分喜欢数学课，他们创新思维和动手能力的提高自不必说，进入重点学校的学生的比例比全区平均数高出了四倍，特别是，在全国华罗庚杯比赛中，全深圳市前八名中有四名（含第一名）是该实验班的学生。

最近一年多来，我们举办了广东省普教系统"百千万人才工程"培养对象高级研修班，广大学员把研修与教学结合起来，类似的成功事例就更多了。

原在汕尾中学、现任教于深圳外国语学校的沈晓仪老师对高一学生进行了生本教育的作文教学改革，学生的作文水平、兴趣都有了很大的提高，有的学生还写出十多万字的中篇小说，在报纸连载。

专家培养对象中的特级教师罗易、黄永光老师让自己的学生分别访问、请教百位名人，其中包括许多院士、省市领导等，学生以十分兴奋的心情去访问名人，去深入思考，去写出自己的文章。他们的文章和与名人的往来，收进《百位名人是我师》、《百位名人教我学》两本文集中，凡七十余万字，虽不能说字字珠玑，但可以说篇篇可读。

深圳外国语学校的外语教师邬晓丽老师多年来把英语与社会、学生的学习生活、学科活动结合起来，学生在麦当劳快餐店、公园、海滨到处学英语，在课堂上充分地进行英语活动、讨论。这样的改革，并没有像一些人担心的那样，会以降低中考成绩为代价；相反，学生学习效率提高，连年中考都在全市排第一。她培养的一位学生经过高中，上到北京外国语大学，获得英语口语比赛第一名。

梅州市曾宪梓中学谢锦新老师对高中物理进行改革，让学生自己设计实验，开展讨论式的学习，在一年内就产生了效果。学生纷纷报读"3＋X"中的物理，认为物理是最有意思的学科，而且高中会考成绩上升，出现了省抽考一等奖的尖子生。谢老师还得到了原来的差生给予的"差生的救世主"的赞誉（见该校所征集的学生意见书），谢老师也深深感到，在这样的改革中我们所进行的是一项没有失败者的活动。

深圳外国语学校罗华老师在高三"禁区"也进行改革，通过每周一次的历史问题讨论，学生对历史学习充满了感情。一位学生要去加拿大了，临走前他坚持要多参加几次这样的讨论。在高考历史完毕之后，全班学生当场围成一圈，请到考场看望他们的罗老师站在中间，深深地向罗老师鞠了一躬，原因是，他们在考试中立即感受到了成功。成绩公布了，这个班平均得分637分，居全市第一。

回顾这段历程，罗老师感慨地说："岁月使我变老，教育使我年轻。"

我们把这些老师请上讲台，给广东省"百千万人才工程"的培养对象作报告，受到了热烈的欢迎。最令我难忘的，是这些老师在实施生本教育体系的改革中产生的那种激越情怀，以及他们在谈到自己学生的时候眼睛里的光彩。柯南道尔写到福尔摩斯听人家谈起他的成功案例时，也是这样的目光炯然，但我们的老师肯定是有过之，因为他们眼中闪耀的不仅是一般的爱，而且是一种不断发现孩子们蕴藏的新的激动。更为美妙的是，蕴藏因人而异。于是，作为老师，永远有这种目不暇接的风景。几乎每个实验老师见到我，对他们的学生每天冒出来的新的变化，都如数家珍。他们说，这种变化每天都有，真的，每天都有。我甚至想，如果这中间有哪个老师有什么不快活，一旦跟他讲起班上的孩子，他定会眉眼舒张，开颜为笑。

进行了以学生为中心的教育实验的坦恩鲍姆在写给罗杰斯的信中说："这一切的结果——这也正是我写信给你的原因——对我来说是一次无与伦比的、无法用一般语言及表述的经验。连我自己也无法完全解释这一情况。我只是对它发生在我身上感到庆幸。""我发觉我从来没有像喜欢这批学生那样喜欢任何其他一群人，我还发现——学生们在最后的报告中表达了同样的看法——他们自己也开始感到温暖、充满善意，愿意接受他人。""对我来说，这是一次全新的经历，使我感到诚惶诚恐。我相信，虽然我有过尊敬我、钦佩我的学生，但是，我从未有过课堂气氛如此热烈、关系如此亲密的经历。"我们的老师也深有同感。

过去，小学四年级以上的学生其求知欲和表现欲一般要下降。但从改革实践来看，这不过是在师本教育体系下出现的现象，只要是保持生本状态，只要不断开发学生的认知能力而不是封闭它，只要始终保持情境的适度挑战性，只要让学生有适合其年龄特征的舞台，只要永远使学习带有与他们的个体相联系的意义，在他们所认识到的越来越多的事物的比较和启示之下，他们的求知和表现的要求就会更为强烈。古今中外都有许多例子可以说明这种人类文明的召唤力，如何使得人不断提高他的抱负、能量与功能的范围。颜回说，他看孔夫子，"仰之弥高，钻之弥坚"（越仰望，越觉得高大；越钻研，就越感到坚固）。哲学家波普尔在说到他的老师波什时赞颂道："除了我的老师之外，没有任何人那么地影响我……因为正是我的老师使我不仅懂得我是多么的浅薄无知，而且懂得我所追求的任何智慧，只在于更充分地认识到自己的无知是无限的。"章太炎在瞻仰郑和庙时，叹息于"寻君千载后，而我一能无"——大学问家章太炎竟然在与郑和相比之下感到"一能无"！而我们谁也没有在郑和面前有过自己无能的感慨。可见大智慧产生高境界。人的自我实现的本能，不会因为知识的增加或年龄增长就消失，关键是要发展他的认识能力以及提供一种挑战自我的创造情境。我们的任务，是要保持儿童的这种追求的天性。

尽管有了不少例证，我们还是要给生本教育体系找一个说法。

一、两种教育体系

关于"体系"

我们原本不应轻言体系。然而,当时机成熟之时,且不谈体系就难以解决问题的时候,我们就不得不把它勾画出来。这不是为了标新立异,而是为了指出我们认识到的某种事实。实践证明,仅仅零敲碎打的改革,已经不足以解决今天的问题了。基础教育的一切都是那样的互相牵制,如果你想在教法改革的某一个阶段有所成就,就必须牵动教材、教法、教育管理及评价,进而指向人的观念的更新。

有人可能会说,这一点我们早就注意到了。你看,我们不是也有很活跃的课外活动吗?不是在课堂上鼓励学生发言吗?不是在天天号召教学要以学生为主体吗?当然这些做法都不无裨益,但它在多大程度上起了作用,则还是值得探讨的。因为,在学生基本上处于被动地位的师本教育体系中,如果不触动核心课程而只作局部的变动,就不可能使学生成为真正意义上的学习主体。譬如说,就教师好教来说,拆分式的小步子教材是有利的,但靠着过度分析的教材,我们的学生就没有时间和空间可以施展,成为主体就是一句空话。又如,如果不尽早给学生发现和思考的工具的话,他们就只能处处依靠教师,把他们叫作主体,也充其量是个没有资本的老板或者是高级打工者,而不是真正的主人。就教案来说,必须留有学生活动的空间,最后的教案是在课堂上,是在学生活动的过程中确定的。如果我们要求教师还是要写出详细的进程性的教案,就不可能容纳学生的活动,学生不能在这样的课堂上开展任何创造性的思考,也就永远不能摆脱教师的控制,他们的思维就会日趋刻板,这样的教案束缚学生,同时也束缚了教师的思想。再有,如果我们的评价体系还是过去那样的话,无论什么改革也只能充满后顾之忧。思考包括观念、课程、教材、教法和管理评价等等所构成的体系问题,是今天的新一轮改革的关键。

我们已经十分熟悉眼前的教育模式或教育体系。如果突然听说眼前的体系有什么问题的话,可能会很不情愿,很不习惯。我们过去当然也承认教育存在问题,但我们一般都认为,这是高考指挥棒的毛病,而不是体系自身有何不妥。但是,在本书中,我们想要说明的是,我们原来的体系基本上是一种师本的教育体系,也就是一切都是为教师好教而设计的,以教师为中心的。过去我们也认为,教师好教就是学生好学,然而现今研究的成果表明,两者并不等价,而且,有许多时候甚至是对立的。我们需要为学生设计一种以学生好学为中心的教育体系,原因很简单:整个教学的目的和教学过程的终端,是学生的主动发展,而不是教师善于教。

这样,我们提出的生本教育体系就有这样几个特点。

第一,它力图不仅仅在方向上强调以学生为主体,不满足于局部改革,而是探讨落实学生的主体地位的整个体系问题,因而具有彻底性。

第二,它把过去的教育基本上看成是师本的,在对比的基调上揭示生本教育的存在和意义,因而较此前的相关研究有更多的根本性和鲜明性。

第三,它提出相应课程和教材的改革框架,因而较有可操作性。

东方文化背景下的丰花硕果

由香港教育署组织的一批中小学校长和教师访问我们的四所生

本教育实验学校，一件小事令他们印象深刻：当小学生在自己的游戏或活动中兴高采烈的时候，老师一声"一二三"，同学们立即响应"坐端正"，顿时鸦雀无声，特别地给人一种动静得宜的感觉。这样就减少了对学生动起来难以收拾的担心，同时使人联想，为什么我们上面提到的较为彻底的改革，会取得如此成绩？

原因在于，我们的生本教育改革是在东方文化背景下进行的，东方讲究系统的、秩序的儒家文化传统，这种传统深入到每个家庭、每个社会的细胞，每个人的头脑和生活习惯之中。在我们对教育作这样那样的重大改革的今天，这种作为背景的文化，是不可能也不必要抹去的，它会顽强地表现出来，成为教育改革的潜在的、稳定的甚至是制衡的力量。由此，我们朝着生本的方向进行体系性的较为彻底的改革，乱不到哪里去，反而会在独特的文化背景下结出丰花硕果。

有人说，杜威是强调以儿童为中心的，美国是强调儿童的创造性教育的，然而，他们的实践并不完善。美国的教育界现在不是正在出现一种向我们学习的潮流吗？他们正在思考如何提高儿童的拼读能力，如何加强考试。而我们的学生参加世界中学生学科奥林匹克的笔试，总是获得高分，这不是很可贵吗？我们的改革会不会把自己的好东西也丢弃了呢？

我们说，在美国这样一个素来就比较强调儿童个性的国度里，推行儿童中心教育当然也是必要的，但可能产生较多的问题，如可能过度地放任自流。然而，在我们传统的文化氛围之中的生本教育改革，却如同晴空之见云霓，会产生优势互补的效应。事实上，无论是我们的改革还是美国的改革，都不是简单的学习国外教育的结果。它主要是由本国教育自身的矛盾决定的。美国教育崇尚创造性，不注重对儿童的规定和限制，特别是不重视作为社会的或人类的规范的那样一些工具性的知识；我国的传统教育崇尚循序渐进，强调对儿童的规范，不注重儿童天性的发挥。双方的改革，都是朝着自己的薄弱方面进行,这都取决于内部的需求,是内部的矛盾运动。当然,如果一个旁人来看,便会以为是美国学了中国,中国学了美国。事实上,两国的教育固然在互相学习,但同内部需求相比较,这种借鉴只起到推动的作用,并非决定性的因素,我们大可不必把美国加强基础的调整看作是由我们的文化输出造成的,同样也不必认为我们的改革就是学美国的结果。试想想,多少年来,我们的基础教育中,学生的负担越来越重,高分低能的现象日益突出,对人创造精神的压抑愈演愈烈,而时代和国家的建设发展却需要更多的创新精神和实践能力的教育,这些难道还不足以成为我们寻求改革的动力吗?

从矛盾的普遍性来看,无论开放或规范,限制或自由,都有着各自的长处和短处。比如我们坐在房间里,开门可以使得空气流通,关门可以使得噪声减少。要开门还是关门,视乎当时的价值取向。我们今天之所以要进行教育改革,是由于时代转型、社会经济进步、对现代人的要求和教育内部问题的累积等因素,决定了我们的价值取向,要求我们坚决地从师本教育转向生本教育,把发挥学生的积极性作为当前解决教育问题的最有效和最重要的策略。

于是,在东方文化之下,我们尽可以比较放开手脚进行生本教育体系的改革。那么,这样做会丢掉基础吗?我们说,当然不。把人发动起来,依靠人,不是去做别的,而是更好地学习。而自主的有成就的学习,必然会要求和形成坚实的基础,问题在于这样的基础是由学生自己夯实的,而不是由他人赐予的。其结果将会是,我们进行的是培养强势的人的改革,而不是培养弱势的人的那种局部的、只注重展示性的应景和赶时髦的改革;我们的素质教育必然大大提高人的培养的效率与质量,成批成批地涌现在自己基础上充分发展的儿童,真正达到"天生我才必有用"的境界。我认为,说生本教育是有教无类且培养大批高才生的教育,并不为过。而这不就是我们孜孜以求的目标吗?

"为教师的设计"就是"为学生的设计"吗

真正把师本和生本分离出来,我们首先需要解决的,是了解为教师的设计和为学生的设计是不同的,两者有着巨大的差异。

初看起来,两者几乎没有什么区别:为教师的设计就是为学生的设计。但实际情况比这要复杂得多。

比如说,学生是教育过程的终端。然而,为教师的设计却是非终端设计,它只考虑教师好教,而不管学生好学;为学生的设计是终端设计,它考虑到了教育任务的最终完成。

比如说,学生是教育过程中的重要资源。然而,为教师的设计却否认这一因素,以教者和课本为全部资源;而为学生的设计强调教育对象的资源性,从而使教育的资源总量极大增加。

比如说,学生是一个个生命实体。为教师的设计忽视学生的生命实在,因而进行的是虚体设计①,而不是以活生生的学生为对象的实体设计。

这些问题,其实还联系着一些更基本的问题,比如,教师的意志就是学生的意志吗?教师的认识规律就是学生的认识规律吗?等等。

教师的意志就是学生的意志吗

在课堂上,教师经常把自己的意志传递给学生,或要学生依照自己的意志办事。比如,我们要学生加班加点,去做好我们布置的作业。一般来看,儿童和家长都会依照老师的指示来做,在这一点上,老师的指示几乎是至高无上的。几年前,某市教研室的一位教

---

① 见本书"正确认识学生,深化教育改革"一章。

研员告诉我，他孩子的老师要求：学生如果少做了几道题，就要补做几的立方道题。这也可以说是以重典治小事了。这位教研员的孩子有一次少做了10道题，只好补做10的立方道题即1 000道题，教研员（须知他是"管"老师的）只好在寒夜中陪孩子苦读。这样，似乎老师的意志已经转化为学生和家长的意志了。然而，这只是学生的主观意志服从于教者的意志，除此以外，学生还有自身的自然规律所反映的自然意志。自然意志连主体自己都不能察知，它就更不屈从于外部压力了，只要你的做法违背了人的自然，人的自然就要加以报复，并且表现为一种隐性而长期的过程。譬如，日复一日，突然有一天，儿童彻底地对这门学科感到厌烦了，而且永远地成为差生了。这是儿童自然意志的宣示，不以我们的意志为转移，正像今天大自然的报复——环境污染、威胁生存，我们对此始料不及一样。最近一则报导说，许多物种日出而作，日落而息，唯独人类发明电灯后深宵不寐，于是，20世纪后半叶，人类怪病丛生。要克服这个问题，最好是"关灯，睡觉"，回归自然。如果这一报告所言属实，爱迪生地下有知，当作何感想？

教育总是要对人进行限制的。在某种意义上，甚至可以说，教育就是限制。比如，看到了一个单词book，我们要学生按照人类的规范去读它和理解它，我们要让学生去认识和掌握人类认识的一切有用的东西，要适应人类的社会生活，这就需要有某种制约。如果形象一点说，人类的先祖把具体的知识留在世上，要我们去学习它。但我们常常忽视一件事情，即先祖还把认识世界的基本程序，包括人的学习天性和人的潜能，人的学习的一些母结构——例如，我们学习语言的时候，可以感觉到这种母结构的存在，所谓用某种语言思维，其实是这些结构在运作，如同爱因斯坦说的，在头脑中出现的是一些符号，语言是后来才费劲地找出来的东西——等等用密码的形式留在我们的细胞里和头脑中。这样，我们得以用自身的内存去学习外部世界，就此来看，大自然的安排是何等巧妙。它实际上告诉我们,教育在给人以限制的时候,同时也给人以自由,好让他们用自身的内存、自身的自然物,去获得外部的知识、外部的自在物。教育工作想要教育好学生,却以压抑学生内部自然为能事,显然是不合逻辑的。古人的"开而弗达,道而弗牵,强而弗抑"的教导,在两千年前就预留下来,令人惊叹。

上面的讨论给我们一个启发,我们不仅要避免压抑人的自然意志,更要依靠人的自然意志。

抛秧的启示——尊重人的内部自然

车行陌上,春光袅袅。突然,你注意到,农民在田间不是在插秧,而是在抛秧!

插秧是种水稻的大农活。多少年来,农民把秧苗插得密上加密,以为付出的劳动越多,就会收获得更多。年年复年年,人们照此办理,但禾苗的产量依旧。不知道从什么时候起,也不知是谁的科研成果,采用了一种新的技术。这种技术,是把过去从田里拔秧改变为用育秧盘里培育的块状秧苗,把插秧改为抛秧。农民们于是摆脱了面朝黄土背朝天之苦,姿态优美地抛出秧苗,这样做,带来了丰收。

初看起来,这十分奇怪。勤劳的没有得到相应报偿,悠闲的却享受着丰收的果实,悖于天道酬勤,也不符合"七分靠打拼"的汗水主义。这是为什么呢?

细思之,在拔秧和密植插秧中,固然贯注了我们的丰收意愿,却破坏了秧苗自由生长的规律,抵触了秧苗的自然意志。反之,小块状抛秧符合秧苗的生长规律。这是因为它不像拔秧那样折磨秧苗的根系,而是保护了它的自然生长;同时,秧苗的增产主要是靠分蘖,分蘖需要空间,细密的插秧恰恰分割了这样的空间,而反之,抛秧则提供了充分的空间。我们完全可以想象密植秧苗拥挤着无法发展的无奈,以及抛秧方式下秧苗自由生长的欢快。对欢快的爱怎么长就怎么长的秧苗来说，当然有可能高产。

　　类比到教育上来。过去我们大量地做着类似插秧密植的事情，就像不惜损害根系，强行进行秧苗密植一样，把知识和行为变成一个一个细密的目标，对学生提出十分细密的要求，以为只要落实了这些细密的要求，就会达致我们对学生获得知识的期望。然而，这样一来，学生的思维活动就被局限在这个细密的棋盘之上，他们没有必要想什么，也想不出什么，后来是懒得想什么。实际上这就是人的自然对违背自然的教育的报复。儿童对这种"保姆式"的教育是并不领情的。对于外力所赋予的规范，儿童一般不愿意直接接纳为自己思想的一部分。儿童的意志不愿意认同强加的东西，并非他们不能接受外来规范，而在于这些规范是否合乎儿童经验和如何加诸儿童。

　　这些启示指向建立生本教育，让学生在类似于抛秧的具有发展空间的学习环境中，尊重人的自然，发展学习天性，发挥学习潜能。下面的例子，尽管是很局部的，却可以引起我们的思考。我们的校长、家长，还有教师自己，一直以为教师做得多，是一种光荣传统，是服务充分的表现，教育质量会由此提高。然而，现实却使我们开始怀疑，今天我们是不是教得太多了，就像插秧插得太密了，油多煮坏菜了。

是懒人有懒福吗——内部自然的无意适应

　　广东省茂名市茂南区公馆中心小学莫云老师在题为《懒人有懒福吗》的文章中写道：

　　　　我是小学数学教师。前年我教一个班数学课，还兼任全校的少先队辅导员。少先队工作忙，没有时间辅导数学，我就在班里挑出两位学得较好的同学，要其他人有问题先问他们，他们解决不了，由同学们讨论，再解决不了才问我。这样做了一年，我以为自己下的功夫不多，全镇性的考查会上不去，但结果一出来，我的班居然反倒占了全镇前十名中的五名。第二年，少先队的工作减轻了。我想，去年我的懒办法取得了好成绩，今年我勤快一点，肯定可以拿更高分，在全镇前十名中占它七八名。结果，我取消了学生辅导学生的办法，事事亲为。学年终一检查，我的学生只占全镇前十名中的两名了。

第二件事情，是我主持孩子们做仪仗队操表演的训练。训练中，我根据自己的方案，逐条逐条地教学生。但他们接受很差，还和我顶撞起来，说我的队形设计得不好。当时我没好气地说，那你们来试试看。想不到，第二天，收到了他们作出的种种队形设计。我高兴极了，就把这些设计展示出来，让学生们评论，并采用了其中的一条。后来大家训练得很好，而且获得了全镇仪仗队比赛的第二名。

小时候，我爸爸说我懒人有懒福。上面的事情，是不是也说明我真的有懒福呢？

另一个案例是：一位高中数学教师在一个班上教"差角余弦公式"这课时，中间把证明步骤给忘掉了，只好抱歉地请同学们自己看；第二节课在另一个班，同样是上这节课，该教师吸取了教训，把课备得很细，讲授十分顺利。课后，他向教导主任汇报了两节课的情况，并且说自己的第二节上得好。但是，富有经验的教导主任却说不一定，他请别的老师命题，对这两个班就这个内容考查了一下，结果居然是第一个班的情况好很多！

这些例子都出乎我们的意料，使人眼前一亮。它们都是反习惯的，却恰好正确地反映了实际。我们触悟到，无论是禾苗种植者还是教育者，他们面对的对象是生命体，他们的工作是要改变生命体。而尤其是作为人的生命体，拥有自己的主观意志和他的发展的自然意志，我们的工作者必须适应他们合理的主观意志和自然意志，也就是儿童的天性。只有这个时候，我们的工作才是最有效率的，否则，我们的工作，很有可能起到相反的效果。这样，我们可以得出一个结论：教育者的意志不等于被教育者的意志，教育设计不能仅仅依据教育者的意志，更重要的是应当研究被教育者的意志。比如说，要求学生用听课的办法上完每一节课，就是唯教者意志的设计，而儿童却要通过活动才能如此长时间地上好课。让儿童在活动中学习，则是尊重被教育者的设计。由此可见，就意志领域而言，为教育者的设计与为受教育者的设计是有巨大差别的。

当鞋合脚时

上面所说的为教育者的设计和为受教育者的设计，是在传统意义上来说的。在生本教育的基础上，我们有可能把二者统一起来。

奥修把这样一句话称为最伟大的祷文："当鞋合脚时，脚就被忘记了。"脚被忘记，也可以说是脚处于"忘我"状态，忘我地工作，工作得非常好。反之，如果鞋子不合脚，脚疼了，脚就被时时记起；甚至，如果削足适履，或缠小脚，我们就不能走路了，或者走得不好了。今天，如同给脚提供合适的鞋，我们需要提供给儿童适合的教育，当教育适合儿童时，我们也就可以看到儿童忘记了自己在学习，忘记了自己是在课堂上，甚至忘记了自己，这时人的内部自然起作用了，儿童的学习热情和学习效率空前提高了。从这一方面说，所谓适合儿童的教育，就是生本教育。也就是说，我们只要给了儿童生本教育，他们就会忘我地活动和游戏，也就是进行忘我的学习。这样一种忘我境界，其实处处可见。

记得很多年以前我去电影院看一部惊险片。天气很热，电影院没有空调，观众们自带扇子。当剧情平缓的时候，电影院里处处咳嗽不断，扇子摇动；而当剧情紧张的时候，剧场里完全没有了咳嗽声、说话声，也没人摇扇子了，人们忘记了自己。忽然，我意识到了，这就是忘我。不仅观剧、思考要求忘我，要做好事情、追求卓越同样需要忘我。越是忘我，自然的力量就越能发挥出来。人的内部自然——被我们忘却了的一种最丰饶的矿藏，就会自动地发挥作用。

真实、神圣、美丽和卓越是通过完全的忘我达到的。如果我们做事情的时候没有完全忘我，就很难做到完全地笑、完全地哭、完全地怒、完全地爱、完全地倾听，难以进入完美境界。真的，没有一件事是做得完全的——一切都没有完成。要完成这一切，走向成就，就要忘我。

环顾四野，鸟在鸣啭，花在开放；一头鹿，生机勃勃，充满活力，灵活敏捷。自然界的一切是如此完美，玫瑰不用去思考自己该如何生长才是美丽的，人为什么不能呢？如果星星不必记起自己就是美丽的，人为什么不行呢？人也是自然的一部分，就像星星一样。

答案是，花朵能盛开，星星能美丽，是因为它处在合适的周围环境之中，它根本不必关顾自己，它的能量没有被任何别的目标所挥霍和涣散。其实，课堂上我们的学生得到充溢生命状态的自然、活力和喜乐，这就足够了。他们就不必去思考自己：我是否被人认可，是否会被人说好话或坏话，我将会得到多少分，我怎样才能得到这个分数，我处在何种位置，等等。他们不必把情感与能量消耗在此，反之将会全心沉浸于所面对的学习之中，走向卓越和高级，走向纯洁与透辟。

以读书法作品为例。有的字写得非常合规，可是我们并不以为美，它不能打动我们。原因是，写的人并不自然，其中有的想讨好观众，有的想要突出某个自己熟悉的部件，甚至，有的并没有具体的念头，只是出于朦胧的功利的刻意追求，等等。这些都会反映出来，让别人在这样的作品中不断读出"我"字。须知，这样的我其实不是真"我"，而是受非书法的外界杂质所浸淫的那样的"我"，它天然地得不到读者的喜爱。而有的作品则相反，它可能是工，也可能拙，可能像六朝的宫体（仿宫女书），可能像孩儿字，然而都不是太重要，重要的是作品里透着自然，物我两忘，使我们为自然的美所感动、所震撼，以作者的真实舒张的我，呼唤着我们自己的我，它使我们提升了，坦诚了，积极了，并由此悟到：无所谓者有所为。

在心理学里，我们把这种"忘我"的状态，用一个通俗的词归结为"注意"。课堂上，高度的注意就是忘我，在忘我的时刻，儿童的能量就不会被其他东西，包括大人们的说教、烦人的竞争所消耗，真正出现投入和着迷的境界。这样，失去多时的人的自然，又会返回儿童身上，儿童会像自然界的那头鹿，毛色鲜明，忽闪着黑宝石似的眼睛，处处显示活力。

然而，要使得学生注意，就必须研究他的内部自然，他的喜好，他的认识规律，他的既有的经验，等等。重复一句，我们要创造适合儿童的教育，而不是选择适合教育的儿童。其实，要检验是否符合儿童的自然是并不困难的。假如你上课的时候，也是感到紧张、十分不舒服，学生刚刚要活动，你的下一个环节（通常这个环节可能是别人要求你做的）又必须进行下去，于是你不得不一再打断学生，你默默地动怒了，你为了得到听课的人的欢心，偷偷地用力拉扯动作慢的学生，这个时候，你的课堂大体上也是违反了人的自然。听课者都看到了，但出于客气，不说出来，然而，人的自然，却会把它记录在案。

当鞋合脚时，脚就被忘记了。当鞋不合脚时，脚就反对了，那种自然的、和谐的、跃动的和效率的美就荡然无存了。

请注意，在这里，我们把自然扩展了，不仅仅指庄子时代的纯自然了，我们把学生所处的稳定的符合学生的自然的环境，包括某些规则，也列入了自然，这是符合实际的。事实上，人不能离开自然，人不能破坏自然，但是人总要在某些情况下去利用以至改变自然。迄今为止，总的来说，人类还是从改造自然中获得了某种好处的，这表现在人的生活改善了，人的平均寿命提高了，人的总体数量增长了。比如，许多城市的统计，今天的13～15岁男孩同20世纪20年代的同龄人相比，身高超过后者12～14厘米，体重则超过后者10～20公斤，骨和牙齿的形成加速了。人类的平均寿命在新石器时代为18岁，在罗马时代为30岁，在欧洲1900年为50岁，1975年为70岁。它的原因是，人是地球上的物质发展、有机化进程的最大成果。人不同于其他生物，人能思维、能制造工具、能把思维诉诸语言文字等第二信号系统的特征等，使人有别于野性和自然的生物。人对自然的态度和作为，也是有以别之的。现在的问题是，我们过度地破坏或企图征服自然，自然的反抗使人的平均寿命增长的速度放慢了，这种情况所决定的价值观，要求我们更加尊重自然规律。教育教学的情况也是这样。在过去的教育教学中我们只强调了制约的一面，几乎没有考虑过人的内部自然，由此积累了许多问题，唤起我们对人的内部自然的尊重。在某种意义上说，由于人的内部自然的精密和改造的困难，我们对它的尊重应当多于对外部大自然的尊重，这也是本书中对之加以特别强调的原因。

我们的任务是，创造生机勃勃的课堂，建立促使人回归人的自然的教育。

教师的认识规律就是学生的认识规律吗

我们常常不自觉地以教者的认识规律取代受教育者的认识规律。教者作为具有特殊任务的成人，他首先是成人，同时他又要体察学生的认识规律。然而教者常常不能很好摆脱一般成人角色，很容易把自己的认识规律当成儿童的认识规律。这样，师本教育与生本教育的不同，出自成人与儿童认识规律的区别。

以教者的认识规律代替学生的认识规律的典型表现之一，就是现实中存在的"公开课病"：许多所谓公开课都是预演过的课。这

◇教育走向生本

样的课必然是没有学生的实际参与的,学生这时候成了演戏者,成了学校或教师的绿叶。也就是说,课堂的编制者没有考虑学生的认识规律,缺少学生是课堂的主人的观念,他们主持的教育过程是依据成人的认知方式展开的,当然就缺少了学生主动认知的风采。课堂缺少了学生从不知到知之的矛盾运动,缺少了生动活泼的、主动的活动,一堂课没有了这些,就没有了活的灵魂,失去了生命活力。

这反映出,人们往往把课堂的基本过程看作是由教师活动组成的,不自觉地把教师的认识过程视作学生的认识过程,把教师的认识规律视作学生的认识规律。

最近我到广州天河区一所小学去听课,临时与学校联系,学校领导说,没有时间准备,心里很紧张。结果,这所学校的老师们全然未给听课者准备的课,却使我们享受了多年来少能听到的好课:老师自然地引导,学生自然地开展活动。小镜头:学生 A 读了一个字音,老师问:"谁有不同意见?"小手争先恐后地举起,老师叫其中的学生 B 读,但读的与学生 A 没有什么不同。老师笑着说:"你没有什么不同意见,你只是想起来读。"像这样的生动真挚的场景,课堂上比比皆是。这是多么自然,多么美!如果说同那些准备好了的公开课有什么区别的话,那就是老师并没有刻意表演自己,展现自己的才华,而学生却因而有了充分的活动和参与。后来,好些实验学校把只为学生准备、不为听课者准备作为不成文的规则,果然好课连连。

我因而想,为听课的老师上的课一般不是好课,为未学过这一内容的学生上的课才有可能是好课;好看的课不一定是好课,而不好看的课不一定是差课。而且,犹如高产的禾苗并非十分青绿一样,好课一般不"好看",因为在那里我们也许看不到教师的动人表演,看到的却是稍微乱哄哄的学生的活动。正是在这样的参与和活动中,我们的学生如抛秧成长起来的禾苗,如饥似渴地吸取着,生成着智慧和能力。

下面，我们来看看成人和儿童的认识规律的若干不同点。

成人的演绎为主律与儿童的归纳为主律

从整体上讲，一般成人接受完了基础教育，他们通常是运用既有知识来解决面临的具体问题，因而他们的认识的基本走向是由一般到抽象的，是演绎的。而儿童认识的基本走向是从具体到一般的，是归纳的。儿童必须认识具体的事物，然后才能形成一种他所认同的规范。任何时候我们都要学习基础知识，这是对的，但这不能成为离开具体、把基础知识灌注给儿童的理由。即使是基础知识，基本到启蒙知识和最初的技能学习，也需要由具体到抽象。离开具体的抽象是空洞物，儿童只能死记它而不能把握它。比如，液体的浓度概念，儿童如果缺少具体的观察、体验，就难以领会它。上海市一位教师在讲浓度的时候，问学生如何分出两杯浓度不同的糖水，学生回答："尝一尝"、"看颜色深浅"、"称一称"、"煮干它"。就这样，学生都从生活中联系了关键的溶质概念，去理解溶液的概念。

从一般认识过程来看，认识总是首先收集基本事实，然后上升为抽象物，再用抽象物来进行理论领域的深入认识，接着再回到实践中去。这就是所谓从物质到精神和由精神到物质的两次飞跃。宏观地看，儿童处于整个认识的第一阶段。他们首先要知道所处世界的基本事实，因为正是在大量基本事实和基本活动中，他们才能体会到尔后的抽象的抽象物、抽象法和抽象因，发展自己的抽象力。

在这里，从具体到抽象是儿童认识的正常过程，同时，它又是儿童发展自己抽象的最佳途径——人的自然就是这样巧妙地表现着自然法则的价值："自然的，同时又是最好的。"儿童有了具体，就能理解抽象物，能永远在抽象遇阻的时候回到他所熟悉的具体上去。比如做过酸碱性质实验的学生，辨别酸碱性是难不倒他的，因

◇教育走向生本

为他在对抽象物产生疑虑的时候，就会迅速地回到具体的实验，甚至借助实验的情景的回忆，就像希腊神话中英雄安泰，在战斗中只要回到大地、接触大地母亲就会产生力量一样。儿童在抽象的过程中，会体会到如何依据研究的需要区分本质与非本质，从而在抽象化的过程中学会抽象法。儿童在抽象过程中，更体会到抽象因，体会到抽象思维的必要性，从而对抽象物产生情感。

比如，在我们主编的小学一年级数学教材中，除了用虚拟的实物让孩子们数数、记数，还要他们去做调查、填表格，了解每个三人小组成员家里有多少部电视机，有多少双鞋，第一册语文课本第几课有多少个生字，学校里有多少株桉树，等等。

儿童通过这样的实体学习，会真切地感到数学就在身边，数学是生活的语言，是现实的反映。他们到商店，除了想要认识商品和广告上的字，还想要数一数商品，这就是开始入门了。须知，数学学不好的学生，大部分原因是不知道为什么要学数学，他们觉得数学离他太远，深不可测，数学是大学问。然而，用我们的教学想法培养的学生就有完全不同的感受。

譬如，我们在深圳市福田区三所小学的数学实验班的孩子们，当临近春节、大人们计算归程的时候，他们在数学实验室里也摆开了地图，量一量各自家乡离深圳的图上距离，计算实际距离，计算各种交通工具的票价，设计回老家见姥姥的方案。经济发达的皇岗镇的学生，对他们家里的房地产出租的收费方式，作了种种设计，有按电费的，有按面积的，有部分出租部分出卖的，等等。有一所学校更给了学生们一个课题：拿出一个20万元的投资方案。结果，一人一个想法，出现了众多方案：有买股票的，有部分投资房地产的，有乘低吸入房地产、估计三年后升值的。在这些设计中，列出了各种不同的算式，而且大部分是正确的算式。在这样的活动中，连"正确"也被赋予了新的价值！它不是被动地等候老师判改的结果，而是孩子们的工作的主动需要。

这样的学习，具体而贴近生活，学习好像不经意地进行（他们经意的是自己活动中的乐趣），而不经意的教学却常常可以产生最好的效果。彼得·克莱恩报告说，他上了一堂文学课，采用的就是这种间接的、由具体到抽象的教学。上完后，学生说："你趁我们不注意时，给我们上了一堂课，我们都感到很快乐，而不必做功课，当我们和其他学校的朋友讨论时，才发现我们的程度超过了他们许多，使我们对于所学有了新的评价。"

有趣的是，我们的生本教育的数学课的这些不经意的游戏，却比刻意教学和训练的普通班教学成效显著得多。深圳市福田区西园小学有两个实验班、两个普通班，学生入学三个月后进行了一次计算比赛，每班10名选手参加，5分钟算100道题。结果，前四名是实验班的学生，只有1人差了一道题，二等奖7人，三等奖4人，实验班学生分别占了4人和2人。广州市天河区昌乐小学进行计算比赛，实验班（1个班）第一名每分钟正确算出54道题，而普通班（3个班）第一名每分钟正确算出38道题。当然，我们的实验没有列入这些比赛，我们也不太看重这些结果，但学校这样检查了，也给我们提供了一种信息。这是不是再次说明了，教学方式"自然的，也是最好的，自然的，也是最美的"呢？

既然由具体到抽象是儿童认识的规律，用它来教学又可以取得良好的成绩，为什么过去学校不能实行？原因除了对于考试需求的片面理解之外，就是成人的认识规律在影响着教者，他们认为所教给学生的东西应当是理论化的，如果让学生从基本事实以及基本经验中获取什么，乃是浪费时间，因而他们的教学一般是截流式而不是源流式的。

截流式教学与源流式教学

旧的教育体系截断了知识的来源，因为对教师来说，灌注知识比产生知识、强调知识过程要容易得多，然而，对学生来说，没有来源的知识却是难以接受的。所以截流式教学还是源流式教学成为师本还是生本的重大分野。一般来说，截流式教学培养的人是较难以从实际出发进行思考的，有可能是书之奴隶。

有个西方故事说，一个人问精神病医生，怎么知道是否患精神病？医生说，只要给个简单问题，看能否回答就知道了。"那么，请你出个题吧。"医生出的题是：克拉克船长环球航行三次，死于其中一次，问是哪一次。那人想啊想，不好意思地对医生说："我对历史不熟悉，你还是另给一道题好了。"这是一个一离开书本就不能思维的例子。

另一个例子表现了拘泥于传统教学的习惯。有一道题目：船上有牛75头，羊34只，问船长几岁。华东师大一位数学教育专家以此对普通小学、重点小学、初中、职业高中甚至一所重点高中高二的学生进行测试，居然都有不下半数的人慨然作答，有答43岁的，有把34和75加起来除以2的。原因是，答卷者习惯于所问必有答的教学常规，这种常规解除了他们对客观事物的审视。

一位数学教育家告诉我一个故事。他所在的教育学院出了一个"五点问题"：在三个长方框内分别有五点，分布情况各有不同，哪个框里的五点最分散？在参加考查的四百多位小学数学骨干教师中，只有十多人提到了首先应当知道什么是分散，但就没有一个人着手定义"分散"，例如，作一个圆来覆盖这五点，视其半径来确定分散与否，或甚至用连接五点的折线来定义。

问题在于，这些老师们谁也不认为自己可以对某个对象下定义，人们认为定义向来是书本下的。有的老师告诫孩子，你们什么都可以问，就是定义不能问。而教学离开了由具体到抽象的归纳，就失去本源。须知对事物发生学的了解几乎是科学研究的最基本的一步，只有把握了事物本源的人才能彻底理解事物，才能有最大的幅度去开拓深奥。这有如孙悟空在战妖魔时，先要摸清对方的底细，知其为何方妖怪，哪路神仙，所来何处，才能找到办法，该找老君找老君，该找嫦娥找嫦娥。而我们的教学总是截断本源，"掐头去尾烧中段"，这是事倍功半的因由。

当然，对于间接知识的教学，我们在许多时候，不能回到事物的本源去，但我们却要有在能揭示本源的情况下就要揭示本源的指导思想。如何确定何时要揭示本源，何时不必呢？有一个办法，就是把可以交付给学生的知识的认识任务交付给学生，他们在自己的学习过程中，必然会要求知道"为什么"，而这也就会对何时需要、何时不需要揭示知识本源作出自己的选择，找到他们合适的"度"。这个时候，教师也可以而且应当给他们提供有益的经验。

成人认识的理智律与儿童认识的情感律

我们对认知和情感常常是分开进行研究的，然而实际的情况是，它们总是复合的。所有的认知都是理智和情感相结合的产物。在人的大脑中，司理智的部分和司情感的部分相距很近，当人的情感激动和智力操作紧张的时候，都会引起心血管反应和全身的内分泌调节，这些都是理智和情感密不可分的证据。然而，比较起来，成人具有较多的历练，心理品质更为稳定，处在复杂的情形下，亦不为所动，即情感因素的影响较小。儿童与此不同，他们的认知更需要情感的支持。据此，我们用一种较简单的表述来区别两者：成人认知的理智律与儿童认知的情感律。

过去在说明学习毅力的时候，常常以头悬梁、锥刺股作为例子，并且由此引申开去，说学习是需要刻苦的，今天的艰苦是为了明天的幸福。对此，我们感到怀疑。读书读到要悬梁刺股，还能读懂什么。我们想这个时候，他最好去睡一觉，睡醒了好读书。而且，睡醒了也未必就行，因为书的内容使他昏昏睡去，其程度达到需要悬梁刺股的地步，可见对书中的内容，他一点儿也不感兴趣，这是决然读不好书的。作为悬梁刺股的主人公的古人，他们肯定有很好的业绩和许多感人故事，我们应当选别的故事来弘扬他们，而

◇教育走向生本

不是令人毛骨悚然的悬梁刺股。现代教育伦理学的观点和教育心理学的观点都认为,学生在学习中应感到兴奋,感到幸福。幸福地过好每一天,是儿童与生俱来的权利;同时,幸福的感受是人更好地学习的情感基础。幸福的日子使人聪明。幸福会使人产生对所做事情的超智慧,使人产生心理的兴奋和生理的活跃。在兴奋中,他会获得最高的学习效率和最好的学习效果。如同达尔文记录的:

> 我长久地记得那个大路旁,
> 就是在那个地方,
> 我想出了答案,
> 使我无比欢畅。

然而什么是幸福呢,如何才能产生幸福呢?人本主义心理学家马斯洛的需要层次论(生存的、爱的、被尊重的、参与的和最高级的自我实现的需要)可以给我们借鉴。就以后面的四种而言,儿童对学习的积极参与,都会使之产生幸福感。

以较为基础的"爱"来说,儿童会因而产生对学习的"生产性的爱"。人们在一生之中,会有友情之爱、爱情之爱、亲情之爱。在其中,我们可以抽象出爱的特性:深切的爱总是具有生产性的,我们都不可避免地要遵从生产性的爱的规律。比如,父母对儿女爱得刻骨铭心,来源于生产和养育;作家把他的作品视同自己的孩子,其原因也在于此;人之所以对自己的事业会产生恒久深刻的热情,就在于它的生产性。儿童也是这样。我们固然要把知识和智慧传给他们,然而只有在他们参与了这些知识与智慧的生产的时候,他们才会对之产生刻骨铭心的爱。这时,他的知识,就如钱钟书先生所说的,是由他的心血浸养的,是联系着他的神经和血脉的。一则西方故事说到过这种境界。小杰克把隐形眼镜掉到地下了,他自己怎么也找不到,而妈妈却找到了。这除了小杰克的视力原因外,还有一个重要原因就在于这眼镜是妈妈花了100美元买的,杰克不出钱,他对这个隐形眼镜没有生产性的爱,而妈妈有。生产性的爱使妈妈的积极寻找有别于杰克的行动。

我们推而广之,儿童生产了知识,他就爱知识,也就能不同凡响地、出色地用知识。至情至性而得至行。大家知道唐诗"林暗草惊风,将军夜引弓。平明寻白羽,没在石棱中"。夜晚,将军以为摆动的草丛中石头是一头老虎,一箭射去,竟射到石头里,而第二天早上知道不是老虎,再射,就射不进了,可见全情投入效果非凡。有过这样的记录,有的儿童为了玩游戏机,可以自己学习英语单词,总量超过了课本所学。我也亲眼看到一个在课堂学习中中等的一年级学生,却自己把父亲的手机的全部功能,连同规则都熟悉了——那是让大人也感到费解的规则,数字键、控制、切换等等词汇,对他都不成问题,而且爱不释手。从这个角度讲,我们让儿童自己去获取知识,就有让他们对知识产生深刻的爱的含义。我们在一年级数学教材的编写中,强调把要教的东西缩至最少:只不过是数数、读数、记数、写数,其他法则一般都由学生自己去发现。他们在游戏中很快就学会了相关的运算,这些运算法则是学生们自己的产品,所以用起来特别亲切,掌握得比对照组要好得多。情感和认知就是这样结合在一起的。由此,他们自我实现了,得到了高峰体验。

由此可见,作为儿童的知识和游离于儿童之外的知识,它们最大的区别是,属于儿童的知识本身同时也是一个过程,它既是理性的,又是感性的,既是智力范畴,又交叉着情感领域。带着某种情感所学的知识,会永远带着这种情感的烙印,而游离于儿童之外的知识,如纯粹的书本知识,就没有这样的特点。人到中年,又渐复喜家乡风味,那是因为这种风味的认知,联系着儿时幸福之感。类似地,只有情理交融,知识才能在儿童头脑中确立。我在初中时学习一元二次方程,执教的先生尽管严肃而认真,但他所构筑的让儿童参与文化探索的情境,使全体同学学得很快乐。所以,后来我一接触到这一知识,就常常想起当年的那样一种快乐的感觉。而另一位教几何的叶志宏老师,更是经常作为一种意见的代表参加同学们的讨论,他幽默的发言时常使我们捧腹大笑。当叶老师过世时,同学们致送的挽联是"庄谐两达,福德全归",而他所教的几何,也始终是我们学习中的强项。这些老师的特点,就是考虑了儿童的学习情感。

师本教育的连动式机制与生本教育的激发式机制

我们似乎可以明确地发现师本教育的运行机制与生本教育的运行机制的区别。前者是像皮带带动的两个齿轮,老师是大齿轮,学生是小齿轮,连带着运转,我们把那样的方式称为连动式。后者是像开动汽车一样,老师给学生钥匙,去开启自身的动力系统,我们把它叫作激发式。

一个故事说,一位印第安老人,赚钱后买了一辆汽车,不懂得怎么开,只好雇了匹马来拉它。这位印第安老人当然可笑,他不知道汽车本身有动力,可以用激发它自身动力的办法去开动。也就是说,他沿用的是马拉车的连动式,而不知道开汽车的激发式。而我们沿用的教育方法,其缺点就同印第安老人一样,在于忽视了人自身的动力,同时,也在于采取了缺少学生主动性的连动方式。

师本的连动法有什么特征呢?首先,认为教师和学生活动可以有同步的一致性。其次,认为学生的学可以分解为线性传输方式,忽视了学习过程的非线性和有机性。再者,认为学生学习的主要是间接知识,也就必须用间接方式来认识,因此作为学生,主要的任务就是聆听间接知识。

在历史上有一个时期,社会的封闭和师道尊严迫使学习者必须同教者取得一致，并给人们造成了学习的线性化的假象，所以连动方式持续多年。然而，如上面我们在意志、情感和认知领域所说到的，在新的时期，学生的认识与成人认知有着如此众多的不一致性，许多时候我们就必须摆脱成人之见，如学习过程的线性化、单向化等等，这样才能对学生的学习的丰富多彩有所认识。

比如说，过去一般认为二十以内的加法，关键是学会凑十法。常见的小学一年级数学教材设计，也主要是为建立凑十法来铺垫和设计的。今天我们在设计新的教材时，就没有把这种成人之见作为依据，而是让学生自己去创造。譬如，华阳小学一年级的学生，他们直接接触加法的创建，创造了许许多多的方法。比如，怎么算"7+5=?"，有位学生起来说：把7分解为4和3，把5分解为3和2，3+3=6，4+2=6，而最后6+6=12。这位学生回答完后长吁一口气，坐下的时候自言自语："哎呀，太复杂了，不过是对的。"

如果教师采取师本的连动式态度，他就会强烈地否定这种似乎烦琐的选择。而华阳小学的邝艳芬老师却采取了生本的态度，说："啊，你对6+6比较熟悉，很好，你真聪明！"她居然体察到了学生在这种情况下选用这个方法的原委，这会使学生感到多么高兴！我们想想，的确，学生完全有可能有一种特定的情况，会对6+6情有独钟。比如，他刚刚遇到过这样的计算，或者，他熟悉了相关的口诀，如"六六十二"、"六八十四"等。他的创造总有其合理的一面。这就是生本！在老师的鼓励下，学生会体会到，几乎每一道加法题都有丰富的解题方法，在他们面前展开的是丰富和生动的学习生活，显然，不需要光怪陆离，就可以借助于真善美的、人类文明的力量去深深地吸引我们的学生，使之远离单调和无聊。

学生教会了我们，使我们认识了学生生活的复杂性，以及他们的回答（哪怕时有错误）所蕴藏的合理性。而如果我们仅仅规定"凑十"，就会抹杀掉所有这一切。须知，我们过去教材的编写往往就是以"凑十"这种我们成人认定的最优方法为目标来编写的，几

◇教育走向生本

乎从小学课本的第一课起,我们就在为"凑十"作准备了。于是,我们线性地"循序渐进",从2到9,孤立地、分割地、一个一个数地学分解,待到分解完了,数学所蕴含的乐趣也就消退得无影无踪了。学生始终焕发着的对整体的、有意义的事情的关顾的热情,教会了我们怀疑以凑十为主线的教材把事情割裂的编排方式,从而使教材从烦琐的说教中解放出来。

那么,这样做,学生会不会就学不到凑十法呢?课堂的事实是,许多学生在创造了自己的方法和认识了众多的相应方法之后,会高屋建瓴地认识凑十法,更自觉地在适合的时候运用凑十法,甚至,其中有许多人是在很好地把握了凑十法之后,想要有所突破而再去思考其他各种方法的。须知凑十也罢,不是凑十也罢,对于未来的计算来说都会变成历史陈迹,一个计算器,就掩尽了当日的风光,然而这样的思考过程却还在,它所形成的学生的进取、探究的精神,会成为他们永远的财富。

通过激发式,把学生发动起来了,这是十分令人鼓舞的。此时,当然迫使老师要懂得更多,更好地带领学生前进。但是,这也不是说,要求老师的知识覆盖学生的可能有的知识。这时候的老师,不再是与学生成大小齿轮的关系,也不是一桶水与一杯水的关系,而首先是激发者与被激发者的关系。这是教师的新的教学角色和新的知识地位。如同特级教师罗易在组织学生进行"百位名人是我师"的活动以后说的:"我作为语文老师,只有一个人,不可能像我的学生们,去研究张之洞的洋务运动,去思考人的进化,去考察'李后主应当在哪里哭——是到太庙哭,还是垂泪对宫娥',但我可以同学生一起探讨如何发现问题,如何寻找资料,如何对资料作整理,如何规范地完成文章,等等。"也就是说,我们采取了生本的激发模式,正像我们是用钥匙去打开汽车的马达一样,我们从灌输者走向了引导者,从知识生产者的蓝领变成了知识生产过程的管理的白领,从参与化学反应的元素变成了催化剂。于是,学生学习的巨大能量被利用和发挥出来了。

现代生本与人本主义的区别

曾经存在卢梭的人本主义。那种人本主义是一种反封建的产物，它一产生就带上了与社会为本相对立的烙印。因此，人本主义常常受到批判。那么，我们今天提以人为本，是否与社会要发生对立呢？

我们认为，这关键是看对人的认识。如果我们浅层次地看人，那么，个体的人的需求同整个社会当然会发生矛盾。如果我们从教育者的视点来看，从人的本质的需求来看，从人的发展来看，我们清楚地看到了人的生物学特性与社会的必然联系。这样，今天我们所说的以人为本，哪怕是以个人为本，也有与以社会为本的相通之处，从而同人本主义区别开来。

相同的基础首先是人是一切社会关系的总和，人构成了社会。作为构成社会的最基本的单位，人的素质显然对整个社会起着决定性作用。而且，人与社会的联系，还可以从人自身的需要中分析出来。

这可以从康德的见解中看到。康德把美看作真与善的桥梁，于是我们可以推出，美是原德和原智。而所谓德，马克思在中学毕业论文中认为，是建立一个有更多的人对于自己的快乐和忧愁的分享和分担的机制。也就是说，人为社会服务，从中获得精神享受，获得美。美是人为社会服务所得的报偿。对美的享受是人的天性。简言之，人为社会服务是可以同人的天性一致的。

发展康德理论的是马斯洛的"自我实现说"。他认为人最高的需要是自我实现，这是一种类本能。而进一步的研究表明，自我实现不是抽象的。自我实现必须投影到社会背景之中才有意义，主体才能因此而获得真正的快乐和高峰体验。著名科学家吴健雄的墓志铭写道,她以出世的方式积极入世。这说明,尽管科学家把她的毕生献给了科学规律的追寻,但这决不表明她忘却了社会,反而是她对于社会的深沉的爱的表现。在《鲁滨孙漂流记》中,主人公漂流到孤岛上离开了社会,他也要找到"星期五"来组成小社会,同时渴望有帆船出现,好让他回到喧嚣的社会去。即使是佛家或是到首阳山采薇而不食周粟的伯夷、叔齐,他们的离群索居也不是否弃社会,而是希望以自己的主张或思想来改变社会。在这里,我们看到,自我实现的社会意义说,把以人为本和以社会为本打通了。

生物哲学家雅各布·布洛诺夫斯基在《人的提升》中说:"人们在实现一己欲望和承认社会责任之间常常难以保持平衡。没有一种动物会面临这样的困境,即它既是一种社会的动物,又是一种个体的动物,只有人类才力图兼而为之,成为一种社会性的个体动物。在我看来,这是一种独特的生物学特征。"如果说,我们承认蜜蜂和蚂蚁组成的"社会"是它们的生物学群体特性之一,那么,我们就没有理由拒绝人的社会性:人在社会中自我实现的性质,是人的一种独特的生物学特征。

由此,我们今天所说的以人为本,即使是涉及人与社会的关系时也是和谐的,是与卢梭时代的人本主义相区别的。我们将教育儿童永远地对社会有益,去寻找个人的深层次的幸福和快乐,去养成崇高的人格,但是,这还不是我们所说的生本的全部意义。我们所说的生本,除了反映学生的利益、学生在学校和社会中独立自主的存在之外,更重要的是依靠学生来进行教育,把教育的全部价值归结到学生身上,以学生发展为教育的本体。也就是说,我们的生本教育的重点,不仅仅在于学生的外部地位,更在于学生的内部自然天性和潜能的发挥。这也是教育对社会的根本贡献所在。

二、生本教育体系的若干理念

价值观：一切为了学生

我们上面提到了，学生是教学过程的终端，是教育的本体。生本教育的特征之一，就是真正认识和把握学生这个本体，把一切为了学生作为教育价值原则。其实，教育这件事情是发生在学生身上的，教育是为学生服务的，这原本是无可争辩的事实，然而，一切教育问题似乎就在这个事实的认定上产生。究其本质，就是如何抓住教育的本体。我们把价值观的问题归结为本体观的问题。我们有必要对之进行分析。

我们这里所谓事物的本体，是指事物的本源和本质所确定的对象的本身。离开所指对象的本身的现象，称为非本体现象，而如果这种非本体又容易与本体混淆，我们称之为类本体。例如，一个合唱团的指挥，他可能是面对乐曲，也可能是面对听众。前者是他工作的本体，后者是类本体。如果他真正找到了本体，他就有可能达到工作的较高境界；如果他只是找到类本体，譬如，对组织团队向听众鞠躬的激动超过了指挥合唱的激动，他就有可能流于媚俗，而难以使其工作达到较高的层次。其实，从事任何活动，都有寻找本体的任务。我们每个人每时每刻都在进行本体的选择。什么时候真正找到了本体，进入了本体的角色，我们的工作绩效就会臻于化境；否则，就有可能大打折扣，甚至南辕北辙。

教育改革的问题，表面上是一般的观念或操作问题，但从根本上看，是对教育以学生为本体的迷失或犹疑不定。教育是十分复杂的活动。对实践工作者来说，教育的本体并不是很容易把握的。在教育发展史上，就曾经出现过许多教育离开或偏离本体的现象。出现了如知识本体、能力本体、装饰性本体、工具本体和教师本体等类教育本体。比如，人的未确定性为人的智力施展提供了条件，而且智力越发展，知识越丰富，人的未确定性就越发展，智力、知识成为教育的主要内容，教育出现了一切为了掌握知识的知识本体观。然而人们又发现，仅仅掌握知识，还远没有完成教育的任务。于是，教育又转向培养能力，出现了能力本体论。但能力本体显然还不能反映一个完整的人，如同斯坦纳所说，一个人可以在晚上阅读歌德或理尔克的作品，也可以演奏巴赫和舒伯特的作品，而在早上可以前往奥斯威辛集中营去干他一天的勾当。于是寻找教育本体的工作还要继续。

如果说，上述这些例子，还可以与人本身挂上钩的话，那么，装饰性本体就根本偏离了人本身。斯宾塞指出，整个教育经历了一个由实用转向装饰的过程，而在社会的平缓发展时期就比较强调装饰。他指出，如果我们问古典教育的真正动机是什么，那就是为了顺从社会舆论，同给孩子们装饰身体一样，我们也在随着时尚装饰儿童的心智。这种装饰性的本体，在离开"人"而崇尚"文"的时代容易产生。比如汉代的文学家扬雄，他写的文赋有着许多人所不懂的难字，一时间，在文章中人们不认识的字多，就成为有学问的表征，甚至在蒙学中也是这样，原因是人们希望用这种表征来装饰儿童。这就带来了整整一个时代文化的式微。今天，装饰性的教育，不仅表现为学究式的装饰，而且表现为应付检查、高考、竞赛的竞争性的装饰，它表面上是为儿童的，实际上是为了别的什么。尽管教育工作者有着教育人的意识，但在实际教育活动中却可能没有把教育的效果落实到人——教育对象上。正如杜威所说，传统学校的重心是在儿童之外，在教师、在教科书或是在其他你所高兴的任何地方，唯独不在儿童的天性之中。事实上，我们每天都在面对教育对象，但传统观念首先使我们对教育对象的认识，仅仅是把它作为缺少生命的知识容器，而不是当作活生生的人；其次，我们的教育过程，并没有从对象的生长和生成规律去设计；再次，我们的教育常常为社会习俗所左右，从而偏离了教育对象的本体。

由此我们看到，本体的寻找受许多因素支配，如认识地位、视角、专业知识等等。而归结起来，最大的类本体，就是师本教育体系。我们把为教师的教育设计，误以为是为学生的教育设计。因此，不解决是进行师本还是生本教育的问题，不可能真正实现"为了学生"。揭示当前教育工作中最常见的类本体现象——师本教育体系，努力增加这种揭示的概括覆盖面，从而实现对基础教育问题的根本把握——一切为了学生的长远发展，是今天深化教育改革的必需。

伦理观：高度尊重学生

对学生的尊重，是生本教育的本质和基本原则，其关键是从内部和外部了解学生。从内部了解学生，是使我们认识学生可以被尊重的理由；从外部认识学生，是了解学生所处的地位，认识学生必须被尊重的原理。下面，我们从儿童的学习天性和学习潜能，从儿童的独立人格、独立的精神生命和独特的内部自然规律等诸方面来从内部及外部认识学生。

儿童是天生的学习者[①]

人之初，性本惰还是性本学？这是对儿童认识的一个基本问题。

我们说，儿童的天性是活动的、创造的，儿童是天生的学习

---

① 请参阅本书"枯叶蝴蝶——关于学习天性"一章。

者。这种天性既是一种人类的生存逻辑,也可以从大自然为人提供的种种未确定性中找到信息。

首先,学习是人类自身的需要,是人类50万年的进化发展中产生和发展着的特性,是大自然用基因和DNA保留在我们细胞中的信息,因而它是一种生物学特性。人类之所以能够在众多生物中脱颖而出,成为具有智慧的、不断地扩展自己的智慧和实践领域的独特的生灵,就是因为学习。而且,在人类漫长的发展过程中,凡是不会学习、不能逃避危难的种群,都弱化了,而善于学习的种群,才有可能发展为今天的人类。因此,基本上今天我们所见的人,都是善于学习的。至于不正常的弱智者是极少的。一般人都有正常范围内的思维,因而都是学习者,包括一部分我们认为的所谓差生。我的一位学员问我,是否承认有些学生是懒于学习的?我反过来问:这些学生如果是醒着的,他又懒于学习,那么他在做什么?他终归有事情可做,否则他就是睡着的,而不是醒着的。他喜欢去玩游戏机,去看小人书,那好,这也是学习。你希望他正规地学习,你就可以从他最喜欢的东西开始。比如,让一个喜欢玩电子游戏的孩子研究一下电子游戏的种类,作一个关于电子游戏的好处和坏处的报告;让他把从小人书中看到的故事告诉同学,如果有哪个孩子醉心于小鸟,宁可用书本去换他喜爱的小鸟,那么,我们就可以借助小鸟把书本换回来。总之,"天生我才必有用",而基础知识的外延,就是生活的外延。不论他们做什么,你总能找到其中蕴含的基础知识,而要做到这一点,你得把他的活动,都看作是学习的一部分——哪怕它并不完善,甚至是似乎同我们原来的学校教育内容格格不入。事情像歌里唱的那样,"在我这里有着永远的期待"。

其次,人类面临的自身的许多未确定性,也是人类学习的必要性的证据。我们知道,世界上每一种自然景观都表现出精确而美妙的适应性。凭借这种适应能力,每一种动物都像一个齿轮与另一个齿轮紧紧啮合那样适应着自己的生存环境。各种生物在生下来之后，不久就归于原位，该在水中生活的到水中，该到树上的到树上，该在岩穴的到岩穴，此外还有许多的生物规定性。也就是说，一般的生物没有多少选择的自由，它们必须服从大自然的预先安排。而人类则不同。人是一种非凡的动物。人具有一整套使自己在所有动物中显得无与伦比的天赋才能。因此，人并不像其他动物那样只是自然景观中的一个景物，而是自然景观的塑造者。在肉体与精神两方面，人都是大自然的开拓者，是一种无所不至的动物，他在每一块陆地上不是发现，而是用双手创建了自己的家园。人类的先天适应本领相当笨拙。而正是这一点——人的状况自相矛盾的地方——使人类能够适应一切环境。在我们周围许许多多飞翔的、爬行的、打洞的和游水的动物中间，只有人不受其生存环境的束缚。人的想象、理智、敏感和刚毅，使人有可能改变自己的生存环境，而不仅仅是随遇而安。人类作出了一系列发明，一代又一代地改造着自己的生存环境。这些发明是一种完全不同的进化——不是生物的进化，而是文明的演进。

人类以其富于想象的天赋与其他动物区别开来。人类综合运用自己的种种才能，制订计划，从事发明与创新。当人类学会以更复杂、更精巧的方式综合运用这些不同才能时，人类的创造发明也就更加复杂、更加精深了。因此，不同时代、不同文化形态在技术、科学和艺术领域的种种伟大发现，无一不表明人类才能的日益丰富和复杂的联系，表明人类智慧的常青藤式的攀援上升；表明人类依靠自己的学习、思考和行动，逐步地使自己获得了选择的自由。有趣的是，人类越是发展，就越延宕了自己成年的时间，使之有着更多的不确定性，必须而且可能通过后天的活动，首先是学习活动去填补。因此，动物不需要长达12年或更长时间的学习，而人类有必要。

这种未确定性，表明了人类的学习、思维和创造是先天的规定性。

我们可以从其他证据来看学生具有的学习天性。例如，人在成功时获得的快乐,在自我实现时得到的高峰体验,在学习活动中获得的充实感。人对人的有益智力创造的尊崇,似乎在所有的尊崇中居于最高的地位,因而人追求思想,追求文化。同人打交道基本上就是同人的思维打交道。反过来,对人的学习活动的贬损,几乎就是对人的思维的贬损,也就是对人的最基本的贬损。这种贬损累积起来,可以摧毁人的信心,可以使人无心向学,使人失去生活的欢乐。

更有脑科学家研究了人在成功学习时,人的情感以及脑的内啡酞分泌的情况,分析了人的学习的内部机制,进而发现人的学习的本能。

再次,我们来看0～3岁的儿童。他们可以说是在天赋状态下生活。他们从转体而坐起,而站立,而行走,学而不厌,跌倒了又爬起来,从来不会停止他们的学习。他们学会了与外界的简单交往,还居然学会了一整套语言——母语,而第二套语言——外语,我们其后学了多年仍然未必能入其门径。正如波伊尔描述的:"当然了,孩子们随时随地都在学习,他们呱呱坠地的时候,他们在草坪上玩耍的时候,在沙滩上挖坑的时候,都在学习。孩子们在公园里追逐鸽子时,在观看浮云时,看着小蚂蚁在路边爬行时,都是在学习。"

我们还可以再仔细看看在本书开头提到的事实:许多学校进行的生本教育教材和教学改革实验(目前进行到二年级),为我们展现了儿童热爱学习的景观。几乎没有学生不喜欢阅读,不喜欢写作。尽管我们在一、二年级没有规定他们写作(教材对系统的写作要求从三年级才开始),但是儿童自发地读、自发地写,其效率比师本教育的同期高出数倍。地处城乡接合部的深圳市龙城小学张浩权校长在他们正式出版的二年级试验班的作文集中写道:"近一年半时间,学生认字已达两千多。进入二年级后,实验由以识字为重点转向以阅读和说话训练为重点,让学生自由书写感兴趣的东西，形势更加喜人——学生喜读书乐写作已经蔚然成风，初步养成了爱读书勤动笔的习惯。据初步统计，在不到一年的时间里，实验班学生生均课外阅读五百多篇近十六万字。生均写话写日记三十多篇，四千多字。"在数学课里，儿童同样沉浸在自己的小设计、小统计、小评判等同生活相结合、同游戏相结合的活动中，比同期普通班的学生多作了数以千百计的计算。他们十分喜欢数学，我们每每可以看到学生不愿下课的情景。

事情就是这样奇妙：主动产生效率。教材不硬性规定儿童们写作，只要求教师鼓励他们写作，反而给儿童造成了主动的空间——每一篇都绝对是自己想做的，不是他人逼迫的，写作带着自豪和自励，于是，只要一有所想，一有所见，就写个不休。能用笔写的用笔写，能用电脑写的用电脑写，思想夺路而出，一篇篇文章，使我们所有的人有机会看到儿童的头脑中竟有如此丰富的思想和如此完整的表述结构，看到他们自主学习的进程，以及听到他们在学习中澎湃的心声。比如，南头小学一年级学生汤天就写出了六百多字的《三国演义新编》（见本书"红杏枝头春意闹"这一节），而且故事新颖、想象丰富、引人入胜，他同班的同学，普遍地几乎每天出作品。写作反过来推动了更多的认字和阅读。事实证明，儿童有着学习天性，而学习天性的自由展现，必然带来真正的学习热情和惊人的学习效率。

然而，师本的认识恰好与之相反。这表现在师本的许多规范是用于防止学生不学习的，是以人之初"性本惰"为前提的。比如，规定的作业，密集的考查，一点一滴前进的课程，等等。儿童一旦入了学，等待着他们的永远是减法，是被动，是挫折和失败。这是因为假若老师所传授的是100，他们永远是100的一部分，永远不能超过。每天的学习都是遗憾的、不堪回首的。我们不自觉地把学生看成是靠外部世界灌注的，因而他们所获的知识形态都是易于灌注而难于消化的抽象条文，就像某只小兔子误吃了许多绳索，胃里有许多不消化的条状物一样。而其实,人的知识都栖息在人的某一个整体的领悟上面,知识是一种过程,是一种领悟,是一种抽象与具体的结合物。离开学生实际形态的认识而进行的知识设计,只能是一种所谓"针剂教育",就像我们不吃蔬菜而只打蔬菜做成的营养针剂一样。类似地,教育过程则形成"老打岔"的特征。原本学生正在品味着某种事物的意义,教材或教学却总是在打岔,割裂学生认识的整体。它的效应,就如同我们在电影院里正在看一部惊险片,电影院的老板却不时要观众停下来,听他的介绍,那是多么煞风景啊。

很显然,使学生的学习天性不能保持下去的原因之一,就是"减法"思维和割裂思维。于是,我们知道了一点,不是儿童没有学习天性,而是师本的教育思维的确在斫削着他们的学习天性。这种想法或许会使我们震惊,如果真是这样的话,那么我们正在同学生的发展背道而驰,正在同受教育者同时也是同教育者自己的利益过不去,正在天天做着不聪明的事情。我们能不能转换一种思维,采用"乘法"思维和整体思维?教师给儿童 10 就要使之得到 100 以至 1 000,让儿童每天到校,都感到自己与昨天不一样,每天都有新的东西,思想奔涌而出。而当他知道自己想的与整个人类想的一致时,当他知道人类想的同自己想的有某种联系时,会多么兴奋,并对人类的智慧之美产生怎样的赞叹!这样,他们既向人类学习,又在对人类的继承和发展上体现了他自己,他们的学习天性得到了充分发挥。

儿童乃是天生的学习者,还在于学习对于他是一个永不枯竭的甘泉之井,他会不断在学习中产生新的学习需求,他的思维器官会不断地获得运用的享受。

我们常常听到老师抱怨学生不肯阅读,而只喜欢看电视。老师们感到对此无能为力。其实,这是低估了儿童的学习积极性和我们自己的开发能力。正如一位语文教育工作者说的,儿童是天生的学习者,同时也是天生的阅读者。严格地说,没有不喜欢阅读的人。阅读满足好奇,阅读开阔视野,阅读荡涤胸怀,阅读提升心智。试想一想,许多人直至今天,成年之后,还是那么热衷于阅读。我记得读到余秋雨先生的散文序,知道台湾有个俱乐部名叫"绿光咖啡厅听巴赫读余秋雨",颇觉情调袭人,显然,阅读好的作品实在是同佳茗妙曲一样为世人所共同喜爱。一般来说,人类的阅读,是一种最适宜于把既有的信息与当前的创造结合起来,把接收与联想结合起来的活动方式。其美妙之处就在这里——它区别于完全感性的方式,而是通过领略人类信息凝练而成的文字,激发自己的储存,形成新的信息、新的画面和新的感悟;不仅是在感官的领域,更在思想的领域,以信息引发信息,以情感引发情感。比如,一天晚上我倚床而读儒勒·凡尔纳的《十五岁的船长》,就像同小船长一起在大海中搏浪,在西非的蛮荒中跋涉,而这被引发出来的信息、情感和遐想,是具有个性的,具有自己的生产之爱的。对于儿童来说,阅读是他们进入人类文化宝库的大门。儿童尽管可以喜欢小人书的图画,或者喜欢看电视,但是图画书和电视的直接式浏览,不可能产生文字阅读引发的广泛联想——只有在联想中,儿童才会更深地、更富有情感地进入意义世界,才能真正被打动,真正产生无穷无尽的感悟。而这种感悟,是儿童最大的兴趣和快乐所在。皮亚杰的儿童认识阶段论,分析了儿童从具体的感性的思维转向抽象思维的规律,儿童继之于感性认识,会跟着要求进行理性认识,进行更能发挥自己想象力的认识,这就是阅读兴趣产生和必然表现的心理基础。我们完全可以借此培养学生的阅读兴趣和习惯。当然,对于已经失落了这种兴趣和习惯的较高年级学生来说,需要有更加因势利导的方法,才能使之回归,但这不是十分困难的问题。只要从他们喜爱的事物开始,引导他们阅读和讨论,儿童对阅读的天然爱好就会被重新激起,"不信东风唤不回"。

类似地,我们也可以看出,儿童是天生的计算者,是天生的艺术欣赏者，是天生的活动者。所有我们想要让儿童发展的方面，其得以确立的基本依据，就是在人的情感和认知的器官及功能的深层结构中，有着相应的先天因素。

我们的二十多所生本教育实验学校的实验表明，我们的教学和我们的孩子们，完全能够进入使他们的学习天性被激发的状态。

儿童人人可以创新

我们这个时代需要创新。当然，我们原来指的是大人们的创新。儿童在学校就是学习，似乎谈不上创新。如果要说创新，那是指少数有才能的孩子，写了小论文，有了小制作、小革新，可以到大人世界里去比较一番。这是过去的概念。当然，这个概念也不错，对儿童，我们不说创新，只说学习就是了。但是，现在的问题是，如果儿童的学习也真的具有创新的意义，我们何不把它揭示出来呢。如果揭示出来，我们的认识也就提升了，发展了。

一般来说，儿童的所想所做，对他本人来说，有新的意义、新的质，就是进行了创新。儿童的思维具有生产性，会产生新的质，所以它是创新。他们独立解出了一道题目，对新的现象进行了解释，独立作出了某个判断，添加了一个括号，有新的思考、新的意思，都是创新。但在这种意义下的创新，与大人们的创新是有区别的。

与大人比，儿童的创新是内创新，是与自己的认识来比较的。比如，一个学生，他通过剪剪拼拼，认识了三角形的内角和是180度，这对于他是新的。这样，他实际上是进行了创新活动，有了创新的成果——这一成果对人类来说，早已经被发现，但对他本人却是新的。反之，对成人来说，我们通常强调的创新是外创新，它指对现实社会来说，得出了有用的新的结果，认识了新事物。

对儿童来说，创新的意义重在过程。在创新中，他得到了认识的成果，这对他是新增添的知识，但不用这种探索的方式，仅仅用教授的方式，也是可以得到这些认识成果的。而在创新的过程中，他经历的种种探索，则可以给他带来全方位的收获。比如，学生在做一个课题：考察蜗牛有没有眼睛。考察的结果可能并没有一致的结论，但这并不是最重要的，重要的是学生十分投入地使用自己的所有知识去学习、探寻；这一过程获得的，不仅有许多新鲜知识，更有着能力和态度。而对大人的创新，人们更关心的是结果，这是显然的。而且，儿童的创新是在一定的教育教学条件下进行的，比如有课室、教师和教学设备的支持，自然，儿童的创新的组织，也有着明确的教育教学目的。这都是它与成人的创新的区别。

然而，就创新的意向和对主体自身的意义来说，这些区别不能表明儿童的创新与成人的创新有本质的不同。儿童的创新与成人的创新都是在人的自我实现的意识下进行的。而自我实现是所有人的共同需要。正因为此，即使是成人，也是人人可以创新的。关于这一点，人本主义心理学家马斯洛说，他同其他人一样，有一段时间他也是只从人的特定成果看创新，并不知不觉地把创造性局限在传统领域中了。他无意识地假定，创造性是某些专业人员的特权，如作曲家、画家、发明家、理论家、作家等等。但是，在实践中，他发现这些看法都是片面的。他说："例如，一名妇女，她是没有受过教育的、贫穷的、完完全全的家庭妇女和母亲，她所做的那些平凡工作没有一件是创造性的，然而她却是奇妙的厨师、母亲、妻子和主妇……她是一个完美的女主人，她做的膳食是盛宴，她在台布、餐具、玻璃器皿和家具上的情趣是无瑕的。她在所有这些领域中，全都是独到的、新颖的、精巧的、出乎意料的，富有创造力……我从她那里以及像她一样的其他人那里学到：第一流的汤比第二流的画更有创造性；一般来说，做饭、做父母以及主持家务，可能具有创造性，而诗也不必定具有创造性，它也可能不具有创造性。"[①]

---

① ［美］马斯洛等著，林方主编：《人的潜能和价值》，华夏出版社1987年版，第244页。

◇教育走向生本

据此,我们也可以推知儿童人人可以创新——至少是,人人可以思考。我们从创新的高度来看儿童是天生的学习者,就会进一步解放思想。

综上所述,儿童的创新是儿童学习的核心过程。反过来,儿童也是在创新中进行学习的。持这一观点十分重要,因为它会使我们注意把儿童置于创新的环境之中,而不是置于一般意义的学习之中。而在创新的环境与状态下,儿童和教师都会发生深刻的变化。在我们的教学实验中,无论是数学还是语文,每堂课都有大量的创造机会。上课就意味着创造,而创造就意味着成功和成就。这就是在课堂上儿童人头攒动,争相陈述自己的见解的盛况的来由。

在我们的生本教育实验学校,广州市黄埔区荔园小学二年级上半年的语文,上的是我们教材中的一课《小蜜蜂》。

"为什么小蜜蜂飞的时候翅膀会发出嗡嗡声,而小鸟的翅膀比它大,却不会发出嗡嗡声呢?"一个小学生问。

"因为小蜜蜂飞的时候,扇动翅膀的频率大,所以发出嗡嗡声,而小鸟翅膀虽然大,但扇动的频率小,所以不会发出嗡嗡声。"

我们大家都惊奇这位名叫林韦思的年仅7岁的学生怎么能够当即作出这样的回答。原来,该校在实验中十分注意学生"以读引问",在创新中进行学习。他们的口号是"我能行"。而不断的提问、思考和创新,使人的创新意识和抱负大大增强了。就是这位林韦思小朋友写了一首诗《探索世界》,抄录如下:

世界非常巨大,
世界非常奇妙。
我要探索世界,
来把趣闻寻找。

我要去——巴黎的埃菲尔铁塔。

我要去——智利的复活节岛。
我要去——中国的长江三峡。
我要去——非洲的尼罗河。
我要去——澳大利亚的艾尔斯巨石。
我要去——埃及的金字塔。

我要去——意大利的比萨斜塔。
我要去——南美洲的热带雨林。
我要去——美国的自由女神像。
我要去——南北两极的冰山。
我要去——日本的富士山。
我要去——云南的路南石林。

我要走遍世界各地,
我要走遍每个海洋。
我要走遍每座山峰,
我要走遍各个平原。

我要探索地球奥秘,
我要寻找自己的知识。
我要探索——世界各地。
世界各地——我要探索。
我要探索世界各地,寻找知识,
让一个新的科学家诞生吧!

下面,我们再录一篇深圳市南头小学一年级实验班袁博小同学写的《看火车》,由此我们可以看到儿童的发现欲是多么强烈。

◇教育走向生本

在"五一"节假期里,我和爸爸妈妈一起去看火车。

我们沿着火车铁轨往前走,当快走到深圳火车西站时,爸爸突然看见前面有一列火车远远地朝我们驶来,我们赶紧从轨道上跑下来,我就朝前跑快一点,想就近看到那列火车。我终于跑到火车站的站台上,坐在一个小箱子上。我看到铁轨边的小草在轻轻摆动,是不是小草太寂寞了,听到火车的声音,以为是自己的朋友来了,就高兴地跳起舞来了?当我看到火车时,心里高兴得不得了。火车终于慢慢地停了下来,火车停下来的时候会发出很大的噪声而且很难听。

那一列火车有一节餐车、两节行李车,还有两节硬卧车、两节软卧车、九节硬座车,再加上一节机车,总共有十七节车厢。我还发现每个车厢外面都挂了一个标志牌,那上面写着:深圳西—合肥直快列车。我发现火车的车轮跟汽车的不一样,火车的车轮是钢铁做成的,而不是橡胶做成的。而且车轮两边都是圆的,内侧的圆大,外侧的圆小。我还仔细地观察了一下火车的车轮,下面好像有一个凹槽正好卡在铁轨上,所以火车就不会倒了。然后我和爸爸妈妈就从站台上来到了机车面前。我很想看看机车里面是些什么。因为机车很高够不着,所以妈妈就叫爸爸抱着我看。啊!我心里简直是太高兴了,爸爸把全身的力气都用了出来。我终于看到了机车里面有许多控制火车的按钮,这下我心里的问题都解决了。

在回家的路上,我看到铁轨上有一些油污,爸爸妈妈说这是因为火车漏油造成的。我长大了一定要造一列不漏油、速度又快,最快达到800公里/时的火车,爸爸妈妈坐上我制造的火车只要一个多小时就可以回老家了。

儿童潜能无限

我到广东省新会市实验小学听课,那是一年级上课的第二周。

老师给同学们示范怎样数一丛花的朵数,然后让学生数课本上画的一丛花。接着,问他们,数出多少朵,怎样数的。

"10朵。我是把相同颜色的花一起数,这里有4种颜色。"第一个小同学说。

"是10朵,我是从左到右,又从上到下数的。"第二个小同学说。

"10朵。我是像走迷宫那样数的。"第三个小同学说。

就这么一个简单的课题,就这么一些刚从幼儿园上来的小朋友,在他们的回答里却包含着未来思想的胚芽。第一个孩子不满足于老师示范的按原有地理位置的数法,而是换了一个角度,把花重新抽象地分了类。而这样的分类在大人们的思维中起到了很重要的作用,比如,我们进行黎曼积分时,在直角坐标系上,是按照函数的自变量的地理位置去分割求和取极限的。而当我们转向分类的思维,把函数值进行分割的时候,就得到了另外一种积分——勒贝格积分。第二个孩子直觉地感到仅仅是由左到右地数,不能确定花的位置,因而他用了两个规则由左到右,又由上到下,这恰好就是描述平面上的点的位置需要有两个独立坐标意识的萌芽。安知当年笛卡尔在发明直角坐标系的时候,不是经历了这样的思考?第三个孩子的回答虽然不那么有数学特点,但是很有语文特点,富有想象力。

由上可知,想要知道儿童的潜能,百步之内,便有芳草,每个学校都可以找到丰富的事例。当然,我们也许早就知道了,儿童的无限潜能来自人脑的物质结构。人有140亿个神经元,形成了许许多多的突触,而这样就可以产生数量极为巨大的组合。一个人如果把他的潜能都利用起来,就可以读完几十所大学,掌握多门外语,等等。如同杜比宁说的:"脑的机能系统则是由社会存在的条件形成的。四万年前已形成的人类基因基质是过去巨大社会进步的生物学前提,并且决没有给未来文明的发展规定任何限制。"现在我们

◇教育走向生本

从另外一些角度来看这个问题。

人的潜能无限,在于人是一个可以自激励的系统。如果你有了成功的表现,你又受到激励,你就会走向更大的成功。而这种激励更多的不是来自外部,而是来自自己。心理学家奥托说了他的一则经验,是自我承认法。他认为,每当完成一项自己认为了不起的工作的时候,十有八九不能得到上级或同事的承认,"因此,每当我完成一项工作时,只要我自己认为它是出类拔萃的,并且也真正喜爱它,我就对自己承认它。通过这些事例,我赠给自己一份礼物,这礼物就是我前进的动力","我们之中的每一个人都只是发挥着自身潜力的很小的一部分,小如芥豆之微。在这里,我衷心希望诸位去不断发掘自己的潜力,进行那人生旅途中的最令人激动的探索"。[1]

人的潜能无限,在于人面临的情景具有无限多的变化,而人始终能够处理和驾驭它。而之所以这样,是因为人类50万年的发展背景,已经使人有了足以适应任何复杂变化的内部结构,比如,有了丰富的神经联系。在人长成之后,由于各种原因,许多发展方向被筛选了,然而儿童却保持着那种原始的、先祖赋予的想象的完形性。所谓完形,是指儿童的思维蕴含着尔后的全部科学思维。或者说,尔后的科学思维,必然从儿童现在的思维背景中产生出来。儿童思维的完形性也就决定了他的思维的多向性。儿童会产生许多令成人始料不及的念头,就是一个证明。

一位初三的学生告诉我,他认为广州俚俗"一啖荔枝三把火"其实是苏东坡的"日啖荔枝三百颗"的谐音,使我吃了一惊。一次我有机会与一位著名散文家讲起这段诗话,他也对此感兴趣,并说,也许是倒过来,苏东坡把民间的俚俗入了诗。

---

[1] 转引自〔美〕马斯洛等著,林方主编:《人的潜能和价值》,华夏出版社1987年版,第399页。

另一位中学生同我讲，其实原子的核外电子活动性与会餐就座相通。坐八人的桌子，如果坐了七人，最有吸引力，很容易招到人来补齐一桌，这相当于核外最外层电子数只差一个就饱和的原子，对别的电子有很强吸引力，显现了非金属活动性强的情形，如氟。如果一张坐八人的桌子只坐了一个人，这个人也就最容易流动到别的桌子上，这类似于原子的最外层核外电子只有一个的话，它就特别容易被别的原子吸引，即金属活动性最强的情形，如钾、钠。如果一张八人桌子只坐了四个人，那些人就去留犹豫，呈现出稳定性，类似于比较稳定的元素，例如碳的情况；这时，几张只坐了四个人的八人桌子可能会合起来，这就类似于有机物的原子团的组成原理。甚至，学生还附会出，这样的八人餐桌似乎有一种饱和力——那么原子是不是也有这样的饱和力呢？它是什么？曾经有人描述过吗？这几乎是前科学思考了。

我们还可以列出学生的许多创造。这些事例都说明，不是儿童没有潜能，而在于我们有没有给出时间、空间和氛围去激励它。而最严重的问题，还在于我们实际上是受到了一种忽视儿童潜能观念的局限。一个教者，如果在潜意识中低估了儿童，那么他的所有工作，他的态度、眼神、音容笑貌都会带上这样的色彩，从而给学生造成负面影响。

加拿大12岁的成功企业家凯斯——他使他的企业跻身全国五十强，说了这样的话："无论是大人和小孩，面对所遇到的问题，最重要的是要克服恐惧。"这是十分在理的。对于学习的恐惧感，往往是大人给予儿童的。我们对儿童低估的表现之一，就是常常把所要学习的知识看得过于神秘和艰难。仍然以写作而论，叶圣陶先生说："以前人以为写文章是几个读书人特有的技能，那种技能奥妙难知，几乎跟方士的画符念咒相仿。这种见解必须打破。"他认为写文章是生活的一部分，"能写文章算不得什么可以夸耀的事儿，不能写文章却是一种缺陷，这种缺陷跟瞎了眼睛聋了耳朵差不多"。

◇教育走向生本

他认为,没有这种认识,人就会成为写作的奴隶。① 我们的教师每每把写文章看得很神秘,把写文章看成是要由一大堆技法来规定的事情,于是重重叠叠地教,不断迫使儿童就范。在这样的教育下,学生就不再发挥他的天性,驰骋他的想象了,不再去进行对事物的最深刻和最美妙的头脑深处的加工了,就出现不了那种激动人心的认识成果了,也许一个平庸之才就此产生了。克莱恩说:"孩子们所拥有的潜力比目前的教育体制所能启发他们的多得多。你必须要从旁协助他们。"② 保加利亚的卢赞诺夫为人的潜能说了许多话,其中最重要的结论就是:"人们可以比以前学得更快、更好也更快乐。如果你相信这个结论,你就可以获得极佳的成果。不要再自我设限,认清自然学习比所知的标准学习过程快五倍,使我们可以有许多期待。"③

以前读到过这样一个故事。一天,老李没有空,就托到幼儿园看孩子的老张捎糖果给自己的孩子,并交代:"你交给最可爱的那个就是了。"第二天问老张:"糖果带到了没有?"老张答:"带是带到了,不过,对不起,糖果给了我自己的孩子。因为看来看去,还是他最可爱。"故事虽然夸张,有一点倒是可以借鉴的,就是对儿子优点的敏感。如果我们的老师也能这样去看自己班上的学生,而且不仅出于情感,更出于科学的判断——他们潜能无限,日后成龙成凤,大有作为,那么,"精诚所至,金石为开",教育者宽广的、崇高的期许,会给儿童以良好的暗示,并给予更为广阔的发展心理空间。心理学研究中的皮格马利翁效应(又称罗森塔尔效应),不都说明了这一点吗?④

---

① 叶圣陶著:《文章例话》,生活·读书·新知三联书店1983年版,"序"第3—4页。

②③ [美]彼得·克莱恩著,吴运如、吕顺文译:《天天·天才——重视你与孩子本来的学习乐趣》,远方出版社1998年版,第11、83页。

④ 想要知道这些效应,请查阅有关的心理学专著。

看来，球踢到了我们教育者的脚下。我们需要研究怎样的教育才能充分发挥儿童的潜能。

儿童的独立性

"自然界有许许多多的矿藏，而人的大脑是最丰富的矿藏。"①人的大脑的丰富性，在于人的自成系统的独立思考。这一系统是开放的，但它是独立的。它可以受到外界的影响和指挥，然而，它始终有最隐蔽的自我在管理着自己。因此，儿童的独立性既是社会规定的权益，也是他的生理和心理的规定性确定的，是一种生存状态。

除了物质生命的独立性之外，人的独立性更表现在精神生命的独立性。然而，这一点总被我们忽视。上一辈人与现代儿童的代沟之一，就是无穷无尽的说教。我们一开头就让儿童觉得只是成为他自己是不够的，还要成为我们想要他成为的什么。这样一来，儿童从来没有按照他本来的样子被他的父母、老师、邻居和社会所接受，每一个人都试图要改善他，要使他变得更好，大家都指向每一个人都可能会有的缺点、错误、弱点和脆弱的地方，没有人强调他的美，没有人强调他的聪明才智。如果一个人，小时候本来可以很敏锐地表达自己的观察结果，却总是被人指正，他就不会再相信自己所看到的、想到的事物，而是想方设法说出别人想说的话。这样，他就没有了他"自己"，同时也就没有了创造性。儿童的学习过程所依赖的独特的内部自然，也就被抹杀了。因此，儿童的独立性，不仅是教育教学民主的必需，从更深层来说，也是他们认知事物和保持敏锐的需要。

在2000年悉尼奥运会的电视节目中，我们看到了为中国赢得第一块金牌的陶璐娜，印象特别深的是她在预备射击时候的那种极

---

① 吕达：《对广东部分学校校长的报告》，2001年4月15日。

为专注的神情，那真是一种经典的表情！"你当时想的是什么？有没有想到金牌？"记者问她。"我想的是射击。"陶璐娜平静地回答。也就是说，此时此刻，在她心灵里的是和行为相结合的内在动力，别的没有想，她可能会想重大的意义，但不是在此时想。在有质量的行动中，占据心灵的，只有纯净的、极为自然的、像种子长成大树那样的一种内部动力因素，而这就是个体独立性的最直接表现。我们都在书上读到过种子的力量：种子撑破了岩石，种子曾经被用来分开十分紧密的人的头盖骨的连接。越是自然，像种子长成大树那样的内部能量的发挥就越是彻底，越是强大。而这需要信任自己、自尊，以及个体对自己的接受，我们必须帮助儿童乐于接纳自我。

对人的独立性也可以这样看：一个人活在这个世界上，就是大自然对他的赠礼，生命是如此丰富、如此美好，因此，每个人，包括那些沉默寡言的、"老实巴交"的甚至被认为是差生的那些人，都是一个不容忽视的、独特的存在。杜比宁说："整个人类，每个人都是过去、现在和未来的丰美世界。"但这些都很难得到他人和自己的认可、欣赏。我们自己并没有意识到它是多么珍贵。而且，像去参观楼盘，立即就产生未来在那里住下做高贵业主的联想一样（虽然实际上不可能在那里居住），父母们、老师们一看到孩子，就想着把他培养成钢琴家、画家、大知识分子，提出了很多很高的理想让他去遵循，要他必须去变成他们。这样一来，儿童丰富美好的现状永远不会被赞美，会被赞美的是他的未来——如果他能够变成值得尊敬的人或是在某一方面有名的人，而不只是一个默默无闻的人。大人们的说教给孩子们制造了心虚失落之感，打碎了他们对自我的接纳，成为儿童成长的阻碍。

这样，儿童的心灵就有了二重性。一方面，他有着人的与生俱来的发展趋向，如同一粒种子，在一定的条件下自然地会长成大树。另一方面，受着外界的、后来也成为自身的一部分的种种影响，儿童有了竞争心、功利心，并且，这种种心理不断上升，这就成为他发展的外部动机。我们不否认外部动机的作用，在学习心理学里，有许多外部动机和人的内在学习动机相互作用，从而促使人采取学习行动的描述。崇高的外部动机，永远是我们所要提倡的。但是，我们还得回答，就个体的发展而论，心灵的内在动力与外部动机之间哪个重要？哪个是成就的根本决定者？外部的间接动机，不论何时，总是对人的学习行为有所促进吗？它会不会干扰心灵的内在力量的发挥？这些问题值得思考。我们认为，人的独立性是由他的内、外部动机融合而成的，但以内部动机为主要组成部分的一种心理品质。

我记起了一位中学生给我的来信，信中说："我爱看有关动物的影片……重要的是因为我看到了竞争这种人与动物同样存在着的生存方式。……自然界中，竞争是悲壮的、合理的。""草原上的竞争是公平的、合理的，即使它充满了惨烈。""社会就是一个充满机会、充满竞争的莽原。社会上的每一个人就像草原上的动物，有强有弱，强的被选留下来，弱的被淘汰出去。"他的意思是，今天中学生也处在竞争之中，"只要旭日升起，你就要毫不犹豫地奋起狂奔……自然界万物都在为生存而竞争，难道你甘愿停下来成为弱者吗？"我在给他的复信中表述了这样的观点："关于人类进化是不是竞争的结果，我想，就自然生物来说，原则上是可以这样说的。但对于今天的人类，我们似乎不能把长阶段（比如说五十万年）的进化与人的一生（短阶段）作简单类比。原因是，人构成了社会，社会是有竞争的，但社会本身又具有合作的形态。同时，人有思维，思维会能动地创新自己，发展自己，人有情感、道德，所有这些，都使我们从简单的生物或自然的竞争思维中摆脱出来，使我们对于人类，对于我们自己的发展，并对人世间竞争现象背后的人的默契、人的合作，以及最终是人本身的发展决定一切的事实有所认识。"在这里，外部的竞争和自身的发展，实际上是相应于我们上面所讲的外部动机和种子般具有的内在的力量。我们多年来深信的是外部动机的牵引力,然而,与内部的动力相比,它并不是成就一个人的最重要的因素。一个选手如果满脑子外部动机,而不把它转化为内部动力,或者不用于激发内部动力,是决然不能达到陶璐娜那样的境界的。对于某一工作的内部动力,乃是独立性的精神的重要内涵。过去,我们对它的了解还是比较少的,特别是对它的巨大能量,我们是缺少估计的。

师本教育要求儿童不论在哪里,都必须爬到顶端。这样一来,没有达到顶端,就会处在一种阴影之中。越是做了许多努力都不能达到巅峰,就越会自暴自弃。事情就是这样:过分地想要达到巅峰的梦幻,却成为干扰,反而使目的难以达到;不把达到巅峰作为梦想,却消除了干扰,反而能够达到巅峰。这中间的关键,就是是否达到类似陶璐娜射击时的那种静心状态,是否保持独立性。

非独立性带来简单划一,而独立性带来丰富。如奥修所说:"你的真实和真诚、你的真理、你的爱、你的创造力、你的敏感度和你的静心品质,这才是你真正的财富。"

独立性带来了独特性,而独特性带来了成就。唯大英雄能本色。我们从许多杰出人物身上,看到了成就和独立性同时存在的现象。

诺贝尔物理奖获得者崔琦,少年时期从河南老家被送到香港的亲戚处读书,以后受到了良好的教育。获奖之后,记者问他,如果你不从河南老家出来,会怎么样?记者满以为他会说些不出来就不能受到好的教育之类的话,然而崔琦答道:如果我不出来,我就不会离开父母,有我在身边,他们就不会那么早过世了。说到这里,他流出了眼泪。在这里,一般人把得到诺贝尔奖看作人生的巅峰,似乎它绝对应该覆盖其他想法,更何况是覆盖普通人皆然的亲子之情呢。然而崔琦不这样看。他心里拥有的是更重大的更基本的感情、至孝之心、人文精神。我们想,是否正由于这种本色所表现的独立性，才使他取得有别于常人常事之成就呢？

　　林肯在参议院发表他的第一次总统演说时，有一个傲慢的有产阶级的人站起来，他说："林肯先生，在你开始演讲之前，我希望你记住，你是一个鞋匠的儿子。"整个参议院的人都笑了，他们想要羞辱林肯。他们无法打败他，但是他们能够羞辱他，然而他们很难羞辱一个像林肯这样的人。

　　林肯告诉那个人说："我非常感激您使我想起我的父亲。他已经过世了，我一定会永远记住您的忠告，我知道我做总统永远无法像我父亲做鞋匠那样做得那么好。"全场顿时鸦雀无声。林肯还告诉那个人："就我所知道，我父亲以前也为您的家人做鞋子，如果您的鞋子会磨脚，或者有不合适——虽然我不是一个伟大的鞋匠，但是我从小就跟父亲学到了那个艺术——我可以改正它。对参议院里面的任何一个人都一样，如果那双鞋是我父亲做的，而它们需要修理或改善，我一定尽可能帮忙。但是，有一件事是可以确定的，我无法像他那么伟大，他的手艺是没有人能够比得上的。"当他想起他的父亲，他的眼泪就掉了下来。

　　奥修阐述的教育观是："不论你做什么都没有关系，你或许是一个三流的总统，你或许是一个一流的鞋匠，能够满足你的就是你享受你正在做的，你能够将你所有的能量都投放进去，你不想成为其他任何人，这就是你想要成为的，你同意'自然'在这出戏里面所让你扮演的角色是对的，即使用总统或国王来跟你交换，你都不要。这就是真正的富有，这就是真正的权力。"

　　为了最充分地发挥学生的能量，我们要保持学生的精神独立性，也要让他们自己保持独立性。当然，这种独立性不是逃避社会责任，也不是违反集体的规约，而是指符合人的内部自然的精神状态和能量发挥的状态。只有这样，我们才能拿出我们每个个体的潜能，去贡献给这个社会。

　　前些天我去某市，有镇名为"三乡"。通常以此命名的乡镇，都是山野之地，到了后来，我才知道这是该市经济最发达的一个镇，仅合资企业就有五百多家，大有"市列珠玑，户罗纨绮"的繁华景象。我突然想起，改革开放之前，这里应当仅有一家合作企业，就是生产大队，正是由于改革开放，肯定了人的独立性，才有这样的千姿百态的企业现象。联想到生本教育体系，我们也将放飞儿童，使广大学生发挥其独立性，从而发挥自己最大的能量。你有800名学生，就有800朵学习的花朵粲开，这将促使他们的学业日臻上乘，而我们的学校也必然变得生机勃勃。

值得注意的是，不尊重儿童学习的独立性的现象在教育中比比皆是。例如过去，在我们的作文教学中，有一种严格的读写结合，读一段文，就仿照写一小段，直到仿写过关了，再仿写第二段……最后，把仿写的东西拼装起来，就成为作文。儿童的独立思考和独立写作被否了。儿童因为这样的学习，害怕作文、不会作文，是一点也不奇怪的。这种以模仿式为主的学习所得到的知识，怎么可能有广泛的适应性呢？

珠海市启雅幼儿园的老师们有一种"两极思考"。在他们的美术教育中，一方面是让儿童发挥天性，"无指导"地涂写儿童画；另一方面，则是让儿童接触中外最著名的画家的画，而尽可能少让一般化的指教去局限儿童。他们在相当长一段时间里，使儿童直接与人类最精美的创造物打交道，让人类的精华直接启迪儿童心智的思考，始终把儿童的独立人格、独立的精神生命、独特的内部自然规律作为教育的前提，收到了显而易见的效果。我们看到了儿童在读列维坦的油画《金色的秋天》时的专注，看到了他们自己涂鸦式的纸盘色块透出了许多灵气，看到了他们对于描写对象的独特的、完全的把握。我们深深感到，这种尊重儿童从而发展他们的教育思想，对幼儿园和小学以至中学都很有启发。

尊重儿童的独立性，就是保护他们最大发展的可能性。

行为观：全面依靠学生

生本教育的方法是全面依靠学生。但全面依靠学生是一件很难做到的事情。我记得我曾经依据书面报告对一堂让学生讨论的数学课表示欣赏，理由是它依靠了学生。但后来看了这堂课的录像，才感到老师实际上规定了学生活动的每个细节，学生的活动空间非常有限，很难说这是一堂学生自主学习的课。心理学家坦恩鲍姆曾经检讨自己的教学说："我过去一向是欢迎最广泛的讨论的；但是，现在我才知道，我还是要求并且期待我的学生了解指定给他们的课文和讲授材料。更糟的是，我虽然欢迎讨论，但是在一切都说完做过之后，我首先还是要求班级得出与我的思路一致的结论。因此，从它们是否坦率、自由和具有探索性这几个标准来看，那些讨论都不能算是真正的讨论；从它们是否启迪思想来看，那些问题都不能算是真正的问题；所有问题都别有用意，因为我对于这些问题的满意答案，有时甚至对其正确答案都有相当明确的见解。因此，我带着教学材料来到班上，实际上把学生当作工具，我掌握情况，一步步引出我认为学生应当学习的材料的中心内容。"[①] 在这里，坦恩鲍姆十分严肃地剖析了自己，他所说到的情况具有普遍的意义。我们许多所谓以学生为主体的课，实际上整堂课都是教师在管制着的那种玩偶式的活动，我有时连续听好几节课，竟找不到几分钟是学生的"独立有效思维时间"。我们也许很难接受坦恩鲍姆对自己要求学生掌握学习材料中心内容的批判，但是，他的独特观点仍然应当引起我们的注意。他认为，人的理智与人的激情相对来说是沧海之一粟。他对学生的感情因素更感兴趣，他认为是"第三维"。说

---

① 转引自[美]马斯洛等著，林方主编：《人的潜能和价值》，华夏出版社1987年版，第363页。

到底,他衷心希望能全面依靠学生。

人本主义心理学家罗杰斯更把这种见解推到极致,他表达了一种信念,即没有人能教会任何人任何东西。① 当然,我们可以这样理解:学生学会任何东西,最终都要通过自己的内化,因而这个最后过程并不是教师完成的。就这个意义来说,人的获得最终不是依靠教,而是依靠学。一些校长其实都有过这样的体会:学生所学比教师所教要多得多。有的数学教师说,高考的最后两题不是教师教会的,而是学生自己学会的。这些见解与罗杰斯所说异曲同工。以学生作为教育过程的最后动作者,似乎给了生本以形象的解释。

要全面依靠学生,其中带根本性的认识有三点:(1)"资源论",学生是教育教学活动的重要资源;(2)"生态论",学生将在某种教育生态环境中蓬勃发展;(3)"现状论",现今的学生状态发生了巨大的变化。

学生是教育对象,更是教育资源

功夫最精深的武师,把打斗对象的力量也看作自己的资源。当对手冲来,他顺势轻轻一拨,就把对手放倒了,这比那些与对手拼命对冲的人,不仅境界要高,而且省时省事又精明。就教育来说,自然,学生不是武打对手,而是工作对象,但我们从武术智慧中得到了启发:学生不仅是对象,更应当看成是教育资源。自觉地利用这一被遗忘的资源,是否也能举重若轻呢?

回答是肯定的。学生的全部既有经验、智慧、知识和学习的内在积极性都应当为教师的教学所用,应当成为动力之源、能量之库。而且,它不仅是教育的一般性资源,更是基础性资源;其他资源最终必须同学生资源相结合或相化合,才能发挥效益。形象地

---

① 转引自[美]马斯洛等著,林方主编:《人的潜能和价值》,华夏出版社1987年版,第326页。

说,生本教育体系的重要思想就是"借力"。"好风凭借力,送我上青云",依托学生资源来进行教育,而获得事半功倍之效。对学生资源的认识,既给了我们对学生的新的理解,又使我们像工匠那样精明,得以在最充分地利用学生的资源的基础上,最经济地使用教育力量,把它集中到最必要的、最有效的地方去,这种思路,当然是激动人心的。特别是,长期以来,师本教育体系总是把学生的蕴藏看作与正规教育无关,甚至有害。它对教育过程的认识是单向式的,认为教育的主要资源是教师和教材、课室设备。它对极其丰富和生动的学生资源视而不见。在这样的状况下,依靠学生资源来进行教育,就变得更有潜力。

我们今天进行的所有改革的指向,其实都是使学生这一过去被忽视的教育资源获得开发,能量得以发挥。学生资源的发现与利用是我们今天提高教育质量的希望所在。尽可能发挥和利用学生资源的教育,是教育的新的境界,犹如利用对方资源的功夫大师拥有功夫的最高境界一样。

那么,我们为什么能把学生看作是教育的重要资源呢?

第一,是由于对教育"生产"过程和"生产"关系的认识。

教育的生产体现在教育对象的发展上。在教育"生产"过程中,学生不仅是教育的受体,更是教育的予体。学生是生产自己知识的劳动力,因而是主要的生产力。学生用于学习的能量,不仅仅用于信息的接收,更用于信息的创建。在这个意义上说,学生是自己在生产着自己。这种生产是后天的,用于改造自己的精神世界的一种生产,其产品不是储存到其他什么地方,而是储存到他自己头脑之中。正是由于这种特殊生产的无形性、生产过程的复杂性、真正的生产关系的潜隐性,使得学生仅仅被看成教育的对象,而他们作为教育资源的地位,长期难以引起重视。

第二,学生个体作为资源,表现在具有学习动力和拥有学习基础这两个方面。

◇教育走向生本

　　学生是学习的动力资源。我们曾经说过儿童有学习的天性，而这种天性的表现，就是学习对他们原本是有兴趣的。一旦他们体察到了兴趣所在，就会推动我们的教学。克莱恩有几段很有诗意的话："还记得小时候，在打开色彩亮丽的礼品盒时，好奇地想知道里面是什么的那种兴奋吗？还记得父母放开扶持的手让你自己骑脚踏车时，那种紧张又高兴的心情吗？不论是核物理学家发现前所未知的次中子时的激动，还是作家为新书的布局酝酿出创意时的喜悦，或是明星队员击中球门时的狂喜，这种兴奋的力量正是学习的动力。""在这些例子中，我已经感受到了这种令人捉摸不定却又充满快乐和满足的学习——和呼吸一样稀松平常的刺激，但常常被我们忽略或者淡忘。""这就是我们成功与快乐的宝藏，也是我们能够贡献给其他生命的宝藏。"当然，学生更是教育教学能量的所在。试想想，依靠教师一个人变为依靠全体学生，所有的学生都被发动起来，同老师一起认识事物，别的不说，仅仅是用于学习的能量，就不知扩大了多少倍。这么巨大的能量，当然会成为改变学生的学习状况、学校的教育面貌的无可置疑的因素。无怪乎所有进行生本教育实验的学校都反映，在较为彻底改革的一、二年级带动下，全校教师和教学的面貌都有了很大改变。

　　学生不仅在动力和能量方面是重要的资源，更在信息方面有着作为自己的认识基础的资源。例如，过去的小学语文教育忽视了学生的生活富矿。在美国，小学一年级的孩子入学时，就已经拥有约三千个词汇量。① 中国的情况大致也是这样。这些日常语言虽然还没有同文字结合起来，但由于中文的文字和语言包括方言的内在联系，这些已经掌握的语言就有可能成为学生把日常语言转化为文字的基础。有了这个支柱，小学生认字只要在识别的层次上，而不必

---

　　① ［美］波伊尔著，王晓平等译校：《基础学校》，人民教育出版社1998年版，第61页。

在"四会"的层次上,就可以开始阅读,并从阅读中获得更大量的识别,即所谓"知七得十"。正因为有了这个依托,我们便可以把小学一年级的文字学习定位到"识别"层次上,从而大大减轻学生学习文字的负担,并使他们有可能在意义文块中大量识字。这就是我们的实验教材中"形音联系,略知意义,循环反复,能读是的",通过课文的意义文块和大量阅读从而大量认字的依据。

同样地,小学数学也是这样。当数学寓于儿童的游戏的时候,我们的老师过去催促学生的努力,也就由学生自身的活动取代了。

第三,学生作为教育的资源,形态十分丰富。

首先是个体的资源。每个人都有自己的独立性,都有自己的学习积极性,都有着隐含尔后科学思维的内存,都有着为新的学习所准备的、被人忽视的、强大的基础。其次是学生的群体资源。这种资源可以是两人小组的、多人小组的、班级的等等由系统功能构成的资源。一个小的群体,对儿童个体来说,就是一个雏形小社会。正是由于这个小社会的存在,儿童得以自我表现和自我实现。我们的游戏都要求尽可能有趣味性,分出胜负,就是为了利用群体的作用去激发个体,发挥个体的能量。再就英语教学来说,我们的确不容易取得英语环境,但是,如果我们有心的话,我们就可以把班级建设成为语言交际的"小社会",从而使口语获得相当可观的亚母语语境。深圳外国语学校邬晓丽老师的实验班,就是建立了这样一个亚母语环境的班级。此外,还有学生群体带来的社会资源。学生联系着家长群,联系着社区,联系着各种网络和资料库。在师本教育体系下,这些以学生为中心的资源都是沉寂的、未被激活的,而在生本教育体系之下,这些资源都被开发出来。

我看到过我们的实验小学一年级的自然课《水的认识》,教师除了让学生作一些观察和实验之外,还要学生找关于水的资料。这使家长们十分兴奋,他们积极地为孩子收集并打印了二十余篇各种不同的关于水的资料。而孩子们为了参加讨论和诵读这些资料，查字典，找大人。一位孩子在课堂上朗读了他的家长打印的六百多字的关于西部缺水和需要保护水资源的文章，令来听课的香港同行大为惊奇。在这样的活动中，家长不再是板着脸孔训斥和签名，而是与孩子们一起共同寻找知识，建立起新型的亲子关系。学校里学生的主动性，也传递到了家庭，使家长们大开眼界，他们为之动容，为之欢愉，他们也参加了孩子的课题，"学校把教育的工作转嫁到我们身上"的抱怨销声匿迹了，他们更爱自己的孩子了。昌乐小学一位老校长的孙女，在学习了数百个汉字之后，就自己学写信给远在美国的爸爸妈妈，报告学习情况，诉说思念，写啊写啊，两个月以后，老校长发现她写的信居然有四五页内容了！这个事例使我们清楚地看到：甚至连儿童对父母的思念之情，儿童的社会联系，也都可以成为教育的资源。而过去，这些同学校教育似乎是风马牛不相及的。

此外，我们当然可以建立师本的学习化社会，然而它与生本所带动的巨大的、被深刻有力地发动起来的学习化社会相比，是不可同日而语的。也就是说，生本教育促使学校更好地成为学习化社会的基础或中心。

第四，学生作为教育资源，与其他教育资源的关系是有机的，对其他教育资源起着积极的影响作用。

由于学生自身有着不同的个性，在不同的时期和不同的教育环境中有着不同的状态，学生会深刻地影响其他教育资源。比如，学生会影响教学内容。在生本教育中，当教学的基本内容确定之后，其他内容的敷设必须有学生因素的介入。例如，我们以学生熟悉的东西作为荷载，去形成有个性特点的课程。这位学生喜欢气象，那位学生喜欢植物，某位学生喜欢足球，他们就都可以成为这方面的准专家，在这些项目中，都可以寄寓基础知识，而我们的基础知识都是广谱的，都应当在各种项目中存在。我们可以让学生作准备、编资料、编题目、编活动、汇报，使之在班组集体中学习基础知识时起骨干作用。这样，我们就有可能发挥他们的智慧和积极性，使教育教学内容生动活泼地、全面地展开。同样，学生资源也将影响教师，影响教学技术的使用，等等。例如，学生对某一学习对象的把握情况应当是教师教还是不教、教多还是教少的重要依据，这一点，我们在"以学定教"这一节中还会谈到。

第五，学生作为教育资源，是一种活性的资源。

学生不同于一般的物质性资源，会损耗销蚀；相反，这一资源还具有生生不息、越用越多、越用越丰富的特点，这是任何其他形式的资源所不能比拟的。我们可以形象地认为，学生资源具有自身的加速器。今天我们只是发现了这一资源，它开始加速；而明天，随着对学生资源的认识加深，学生这一资源的开发将会更为丰富多彩、色彩纷呈。我们看过广州市执信中学学生作的"百业史调查"，学生们以极大的积极性调查了世界杯小史、陶瓷业史、某街道史等等；深圳市罗湖区开展的"多彩童年"活动，把学校教育与家庭教育结合起来，使学生出色地作出了许多自己喜欢的课题成果、作业等等，学生受到了极大的锻炼。而这一群体所具有的资源价值，也呈几何级数的增加。

让学生发生"变异"的新教育生态

我不止一次地听到了来看我们的生本教育实验的老师或官员说"惊讶"。有的人在听课中间突然会问"这是一年级学生吗？"，有的听完二年级的课以后说"比五六年级的学生反应还好"。一位老教育厅长听完课说："能够使学生乐学、爱学，就是功德无量"，"看来对儿童的智力要重新认识"。也就是说，在生本教育体系之下，我们看到了学生在情感生成和智慧发展方面发生了迅速而巨大的变化，这似乎可以与外部环境发生重大变化时物种发生的变化相类比，如在高真空的航天舱内的番茄获得丰收。在这里，我们也把学生的变化称为"变异",以说明生本教育体系带来的新的教育生态。

所谓教育生态,我们把它看作一种学生发展的条件系统或环境系统。克莱恩曾经有一段话说明了教育生态的重要性:"我们是不是有与莎士比亚、牛顿和甘地一样的潜能?如果是,那么他们只是有比较多的机会来发展自己的潜能罢了。至少,这是爱因斯坦提到自己时所持有的看法。也许正好没有发生什么事情阻挡他们学习的能力和良好的表现。"因此,他认为环境是最重要的因素。其实,这就是适合学习者的教育的或学习的生态问题。

生本教育提供了学生受到的外部压力与他的内部动力相一致的学习生态。上面我们说到过,教育是限制与自由的统一。限制有两种:一种是与学生的内部动力相对立、相碰撞的,另一种是与他的内部动力相一致的。前者带来封闭的环境,而后者带来开放的环境。有一位作家描述封闭的环境说,我们很多年以来,就只有两种人,一种人编写脚本,另外一些人演出脚本。罗杰斯认为:"我们都像任何别的科学家一样,都会受一种彻底决定论的约束。依据这一观点……每一个念头、情感或行动都是由先行的事态决定的。"人的行为的事先决定论,这正是师本教育体系的特点,这同人的发展特征是相违背的。罗杰斯认为,一个人的"最逼人的主观经验",就是他"感到自身内部具有不受约束的选择力。他是自由的,要么变成他自己,要么隐藏在掩饰真相的门后面"。人只有处于对他开放的世界,才能显露自我,他的所有的敏感、所有的禀赋才能发挥作用。生本教育同样要给人施加外部的限制和压力,但这种压力不在于改变学生内部的选择力,而在于保证他的内部选择力更为自由。

这就带来了一个问题,学生的内部选择力是否非理性的,他的冲动是否会破坏自己和他人。答案是"否"。关键在于,人性基本上可以信赖,人的行为是高度理性的。日本心理学家春山茂雄甚至认为：人存在祖先脑，即右脑；只要促进右脑的活动，就能获得祖先50万年的内存启示，采取一种最合理的方法行事。而人之所以产生问题，是因为我们的防御使我们不能意识到这种合理性，迷失了这种合理性，浪费了这种合理性。而今天，我们意识到这种合理性被防御过度所抹杀的灾难的时候，尽管已经白耗了许多时间和精力，但尚不为迟。我们的实验学校的实验证明，外部压力用于保证人的内部自由的实现，这样的开放生态，可以取得良好的效果（见表1）。

表1　语文生本教育教材实验班一学期学习756个常用汉字的测试情况

		班别	79%以下		80%~89%		90%~99%		全对100%	
			人数	%	人数	%	人数	%	人数	%
期末总测	全册生字	1班	—		—		13	24%	41	76%
		2班			1	2%	14	25%	41	73%
		全体			1	1%	27	24.5%	82	74.5%

例如，在进行数学二十以内的加法学习中，学生进行的是一种"凑二十一点"的游戏。在这个游戏中，我们首先要让学生熟悉游戏规则，甚至熟悉到能够说出来；要学会数数、读数、写数；要分成一定的小组，对小组长和组员都有一定的要求。然而，这一切都是为了儿童可以把游戏玩得很好。只要开始了游戏，为了体现其内在的兴趣，他们自会在玩的过程中自己建立加法法则，熟记它，熟练它。他们有充分的自由去选择如何做、如何想。实践表明，给他们保证这种思考的自由的压力，是与学生要游戏的内部动力一致的，是他们有意义的生活的一部分，没有哪个学生会对此抵制。而且，数据表明，其学习效果是令人惊喜的。表2、表3是新会实验小学在一年级第一学期期末检查中的数据。在数学实验中，他们没有刻意地练习速算，然而测试成绩比大量做练习的普通班还要好很多。

表 2 实验班期末一分钟口算卡片测试情况

班别		总人数	总道数	平均道数
实验班	1 班	54	1 712	31.7
	2 班	56	1 510	26.9

表 3 实验班与普通班期末一分钟计算测试情况

	班别	总人数	平均道数	各道段人数				
				6~9	10~19	20~29	30~39	40~50
实验班	1 班	54	27.1	1	3	32	15	3
	2 班	56	25.88	1	4	32	17	2
普通班	4 班	54	16.8	4	3.3	17	—	—

游戏造成的学习生态，实际上是摆脱了说教和盲目评价造成的逆向压力。其实，游戏的意义远远超出了获取特定的知识本身。从某种意义上说，全部科学，人的全部思想，都是某种形式的游戏。抽象思维只是人类智慧的新生儿，人们由此可以在以后继续从事那些没有直接目的的活动，从而为长远的谋略和计划作好准备。

自然哲学家布洛夫斯基记录了他同计算机科学专家诺伊曼的谈话。他问："你的意思是，博弈论就好似下棋。"诺伊曼说："不，不。下棋不是一种博弈。下棋只是精确的计算形式。在下棋时，你似乎找不到答案，但在理论上，在任何情况下都必定有一种结局，一种正确的步骤。而真正的博弈决不是这样的。真正的生活亦非如此。在真正的生活中，充满假象和变幻莫测的细微手段，以及对什么是别人以为我要做的事的种种揣度。这才是我的理论中博弈的含义。"他读到了诺伊曼的手稿。他认为，虽然手稿有许多方程式，但贯穿这一页手稿的，是一条清晰的智慧的线索，婉转如歌；而那些沉重的方程式，不过是这首交响乐演奏中的低声部。也就是说，对于一个科学家来说，具体的计算法则，永远是一种工具，是为思想所用的工具。而思想，需要有一种良好的学习生态才能形成。

罗杰斯在描述这样的生态过程时说，当一个人体验到完善的自由时，他选择的道路在内部和外部的刺激的关系中是最经济的矢量。因为正是这样的行为才是合意的。反之，防御式的人则是："他愿意或选择走某一行动路线，但发现他不能按照自己所选定的方式行动。他受存在于情境中的因素所决定，但这些因素包括他的防御，他对某些有关资料的拒绝或者歪曲。因此，他的行为肯定不会是充分合意的。"他认为，"人越是生活在美好的生活中（指处在开放的情境中），他就能体验到选择的自由，他的选择也就越能在他的行动中得到贯彻。"

进一步的研究表明，生本教育将使人处在人的意识与机体活动一致的生态环境之中。我们的意识活动和机体的活动并不总是同步的。比如，对一盘菜肴，当味觉还没有启动时，我们常常已经一眼看到这盘菜是好吃或不好吃的；至于如何感到的，我们一点儿也说不上来。也就是说，机体的活动先于意识活动，"机体比意识聪明"，它远远超乎意识的分析与综合过程。良好的学习生态把人的机体的这种敏锐的反应用于学习。然而，如果学习过程的防御与自由的关系紧张，人的意识和机体活动就会背道而驰。悲剧在于，这种现象越严重，我们的管制和防御就越紧张，就会造成恶性循环。

在材料力学上有过这样的例子：当飞轮高速旋转的时候，用硬材料做的轴心一下子就断裂了；人们想用更硬的材料来做轴心，结果更容易断裂；后来人们试改用软性材料做轴心，却不仅十分耐用，还使高速飞轮旋转得更加稳定。同样地，我们为了使儿童更好地学习，往往使用硬性的防御策略，结果也会出现儿童积极性和创造性受到压抑的恶性循环；反之，如果在教学中采用了生本的方法，给儿童以不需要防御的自由，就会克服这些问题。比如，我们应用最隐性的方法——暗示法，就会使我们用强烈明示的方法不能奏效的教育或教学，取得最好的效果。江苏省有一位教育专家讲了这样一个故事：十多年前他同一位学生进行了两个钟头的苦口婆心的谈话，谈话后这个学生有了很大改变，这位教师一直以为是自己的说教起了作用。前不久这位学生才告诉他，其实当时老师所讲的那些道理，他一点儿也没听进去，倒是老师无意中谈起自己一段恋爱经历，使这个学生突然感到老师的信任，受到了感动，产生了某种信念，自己解决了问题。也就是说，老师无意中的谈话，使得学生自己创设了一种开放的情境，使自己成为机体的合理活动的参与者，克服了自己的心理障碍，这真是"有意栽花花不发，无心插柳柳成荫"。

　　新的学习生态，将是一种情感和认知相统一的生态。它实现了人在社会中自我实现的和谐，从而造成了最美好和强烈的情感。我们看到过许多"调皮"学生，他们无心向学，对打游戏机等活动却十分投入。我们或许认为，他们在这些活动中应当十分尽兴，乐不思蜀。其实不然，很难体察的是他们的隐忧和悲哀。离开了课堂，离开了正规的学习，就是离开了他们这个时期的主流社会，他们的所为得不到家长、学校和同学的肯定。在所有欢乐之中，这永远是一个缺陷。产生缺陷的原因是课堂不属于他们的活动。这样，他们就处在个人兴趣与以课堂为表征的社会规范要求的对立之中。我们过去的改革，总是采取迂回的办法，不敢触及核心课程，没有形成生本的课堂，就始终没有解决这个问题。生本教育的课堂或者整个生本教育体系，正是把社会规范的要求与学生的天性统一起来，使得学生乐而忘返的活动恰好就是社会希望他们的：做班级游戏，做小课题研究，阅读，寻找资料，写自己最喜欢写的东西，演课堂剧，创作小小说，编谜语，编儿歌，读书会，故事会，讲演会，小竞赛，观察实验，等等。学习生活如此丰富多彩，而且充满智慧的力量和人格精神。还有什么样的力量能够比受到普遍赞誉的智慧之光、人格之光更能吸引儿童的心灵呢？把课堂进行根本的改造，使之成为儿童自己的课堂，使儿童的生命活动与社会需求统一起来，从而产生最活跃的、共生或共振式的学习和教育生态，在这个过程中，师生都感到更加精神振奋、更加自由开放，更能够接受自己和他人，更乐于倾听新的思想。我们的实验学校华阳小学二年级上学期的一堂教《黑板跑了》的课，教师要学生给这篇课文重拟标题，居然有七八个学生拟出来不同但很有意思的标题。我记得，每拟出一个，在课室里都兴起一种有声或无声的赞叹，我们，包括来自香港的同行听课者、教师、全班学生，应当都是用我们最深层、最隐蔽的自我去理解，去感念，去赞美。这就是生本教育体系最重要的生态效应。

儿童发展现状的呼唤

笔者访美时听了著名科学家约翰·布朗的一个报告，说及今天儿童头脑中有着"多功能分析器"。他举例说，他同一位少年说话的时候，少年的眼睛游移不定，还把手插在裤兜里。后来他发现，这孩子的眼镜居然是个屏幕，而口袋里有一个小小的键盘，他是一边谈话，一边敲打键盘，一边在翻动关于布朗的网页，并在眼镜屏幕上进行审视。布朗认为，这是十分奇妙的事情。事实证明，当社会转型的时候，儿童也发生了巨大的变化。这些变化表现在哪里呢？

首先是他们的独立意识。

一所学校的老师告诉我们，在他们学校的网页上，一位同学写出"开学了我们真快乐"，另一个学生立即写上"这是不可能的"。老师贴上"开学了你们就长大了"，一个学生立即断定"这一定是大人写的"。在这学校，一位老师假期回成都老家，走前给班里每个孩子都发了一份电子邮件，说自己想要了解有关环保的事情，好完成某项工作。当他回来时，他发现，全班同学查出了二十多篇共五六万字的资料，这使他大喜过望。

◇教育走向生本

也许多数学校没有这样的校园网可以津津乐道，但这所学校中儿童的新潮世界的确有一定的代表性。透过它，我们看到今天比之于过去，儿童有更浓厚的参与意识了，他们更讲究科学民主了，他们服从真理而不盲从压力，热爱自由的学习生活。当然，这里所说的自由，不是那种没有约束的自由，而是自己作为主人的、自己负责的那样一种状态。试看看孩子们得到自己编儿歌、编谜语的机会时的那种情状吧，一旦曾经拥有这样的课堂的老师，很难回复到旧的轨道上去——他们怎能忍心压抑儿童这种火样的热情呢？怎么能告别炽热的课堂带给孩子们的生命的欢乐呢？很明显，儿童这种参与的、独立的意识，要求生本的教育。是否可以说，当前学校存在的学生无心向学、无心阅读、精神疲沓等等，在许多情形下，都是儿童的现实生存状态对传统的就范式教育的逆反和批判？

其次是今天儿童的知识比之于过去时代的儿童，要丰富得多、现代得多。

现代社会是一个快节奏的社会，儿童接触新知识的机会大大增加，而且，现代媒体的先进性使得儿童接收更为快捷，更为广谱。如果说，几十年前的儿童接收的只是二维图像——书本，那么今天他们接收的就是三维的或是多维的图像。音频视频信号、电视、电话、交往、因特网、电子游戏等等，各种各样的刺激，都造成了儿童的智力早熟。我们听到过广东实验中学一位初一的学生，拿自己在北京四合院与在广州公寓居住情况作对比，选择了一个寒假作业——"邻里关系研究"。他打了一百多个电话，登门调查了解，提出了现代的邻里关系相对于过去的发生了何种变化。这时候，我们就不是简单地忍俊不禁了，而是惊叹，我们处在怎样的时代，我们有着怎样的儿童！在他们的既成的知识面前，我们不仅要考虑我们教者自己的知识是否与之匹配，更要考虑如何利用他们的知识，即利用如此良好的教育资源。

再次，社会对儿童未来所提供的空间，也发生了巨大的变化。

我们已经见到阐述知识经济的来临的大量文章。知识经济需要创新，而创新是民族的灵魂，这就需要从小就培养创新意识和创新能力。过去我们追求一般的技巧和技能。然而，在机器取代人的相当一部分的精神劳动的时候，这些技巧和技能变成了无用之物。我们举一个例子，计算机（器）的出现改变了以往关于运算能力的观念，现在无须花很多时间去培养学生的笔算技能，而需要培养学生的另一种能力，即近似计算的思考。现在，利用计算机不仅可以节省计算时间，而且不易出错，计算本身不再是障碍，学生如能掌握解决问题的策略就能解决问题。比如，美国加州大学一名学生利用计算机发现了目前已知的最大素数。据一个寻找大素数的因特网项目发布的报告，19岁的罗兰·克拉克森发现的素数是2的3 021 377次幂减1。这是一个909 526位数，如果用普通数字将这个数字连续写下来，它的长度可达3 000多米。克拉克森利用课余时间算了46天，在1月27日终于证明这是一个素数。2的素数次方减1可能是素数，这一素数称为梅森素数，是17世纪法国数学家克林·梅森提出的猜想。

  的确，我们不能期待每天都有电光石火来照亮我们的心灵，然而时代需要不断更新的脚步，我们已经从社会就业状况、经济发展和社会进步的热点所在、人才需求和高考的改革等等方面，日益清晰地听到了它的声音。它在引起我们惊奇的同时，也在摇撼着我们对于旧式教育的信念。

三、生本教育体系的哲学思考

超越两难之法：判明中心

在生本教育研究中，我们几乎到处都会遇到两难之境。比如，我们会遇到在教学过程中教师和学生谁是中心的问题。又比如，我们在课程研究中，会遇到三要素——社会、学科和学生——构成的矛盾。那么，其中哪个是中心呢？对于这类问题，许多人会认为需要折中，或者需要轮流突出，教师、学生都是中心，或者这段时间应当以社会为中心，那段时间应当以学科为中心。然而，这样一来，我们就找不到要领了，无从进行改革的操作了。我们长期不能迈开教育改革的步伐，就是受到这种折中哲学的影响。实践一再表明，如果我们进行一种面面俱到的"改革"，实际上并不能解决问题。当然更重要的是，那种无中心或多中心的说法不符合事物本来的面目。因此，正确地肯定事物的中心，对于正确地把握对象至关重要。面对这些，我们需要来探讨一个问题：在上述作为例子的矛盾中，存在主要矛盾方面（中心）吗？哪一方面是主要矛盾方面，有没有一种判明主要矛盾方面，即所谓中心的方法？

我们说，在上面所举出的例子中，存在一个中心，也就是在矛盾双方中起决定作用，决定了事情的性质的那个方面。这个中心就是学生。我们需要明确地确定以学生为中心。

那么，这个中心是如何确定的呢？我们当然可以通过说理来说明学生在整个教学过程中确有中心地位，例如，说清楚学生是整个矛盾中决定事物性质的方面。这是由学生作为教育教学过程中的根本受体，又是重要予体，是整个过程的本体，是整个过程的终端决定的。我们在上面也已经做了这个工作。这里，我们还想采取另一方法，即所谓"不可逆检验法"来确知学生的中心地位。

事情从稍远一点说起。有一年，有个人得到一个机会从 M 地调到广州。但他原来在 M 地过得不错，所以对要不要去广州拿不定主意。这时另一位朋友要他思考一下：看一看从 M 地调到广州的人，有没有又从广州调回到 M 地的例子。想想之后，这位优柔寡断的仁兄，便决定调到广州去了。这种检验法是这样的：假若有一对矛盾的两个方面，分别为 A、B，假如两者存在一种有向联系，我们把它称为"抵达"，由 A 可以抵达 B，但由 B 不能抵达 A，则 A 处于主要矛盾方面，或 A 是事情的中心。

现在我们来看教学过程中教师与学生这对矛盾。在教学过程中，如果没有教师，还是可能存在学生的自主学习或者"自学"的。在语文教育专家魏书生的教育实践中，教师经常不出现，而学生还是学习得很好（当然，我们对这个例子可能要加一个说明：在把握专家的技巧之前，教师不可轻易模仿）。然而，反过来，如果没有了学生，教师就要失业了，不成其为教师了。就此观之，学生与教师的依存关系是不可逆的，教学必须以学生为中心。类似地，我们也可以判断，在课程的社会、学科和学生三方面的关系中，学生处于中心地位。我们只有明确了学生的中心地位，才能使教育纲举目张，使整个体系得到改革。自然，在上述例子中，教师在教学过程中不出现，并不等于教师不存在，教师是整个教学过程的组织者、引导者，这是没有疑义的；所谓以学生为中心，也只是教师所确定的中心。因此，这丝毫也不至于贬损教师和教师的职能，反而会使教师的工作做得更加高级。

把握了中心，我们就可以克服两难。比如，我们的拆分式教学，对于学习间接知识有简单明了的长处；但是，这样做，又会影响学生的整体感悟，影响他们的学习积极性。这时候，我们就面临着选择的问题。既然学生是中心，我们自然就会更多地考虑选择后者。因为生本教育的宗旨，是保证学生持续不断的学习兴趣。

无 为 而 为

教学法研究是必要的。但传统的教学法研究常常只涉及教师如何做，而缺少学生的反应和活动。似乎是为了补充，近年来"学法研究"多起来了。学法研究是方法的研究，而不是学习原理的研究，其目的是找出好的学习方法，好把它教给学生。这或者是有益的，然而也带来了一个敏感的问题：我们是否准备把我们干预的领域，从我们自己的传统领域——教学，扩充到学生的学习领域去呢？是否他们原本可以自己找到一种适合自己的方法的学习，也要有所遵从呢？

克莱恩的一个说法值得我们深思："我们的教育……通过控制学生的学习方法来打击他们，使得他们失去力量。"当然我们也许会觉得这句话过于激烈，但是一个事实就是：传统教育的基本特征是要学生就范，是维持式的，它强调对学生的干预，亦即强调教方的有为，而不考虑学方的无为。而今天，我们真正需要的，是学方的有为，这同时也恰好是教方的成功，是真正意义上的教方的有所为。也就是说，我们这里提出的命题"无为而为"，指的是教育者表面上的、有形的"无为"，隐含着实质上的无形的有为。

"无为"而获得成就，这是一种特定的系统——人的活动和管理系统所特有的性质。庄子强调的是无为。有为当然能做成事，但无为能做成的事更多；许多事可以通过意志来做成，但更多的事可以通过无意志来做成。只有不成为负担的东西才能成为永恒，只有无一丝一毫不自然的东西才能永远永远与你在一起。在古代哲学里，有关于无为而治的阐述。老子说："我无为而民自化，我好静而民自正，我无事而民自富，我无欲而民自朴。"① 老子又说："道常无为而无不为。"② 道是万物之所以生者。道本身不是一物，它不能像万物那样"为"。可是万物都生出来了。因此，道无为而无不为。道，使每物做它自己能做的事。

我们来观察这样的几个模型。

汉代"文景之治"时期采取的是"上无为而下有为"的所谓"无为政治"。结果，老百姓得到休养生息，经济很快发展起来。

《孙子兵法》云："不战而屈人之兵"；诸葛亮祠堂对联云："从古知兵非好战"。说的都是善战者不战，是为上策。不战，但战争目的达到了，这是用兵的最高境界。

从计划经济的事事管，到改革开放、市场经济，由于生产关系发生了巨大的变化，导致生产力的大发展，使我国经济发生了天翻地覆的变化。反之，在计划经济时期，连一个县里的禾苗的排水晒田，也要由主管部门确定，结果生产率十分低下。这是上有为而下无为的典型。

在这些模型中总是把管理的或干预的力量转化为无形的、无为的方式，使活动以自动、自主、自为的方式朝着管理目标进行，其结果，是活动能量得到更充分的发挥，活动效果更为显著。我们还可以举出酒店的服务生，在宴会上他的最好的表现，应当是完成了他的服务，又尽可能不引起客人的注意。同样地，在教育中，教是为了不教，善教者少教或甚至不教。教者取得的是"道"的地位。道生万物，但道又不直接生万物；而万物之生，自然是"道"的成绩。

不给儿童过多的干预，而给他们学习尽可能多的自主，就会出现"此时无声胜有声"的美妙境界，他们的学习天性就会喷发出

---

① 《老子》第五十七章。
② 《老子》第三十七章。

来，就会获得我们意想不到的效果。老子认为，孩子只有有限的知识和欲望，他们距离原有的"德"还不远。他们的淳朴和天真，是每个人都应当尽可能保持的特性。老子说："常德不离，复归于婴儿。"① 老子又说："含德之厚，比于赤子。"② 因为孩子的生活接近于理想的生活，所以圣人都像小孩子。老子说："圣人皆孩之。"③ 克莱恩强调应当向孩子学习，我们可以从观察孩子们的学习方法中得到许多，从孩子身上学习怎样把工作变为游戏，这是非常宝贵的技能。

教少学多

我们的生本教育的改革所遵循的一个原则，就是尽可能少干预的原则，即教少学多。这一点，我们在稍后的课程原则中还会加以说明。

一旦让孩子们有了选择的自由，他们在学校花了几个钟头甚至几周的时间所学习的东西，也许在几分钟、几十分钟之内就能学会，或者甚至根本不必学它——浪费我们的时间和精力的工作，不但毫无意义，而且会有损于我们的心智。但是，传统的教育习惯使我们很难适应这种甜蜜，我们会由此产生一种似乎我们教得太少了的负疚感。我们有时候如同某学校的厨师一样，每顿菜都做得咸，原因是他认为算了成本的盐必须全用上。我们编写的教材曾经有一个这样的尴尬：学生在游戏中对 20 以内的计算已经十分熟悉了，而且节约了大量的课时，但任课老师和我们自己都觉得还要讲点什么才放心。于是，后面添加了 $13+16=10+(\quad)+10+(\quad)=$

---

① 《老子》第二十八章。
② 《老子》第五十五章。
③ 《老子》第四十九章。

（ ）之类的问题，反倒使学生产生"你不说我倒还明白，你越说我越糊涂"之感。实际上，我们应当逐步习惯学生的新的学习效率，不要因他们学得太快而产生负疚感，如果时间有剩余，我们完全可以设计一些实际问题或实际活动，这样，学生可以从中提高感悟水平。

谈到这个例子，有人可能要说，"你不重视数理"。所谓数理，无非是逻辑起点和逻辑思维。逻辑起点似乎是"很逻辑"的事情，然而事实上在这个地方，却要我们大家诉诸想象——我们对一些基本的概念只能意会，不能言传，但我们依靠着人类思维的天生的一致性，我们照样可以交流。比如，我们认为最严密的数学，它的基本概念如"集合"、"点"、"直线"，是不加定义的，是依靠我们心照不宣的。物理学里的"力"、"热"也都是这样。既然在被认为是科学的峰巅的学科之中尚且如此，我们就没有必要对中小学的教学作过多的要求了。在小学数学中，我们只要对基本概念有真切的感悟，然后能够由此出发，应用它，在应用过程中是符合逻辑的就可以了。能够用既有之事实或规律来说明新的事实或规律，就是采用了逻辑方法。而这种符合逻辑，似乎并不是很困难的事情。甚至在心理学实验中，大猩猩会用小棒去拨取远处的食物，就是类似于使用了三段论法："远处的东西是可以用小棒拨过来的，这是远处的食物，所以，可以把它拨过来。"据此，在小学数学中，我们要有一些非常扎实的概念或约定，然后自然地、合乎逻辑地使用它。而这必须通过学生的活动才能获得。比如，我们遇到运算顺序的问题，就要使用括号。然而，要用某种方式去表示运算顺序，这是很自然的事情，是可以同学生取得共识的事情。我们可否不要教，而让学生自己设计，最后才形成同一的约定，就连创造括号的光荣，也还给学生呢？

海墨特说："教学是为了使人产生有活力的思想，而形成有活力的思想需要时间。"其实，有活力的思想来自"最隐蔽的自我"，

◇教育走向生本

调动最隐蔽的自我需要时间。我们的少教多学，就是通过减少规定性（当然，要坚持必要的规定性）和增大选择性来给学生以独立有效思维的时间。

比如，"不必多说，示范一下"是学习写作的首要规则，同时也适用于教学。既然学生没有亲身体验就无法学习，可见学习必须通过有价值的重要的经验。美国加州一所高中的语文教师，要学生用一个抽象的词如"兴奋"之类写一篇作文。我听了他们几个学生关于自己所写文章的报告。其中一位男生说，他小学的时候，有一次爬树，从树上掉下来了，他说，一掉到地面的时候，他的感觉是"安详"。虽然大家对此都始料不及，但都感到他的这种描述有一种力量，使人感到特别真实，也说明了只有亲身经验才能使文章有个性，有特质，有感染力。

在我们的小学一年级教材中，选了一篇文章《加州的雨》。这是一位随父母移居美国的中国孩子写的。全文如下：

> 在加州，夏天没有雨，天气很干燥。每隔两三天，妈妈就得浇一次花儿，不然花儿就会变成柴火。爸爸则经常给游泳池加水。山上的草都黄了。所以人们把加州称为"金色的州"。
>
> 深秋开始下雨。不知道从什么地方，蜗牛出来了，慢慢爬过小路，偷偷地进了花园。草地湿了，袜子也湿了，足球又滑又重。几乎是弹指间，山上的草都绿了。
>
> 整个冬天，老是下雨。雨打到房顶上，雨打到窗户上，我在雨的声音里睡着了。我在梦中回到北京。北京的冬天没有雨，但有雪，雪是冻了的雨。
>
> 初春，雨渐渐少了。花儿开得很美丽，因为它们喝够了雨水。

像这样的文章，观察独特，有力，充实。文句简短，写了春夏秋冬，但始终没有离开雨。作者给自己所写的情景提供了一个一个极为自然的证物，文情交融，又信手拈来。特别地，请看第三自然段，去国怀乡之想在"整个冬天，老是下雨。雨打到房顶上，雨打到窗户上，我在雨的声音里睡着了。我在梦中回到北京。北京的冬天没有雨，但有雪，雪是冻了的雨"这一段中不经意地表现出来，令人回味。这就只有依靠儿童自己极为放松的思考和活动，才能写得出来。反之，如果我们总是给予模式化的指教，他们的文章就不会有宽宏的气度和发自内心的选择。须知，我们正是由于自己真实的思考区别于他人，并为自己与他人贡献精神产品，从而给这个世界留下印象的。由此，不是也可以感受到教少学多的好处吗？

曾经有一位企业家问我，什么是教学？我说："如果你告诉学生'3乘以5等于15'，这不是教学。如果你说'3乘以5等于什么'，这就有一点是教学了。如果你有胆量说'3乘以5等于14'，那就更是教学了。这时候，打瞌睡的孩子睁开了眼睛，玩橡皮泥的学生也不玩了：'什么什么？等于14?！'然后他们就用各种方法，来论证等于15而不是14。比如4个3是12，再加多一个3，是15；数一数，5个3是15；等等。"在这里，我们就把"教"转化为"导"，转化为"学"了。原本在我们的习惯中堂而皇之的正儿八经的"教"消弭于无形了，当然，它在无形的状态中存在着，此事不言自明。

这就是"不教而教"。为什么要这样做呢？

实际上，"教"是一项十分微妙的过程。"教"并不像过去所想的那样，就是具形具体的灌注或传授。它包含双边的活动，牵涉到人的神经的和心理的反应，联系着不同的内容，等等。"教"的最高境界是使对方"得道"（不是指"道法"的"道"，而是指获得感悟，得到内化）。老子说："大道无形。"关于道的无形，可以从老子的"道可道，非常道；名可名，非常名"，或者是从玻恩-海森堡"测不准原理"来领会。他们的见解，其实都是说客观世界的实在性难以用某些条文进行确凿的描写,所有的抽象都要"失真"。而如同某种特殊信息需要相应的接收方式或接收器一样,越是具备这种大道无形的微妙特征,越是要采取内在的、潜在的方式去实施,或者越是要依靠个体自身的实体感受器才能感受。儿童的头脑中有"多分析器",儿童不仅有显意识,还有潜意识,他的学习极大地受着他的价值观或情感的支配,因而只有儿童自己才能真正占领自己的头脑并把握自己的信息加工过程。"教是为了不教"、"不教而教",正好符合这种境界。

以下举一些具体例子。我们上面所说的暗示方法,就是尽可能地使所学材料"不具形"。这样,实体在学习中能更自由地使用内在环境。比如,深圳外国语学校英语科邬晓丽老师让学生用英语表述房间家具陈设的设计。学生为了完成任务,自学了好些家具的单词,用了许多学过的或没有学过的英语知识去表述。这一教学活动中,学生注意的是家居设计,而实际进行的是一种艺术语言和英语词汇语言的学习。这种学习是全身心投入的,是所有感受器一起动作的,是自为的。它具有强大的教学效果和教育效果。

类似的一堂数学课,讲的是"圆的特性"。

教师问学生:"车轮为什么做成圆的?"

"能滚呗。"学生回答。

"那为什么不做成这样的?它也能滚呀。"教师出示椭圆图形。

学生一想,是能滚,但滚得不平稳,就说:"不行。因为它边上一点到中心的距离是不一样的。"

"好了,现在同学们再说一说,车轮为什么要做成圆的?"教师再提问。

这时候,同学们就能从圆形车轮轮边上一点到中心的距离都是一样的这样的新的水平上,来回答这个问题了。同时,他们也就在无意中学到了圆的特性:圆周上一点到中心的距离都一样(严格地说,是自己发现的,连发现了也还不自觉)。

这样的教学活动可以说是不教而教，无为而为。而且，我们在这里，是"授渔而鱼"。也就是说，我们没有把知识这条"鱼"奉送给学生，而是引导学生进行知识活动，进而得到了预想不到的"鱼获"——大大提高了人的知识掌握和能力水平。

10/7 乘以 10/7
——从语文读写加速现象看教少学多原理

在珠江三角洲有个发展得很快的镇，镇长自豪地对我说起他所观察到的城市发展的规律。他说，当城市发展到一定时候，突然会发生爆发性地加速扩展的现象，道理何在呢？实际上，这就像原子裂变一样，今年一个投资者带动了三个投资者，明年依旧是这样发展，原有一百个客户，就变成了九百个。类似地，我们在最近收集一、二年级学生的写作作品时发现，无论是利用电脑还是用笔书写，他们的读写积极性都迅速提高，尤其是作为生本教育实验学校的深圳市南头小学，把生本教育与网络技术结合起来，使学生之间、师生之间进行广泛的交流，一年级四个实验班的学生（入学不到九个月）的语文学习突然加速的态势非常显著。比如，2001年5月21日深圳市南头小学网站留言板上实验班一（3）班的学生（全班40人）写作的情况可见下表：

参加人数	提交篇数	输入字数100字以内	输入字数超过100字以上	输入字数超过200字以上
38人	97篇	26篇	45篇	26篇

须知，这仅仅是一天的量！而每篇文章后面的，是学生的全情投入，是他们的阅读、构思、计算机操作，这是一个多么令人吃惊的数据！下面我把其中三篇列于下。

◇教育走向生本

过 生 日

黄鸿深

今天我七岁啦！所以我今天特别高兴。

下午放学后，我邀请了钟迪、倪梓涵、李浩和汤天到我家，参加我的生日聚会。我们一进门，就又玩又闹起来，似乎房顶都快给掀掉了。我们先是看DVD《老夫子》，接着我让大家参观我的"玩具宝库"，大家都羡慕我的玩具居然有那么多！我呢，自然心里也喜滋滋的！这都要感谢爸爸妈妈，是他们给了我幸福的生活。突然，倪梓涵发现了我的游戏光碟，我们又玩起电脑游戏来。五个小脑袋都挤到屏幕前，大家可认真了，像上课一样！最重要的时刻到来了——在大家的祝福声中，我许下了一个心愿，然后鼓足气，把蛋糕上的蜡烛都吹灭了！我们的大食会开始了。钟迪、倪梓涵、李浩都吃了两个鸡腿，怪不得倪梓涵和李浩都长得那么高那么胖呢，看来我以后也要多吃点，长成一个壮壮的男子汉！妈妈说，长大了一岁就应该更懂事。我一定会做个好孩子的！我和我的朋友们度过了愉快的一天！

小狗"哈哈"

钟 迪

我家的小狗叫"哈哈"，之所以给它起这个名字，是希望小狗开心、活泼、快乐！本来姑妈是不想把小狗给我的，因为"哈哈"出生才二十多天，不会走又不会吃饭，只能喝奶，这么小就离开了妈妈，会很伤心的。

我从小时候就特别喜欢小动物，于是和姑妈商量后，姑妈决定把小狗送给我，要我好好照顾小狗。日子一天一天过去了，"哈哈"长大了，变成一个人见人爱的漂亮的小狗。它有两只黑色亮晶晶的小眼睛,身上长的白毛又长又滑,摸上去暖暖的,长着一条会左右摇摆的小尾巴,有四条会走路的小腿,有两只能听东西的耳朵、能闻东西的鼻子和一张会说话的嘴巴,真是可爱极了。"哈哈"很懂事,每天都能按时起床,从不睡懒觉,最喜欢吃骨头,吃饱了,经常在屋子里跑来跑去、翻跟斗,好像有使不完的劲,这里看看那里摸摸,觉得这世界上的东西都很新鲜。

我看到"哈哈"这么活泼健康,心里很高兴,希望它永远都那么可爱!

夏 天 趣 事
陈 瑶

每年夏天我都非常开心,因为夏天非常有趣。

我回忆着当年的夏天,那是多么好玩的时光呀,我们可以游泳、玩捉迷藏、看书、念儿歌等,我们还去池塘喂鱼呢!我是多么想能回到以前那样的夏天呀,可是我一天一天地长大了,再也不会回到过去的夏天了。那时候,我们可以欢快地跳来跳去,还可以玩泼水的游戏。希望我还能回到以前的夏天,但是时间是一去不返回的,不过,我相信夏天的小树、小花、小草、小鸟、小狗它们都会祝福我的,我永远不会忘记这些快乐的夏天。当夏天的花草树木在祝福我时,我也好像回到那样无忧无虑的夏天里,那是多么好玩呀,就像做梦一样美妙。

我希望我的春、夏、秋、冬一年四季,年年四季都像我记忆中的夏天一样乐趣无穷。

够了,我们就此可以看到孩子们的学习状态了,可以看到教少学多的效果了,我们姑且把这种震撼人心的现象称为"语文读写加速现象"。现在我们关心的是,这一现象是怎么产生的?探讨这个问题,对把握生本教育的方法论,当会很有助益。

我认为,一、二年级生本教育语文教学实验之所以出现这种突然飞跃的现象,是因为经历了两次教少学多的扩张,或者说两次"知七得十"。

第一次,是使用了"意义识字"的教材,把识字与儿童的既有的语言储备相结合;同时,把识字仅仅局限在"识别"(形音联系,略知意义)的低限度水平上,教得不多,但十分关键,识字后立即进入阅读,就是使用了儿童原有的丰富的语言储备。阅读获得意义,立即成为再阅读和说话写作的强大动力。这时候,教的是整个语文的一小部分——认字,但获得的则是整个阅读和写作,语文的几乎全部。从原因来说,是包括既有储备在内的、得到学生情感支持的整个语言学习系统在发挥着系统功能;从形态来说,是"知七得十"。

第二次,是及时满足了学生大量阅读中产生的表达冲动,在积极交流中使学习资源的利用达到最大值。开展大量阅读之后,学生的写字比理解滞后,理解与表达的矛盾使得学生积极地寻找表达方式。许多学校采用课前一分钟交流、读报分享、故事会、小小文化公园、编小书、编小报等形式,为儿童创造了大量口头和书面表达的机会和环境。尤其是深圳市南头小学采用了网络交流,利用网络留言的方式取得了独特的效果。在输入文章时,学生在大多数汉字可以识记的情况下,对较难的字,可以从字表中得到提示而作选择,这就不必完全记住这个字,这样就为表达找到了捷径。写的字少,以电脑补充之;识记的字缺少,以电脑中的字表帮助之;个别学习比较枯燥,以网络大环境中的师生、生生互动,形成气候而鼓舞之。这样,就又一次享受了"知七得十"。其他暂时没有使用网络条件的学校允许学生对于不认识的字,用常用的暂时写拼音的办法等等,也取得了一定的效果,同样在某种程度上获得了"知七得十"的效应。

第一次"知七得十",从认字跨进了阅读,第二次"知七得十",从阅读跨进了写作。而由此产生的心理策动,对于学生进一步学习的意义则是难以估量的。我们可以用一个形象的方式,即 10/7 乘以 10/7 等于 100/49,来说明经过两次扩展,学的不仅仅是比教的多一点,而是将以等比级数增长,这就是南头小学和各个实验学校一、二年级实验班的语文读写突然加速的原理。

显然,这种教少学多的境界,只有充分发动和依靠学生才能达到。对于生本教育的实施来说,与之相适应的教材和教学方式是雪中送炭,而网络是锦上添花。实现跨越式发展的原理在于发挥了系统的强大功能。它给我们的教益之一就是,最佳的教学的确不是依靠教师出色的教,而是靠学生自主的学,这样才能最大限度地调动和发挥全部教育资源,包括学生自身的、学生与学生的、教师与学生的、家长与孩子的联系性资源,去获得最大的教育效益。

给一张活性蓝图:从计划教育到自调节教育

我时常记起当年某师范大学毕业生集体创作的教师之歌:

> …………
> 我是人类灵魂工程师
> 我是世界上最幸福的人
> …………

这首鼓励过几代教师的诗很美。我们一直认为,"人类灵魂的工程师"这一称号十分美妙、完美。但是,事实上它并非无懈可击。问题在于:学生的发展是可外在地设计的吗?是一种既成规定的现实吗?学生就像工程设计下的楼房,依照图纸而成长吗?教育应当是类似于计划经济的计划教育吗?所有这些问题,似乎都在吹

◇教育走向生本

毛求疵。然而，不。它们非常现实，非常迫切地需要解决。计划教育也许是我们头脑中潜在的指导思想。我们往往是在课程、教材、教法、管理等各个方面，都在不自觉地进行计划教育。我们用所谓目标分类的方法，重重叠叠，去把一个整体目标分解为十分细密的目标评价体系或课程方案，然后，在课堂上实施。如果"人类灵魂的工程师"就是这样的，那么这样的称号值得怀疑。因为我们的教育对象是一个活的生命实体，我们应当为他们带有生命意义的发展而设计，设计应当是实体的、活性的，而不是虚体的、固定的。

在这样的设计中，对象的主动发展始终应作为设计思考的中心。它必须考虑对象的生命活动规律，认知规律，情感、意志、态度等。然而为了真正与之适应，最好的办法就是留有空间和时间让学生活动。也就是说，我们需要有一张活性的蓝图，这是一张对人的教育的独特的蓝图，它同任何物质世界的建设蓝图都是有区别的，区别就在于它是活性的，而后者是固定的。

于是，我们将有活性的教材。一篇课文，或者是已经编定的，或者是由师生共同设计的。只要保存最基本的知识，达到最基本的要求，学生也可以把自己编选的东西插进教材的空页。我们可以设计含有课本内容的活动，在活动中，把课本作为研究的第一参考书。我们将有活性的教案。在这样的教案指导的课堂上，学生有许多活动空间。我们将有活性的评价和管理。总之，一切似乎都变了样。原因是，固定的设计变成了活性的设计，师本变成了生本，虚体的专家设计路线变成了实体的依据学生认识和生活规律的路线。

所谓活性，就是自调节。在教师的指导下，依照教师提供的框架，学生可以调节自己的学习进度，可以依据自己的喜爱调节学习顺序，可以选择自己熟悉的问题，可以进行合适的活动。最近，我在我们的实验学校中，又发现了新的现象。无论是二年级还是一年级，学生进行了大量阅读，产生了表达的积极性，但是，我们在教材中只在三年级才要求进行写作，他们的写字能力滞后于阅读和写作（这是正常的），在这种情况下他们自发地使用计算机进行写作。结果，出现了还不完全会写字的人却写出了一篇一篇文章，并装订成小书的新鲜事。最近，我们收到了南头小学一年级（3）班的"学生习作集"，共52页，原来，孩子们天天都在学校网站留言板上写文章；而且像这样的习作集每20天就会产生一本，学生的文章越写越长，越写越好。这些文章的写作水平，远远超出我们的意料，大有"春色满园关不住，一枝红杏出墙来"之感。然而，这时候，也就同我们原来的计划产生了矛盾：用计算机写作，会不会影响他们学习写字和用笔写作呢？对于这样的出墙杏花，要不要加以抑止呢？我们的看法是，儿童自发地用计算机表述思想、写出文章，是大好事，是"红杏枝头春意闹"，它首先是儿童具有极大的学习积极性的鲜明例证，它反映了一个人的内在学习动力必定要找到一种表达方式或转化方式。同时，儿童也会更好地认字、阅读和写作，使学习积极性提高到新的层次。我们应当允许和鼓励学生进行自调节。当然，这个时候，我们也要相应地加强对学习写字和以笔写作的教育，使他们认识写字的文化和实用的意义和价值。这样做，就使得学生得到了更高的学习效率和质量。既有学生发展的框架的设计，又始终依靠学生去实现他们的自身发展，教师就不仅仅是进行固定的设计，而是进行活性的设计，这才真正能与人的灵魂的提升相吻合，这样的"人类灵魂的工程师"，也就真正是以人为服务对象的，就可以走向真实和完美了。

红杏枝头春意闹

下面的进行生本教育体系实验并使用我们的实验教材的班级的儿童作文的案例，我思考再三，还是把它放在这里，作为上一节和本章各节的一个佐证。我同诸位一样，看了之后，都会感到难以置信，这些文章出自一、二年级才六七岁或刚刚八岁的孩子。这些作

◇教育走向生本

品深深地打动了我。我读到这些作品，竟有了一种近乎敬畏的感觉——敬畏生命的精美和生命开发的价值。正像杜比宁说的，这些都将增加我们"对人的尊重、自豪和挚爱的深深感情"。我们从中获得了精神享受和思想的解放。我们为儿童可能的发展而自豪。

在儿童作文之后，我放入了罗忱红老师主持的数学实验活动的一个案例："20万元投资计划"。由此，我们可以看到，儿童在数学的学习中也是主人。

《三国演义》新编
深圳市南头小学一年级（3）班　汤　天

（电脑打字。入学九个月，在本书定稿之时，他已写了四篇共约7 000字，这里刊出的是第一篇——《吴蜀争霸》，900多字）

一日，刘备正在饮茶，忽然接到探马来报。东吴陆逊率领五十万大军攻蜀，已攻破荆州向成都杀来，刘备大惊。诸葛亮道："主公不必忧虑，我早已定下破敌之计。"刘备道："你有何妙计？"诸葛亮道："陆逊这次攻来必定带的是机关枪兵，而且孙权手下有一员大将周泰，勇猛非常，他最不服陆逊，肯定要出击。再说他性情刚烈，陆逊肯定阻拦不住，陆逊又不得不给周泰大队军马，我们就埋伏在周泰经过的路旁，等他军马到达，让两道伏兵杀出，就可获得大胜。"刘备连称妙计。刘备又道："那我们带什么兵去？"诸葛亮道："我们埋伏两万火箭炮兵在周泰经过的路旁，等周泰中计。同时，在周泰军马上空盘旋两架轰炸机，等他军心乱了以后就进行轰炸，可获大胜。"刘备说道："赶快行动，赶快行动。"

次日，刘备登台发令，拨给诸葛亮两万火箭炮兵，让赵云、张飞各驾一架轰炸机，催他们赶快进兵，不然按军法处置。

过了两日，周泰果然攻来。诸葛亮道："敌军来了，大家注意。"周泰向四处瞭望，见不到什么蜀兵，便大笑道："陆逊说这里会有很多伏兵，依我看来，只是一些石头罢了，有什么好怕的。"周泰正在大笑，忽然听到连珠炮响了三声，两道伏兵全部出现。周泰大惊，急忙退兵，可是道路已被塞住，无法通过，轰炸机也在他们头上盘旋，军心全部乱了。轰炸机开始轰炸，把全部的吴兵都炸死了。周泰慌忙逃走，却遇到关羽拦住去路。周泰杀开一条血路，拼命逃走，还好，遇到陆逊大军前来接应。周泰下马请罪，陆逊本想杀了周泰，好在众人求情，方才消了怒气，把周泰降为平民。

周泰走后，陆逊亲率大军，来攻成都。诸葛亮率四十万军马前来迎敌，诸葛亮教了王平一条计策，叫他带魏延、关索同去。

一日，关索带了一群老弱残兵前来诱敌。陆逊把旗一招，全部军马冲杀过去，关索马上退去。陆逊连忙追赶，追了多时，关索逃进山坳。陆逊不再追赶，命韩当带一万机关枪兵前去巡逻。韩当巡逻回来说："禀告大都督，山坳里并无一个蜀兵。"陆逊更大胆了，率领三军直向前冲，听到一声大震，看到后路已被塞住，想退兵也不能退。王平命令部下发射火箭炮，陆逊和三军全部都被射死了。

本来吴国比蜀国军力强大，经过这一战，吴国和蜀国军力相当。

陶　艺

南头小学一年级（3）班　倪梓涵

（电脑打字，入学八个月）

我五岁生日那天，爸爸妈妈带我去青青世界玩，我们去了青青世界的一个陶艺馆。那里虽然很小，但是很有趣，我在那里还学着做了一个陶艺花瓶。

记得当时,我们进去参观了一下,我觉得很好玩儿。爸爸妈妈要我走,可是我看见另一个人在用一台机器做东西,我觉得很奇怪,我就走过去看了一看,原来他在做陶艺花瓶。我就很兴奋地说:"我要做一个陶艺花瓶!"爸爸妈妈说:"那好吧。"我就做了起来,怎么做呢?先用一台机器,把它打开,然后它会转动,拿点泥放到上面,用手扶住它,由于机器的转动,它慢慢就变成了有点圆圆的形状。把机器关了,于是我把花瓶的口慢慢地捏成了花的形状后,我又在上面刻了四个字。因为那天是我的生日,所以我在上面刻了"亮亮五岁",还在上面刻了一座房子。然后我把它交给一个叔叔,他让我选颜色,我选了浅绿色和深蓝色。后来叔叔拿去了,还需要用炉子烧过后才能算陶艺花瓶。

过了几天,我爸爸又来陶艺馆,帮我拿回我做的花瓶。一直到现在,那个花瓶还在我的床头,作为我五岁生日的永久纪念。

捞 蝌 蚪

南头小学一年级(3)班 陈 瑶

(电脑打字,入学七个月)

上个星期日,我和妈妈、姐姐一起去深圳大学捞蝌蚪。出发时我带了一只蓝色的小水桶和两个小网,我们到了深圳大学的小鱼塘,开始捞了起来。我四处找也找不到小蝌蚪,我忽然看见鱼塘的墙上有黑黑的东西,走近一看,原来是小蝌蚪,我赶紧用网把它们捞上来,不过我才捞到两三只,我把它们放进水桶。看见姐姐一捞捞出上百只蝌蚪,我很惊奇怎么姐姐比我捞的多呢?于是我问姐姐,姐姐说把网放进水里靠墙,然后往上捞蝌蚪,别一捞就起来,要捞了之后把网提起在水面上,再放网进鱼塘里。我问姐姐为什么,姐姐说:"因为你把网放进水里提起才捞上三只,如果把网捞了提起再捞,蝌蚪也不会游走,所以就可以捞到上百只蝌蚪了。"我点点头。我按照姐姐的话去做,一下就捞上了百只,妈妈在一旁看见我们这么开心,她也笑了。最后,我把全部蝌蚪都放走了。我们走到了大鱼塘,看见那里有很大很大的蝌蚪,我们只捞有脚的或大的放进水桶里,妈妈在一旁看书,到了中午我们还在捞蝌蚪,妈妈已经上车了。我们看见一只比平常大几十倍的蚂蚁,我们用网把它困住,可是它还会往上爬,我把它甩进鱼塘里,还真有意思,那只蚂蚁还会游泳,我从来没见过会游泳的蚂蚁,你们呢?我想把那只蚂蚁拿回家,让它表演游泳,可是姐姐说:"这种蚂蚁会咬人,不能带回家。"

狗店的松鼠狗

南头小学一年级(3)班　陈　瑶

(电脑打字,入学八个月)

　　今天是星期六,天气晴朗,妈妈开车带我去深圳书城旁边的一间狗店看小狗。

　　我走啊走,忽然看到一只美丽活泼的松鼠狗,旁边站着一位阿姨,我请阿姨打开笼子把松鼠狗放出来。那只松鼠狗可真可爱,它有又短又细的小尾巴,两只又大又圆的亮眼睛。它绕着我跑了三圈后抬头看着我,我是多么高兴,我把它抱起来,它专心地看着我,好像和我很有感情似的。我问:"妈妈,你可以帮我买这只小狗吗?"妈妈说:"等我们搬新房的时候,你学习好的话,帮你买几只都行。"我舍不得小松鼠狗,我说:"妈妈再让我再看一看。"妈妈答应了,我放下小松鼠狗对阿姨说:"我再逛一圈。"我逛了一圈后,还是觉得谁也不如小松鼠狗好看,我回到那间店又抱了一下小松鼠狗,小松鼠狗还是看着我,好像在说:"我想和你做好朋友。"我说:"小松鼠狗,我多想买你呀，等我们搬了房子建了狗屋再来买你吧。"

说完了这一番话，我就放下小松鼠狗依依不舍地回家了。

外婆的波斯猫
江门市外海中心小学一（2）班　车昱力

（用笔书写，入学八个月）

外婆来到我家，因为爸爸、妈妈工作忙，那时又没有买电视机，外婆感到寂寞，就买了一只波斯猫。

外婆的波斯猫真可爱。一只眼睛是蓝蓝的，另一只眼睛是绿绿的。雪白雪白的毛，短短的、圆圆的尾巴。那只波斯猫喜欢吃熟的食物，与人差不多。刚到我家时，它很小，到处小便，它吃了又睡，睡了又吃。经过外婆耐心的训练，它会自己到厕所小便，还会自己吃饭，显得像一个懂事的小孩。一年后，外婆想家，要回去。外婆真想带它回家乡。可是由于火车上不允许带猫，外婆只好决定把它送给一个有爱心的人。那只猫似乎知道外婆的主意，就围着外婆拼命地"喵喵喵"地叫，并且不停地流眼泪。外婆临走前，舍不得离开它，煮了一条鱼给它吃。它吃饱了，摇摇尾巴，一步一步慢慢地离开我的家，它那异样的眼神似乎在说："再见，谢谢你。我长大了，要去大自然找一个新家。"

异常的天气
华阳小学二年级实验（1）班　吴秋茹

（用笔书写）

同学们，不知道你们有没有细心观察到，前几天虽然有时会下雨，但是很闷热，人们都穿着薄薄的衬衣。

而今天，却刮着很冷的大风，有的人穿起了羊毛衣，有的人穿起了西装，甚至还有人穿上了棉袄，仿佛是在过寒冷的冬天。在上学的路上,我看到路边的小树被大风刮得东倒西歪,好像是它也受不了寒风的袭击,冷得浑身都在打哆嗦。

现在明明是春天,春天应该是春光明媚、万物欢欣才对呀!为什么刮这么大的寒风呢?我就去问妈妈,妈妈说,不但广州刮寒风,而且在甘肃,遭遇了十年最强的沙尘暴,在西安,泥雨飘落,令花草披上迷彩,在深圳,还出现了十几年没出现的冰雹呢!妈妈还说,近日我国各地天气频现异常,沙尘、狂风、泥雨、冰雹等,这是因为我们人类破坏了生态环境,从而出现了这种情况,所以我们要保护环境。听了妈妈的话,我终于明白为什么会出现今天的异常天气了。

同学们,让我们一起来好好保护环境吧!

音乐课来了新老师
华阳小学二年级实验班　张君早

今天,上音乐课了,音乐老师一走进课室时,我忽然发现上音乐课的老师换了,同时我又想起了上节音乐课也是她。

她的头圆得像玻璃珠,眼睛大大的,非常有神,鼻子小小的,真有趣。她的脸最特别,老是红彤彤的,不像有些人做什么事都不高兴。她来了个自我介绍:"我叫张蕾,别人都叫我红太阳,因为我的脸老是红红的,我去哪,太阳也去哪。"有趣的是,我们上音乐课之前,天是阴的,张老师一来上课,太阳也出来了。

张老师的上课方式和以前教我们音乐的老师不一样:进音乐教室的方式不一样,现在我们是听着"绿豆音乐"进音乐室;问好、再见的音乐不同,问好、再见的语言也不同。她高兴的时候,脸是微笑的。她生气的时候,总是皱着眉头。她唱的歌很动听。

我喜欢新来的音乐老师!

◇教育走向生本

惊人的一幕

华阳小学二年级实验班　马斯特

昨天,发生了一件可怕的事,你想知道是什么事吗?

晚上,我正在做作业,奶奶切好菜想要炒菜,于是一扭煤气开关。奇怪,怎么煤气没火?奶奶又使劲一拧,还是没火?她再使劲一拧,"嘭"的一声,好像一声炸雷在我们家响起,吓了奶奶一跳。她大叫着:"着火了,着火了!"我听到响声,跑出来一看,好吓人啊!火一下窜得好高、好高,像人那么高。妈妈跑来一看,马上拨"119"电话,而我却吓得跑到别人家门口。

妈妈打了两次电话,可是没人来接。妈妈赶紧跑到厨房一看,哎呀,火快窜到橱具上,如果不赶快扑灭火,煤气爆炸可就糟了。妈妈想赶快关煤气总闸,可是火苗正从总闸往外喷。妈妈赶紧寻找湿布,可是慌乱之中怎么也找不到,不能再找了。妈妈在危机之中,用塑料袋子一包手,冲进厨房,用力一拧总闸,火马上就熄了。这时,妈妈马上打电话给爸爸。不一会儿,爸爸脸色苍白地跑回来了,看见我们没有出事,他深深地松了一口气。仔细一看奶奶,发现奶奶右边的头发有一些烧焦了,好吓人啊。

第二天,爸爸叫煤气公司的人来检查,原来是可恶的小老鼠把煤气塑料管咬破了一个洞,所以煤气无法进入煤气灶的点火石,可是煤气在灶的下面不断喷涌,当漏的煤气进入煤气灶的点火石时,一股强大的火力冲出来,就发生了昨天惊人的一幕。

我想:真要注意安全,幸好这一次运气好,躲过了灾难。

日　记

黄埔区荔园小学二年级实验（1）班　林韦思

（用笔书写）

日记（一）

太阳出来暖洋洋，
早上起来做文章。
《我是小鱼》真精彩，
看了包你会喝彩！
说这好呀说那好，
好处包你说不够！

日记（二）

今天我有一个新发现。把小鸭子翻过来，肚子朝上，再往上一扔，再接住的时候，鸭子已经翻了一个跟斗，双脚稳稳地站在我手里。原来，鸭子虽然丧失了飞翔能力，但是它也能预防从高处掉下来摔伤。

这就是我的新发现。

我 是 小 鱼

荔园小学二年级实验（1）班　林韦思

（用笔书写）

我是小鱼林韦思。我是怎样来的呢？是这样：一天夜里，我上床睡觉，起来一看，发现四周都是那些草啦、珊瑚啦，还有好多在水里的生物。再看自己，哇！我已经变成一条热带小鱼了！就这样，我就变成一条小鱼，可以在大海里漫游啦！

我在水里游来游去，感觉什么都新鲜。这儿有很多生物，比如鲍鱼啦、水草啦、龙虾啦、螃蟹啦等等。

但是，这儿也不是非常安全的，因为这儿有食肉动物，比如鲨鱼啦、龙虾啦、螃蟹啦、食肉的鱼啦等等。好几次我都脱险了，有一次是被龙虾抓住，脱不了身，幸好是那只螃蟹来跟龙虾抢食，那两个家伙就斗了起来，我就跑掉了。还有一次是被海豚咬住尾巴逃不掉，我突然想起被海豚咬住逃不掉的时候装死非常有效，我就肚子向上装死。果然，海豚以为是剩下的死鱼，就回头游走了。最危险的时候就是被鲨鱼吞到肚子里，幸亏我旁边有一条带刺的鱼，它竖起刺，在大鲨鱼的肚子里乱撞，把大鲨鱼的肚子刺穿了，我才逃出来了。

以上的生物我都在书上看过，它们比书上说的更加凶猛、更加亮丽、更加真实。

我的足印排满四大洋，什么黄海呀、黑海呀、地中海呀，还有很多海我都去过，我还能去哪呀？便找个洞穴钻进去睡大觉，一起来，才发现我躺在床上。原来，这是个梦呀。

一个好东西

荔园小学　　林韦思

我有一个好东西，一个顶好顶好的东西。

这个东西这么好，可万万不能给别人看见。如果别人都来要，这可如何是好？

有了！我把它藏起来，藏在一个谁也不知道的地方。

我找了一个沙地，挖了一个洞，把我的好东西放了进去。我放进三分之一的沙子，再架上木棍，铺上树叶，再铺上薄薄的一层沙，做成陷阱。这样就天衣无缝啦！

这时，我还不知道，我后面有个被通缉的大坏蛋，名叫张宝全，绰号叫"幽灵大盗"。他已经盯上了我。

等到我回家的时候，他就鬼鬼祟祟地走过来，在我藏好东西的地方画了一个圆圈做记号,之后就翻墙逃跑了。

等到夜深人静的时候,他又在我藏好东西的地方出现了。这次他带了两个同伙,一个名叫李王天,绰号叫"出入无阻",另一个名叫王鸣明,绰号叫"飞天鬼"。这帮坏蛋在我藏好东西的地方挖掘起来。

只听"哎呀"一声大叫,李王天的手碰到我的好东西了。"你乱喊什么?"王鸣明和张宝全异口同声地问。"没,没什么。"李王天摸着自己疼痛的手说。他们继续挖掘起来。

"我找到了。"张宝全小声对李王天和王鸣明说。"找到什么了?"王鸣明问。"一个装着东西的塑料袋!"张宝全回答。"找到了?还不快撤!"这时,不知谁提醒了一句。一听这话,他们赶快拿起塑料袋,飞一般地跑了。

第二天,我来这里检查时吓了一跳。因为,这里的陷阱被他们糟蹋得乱七八糟,而且我的东西也不翼而飞了!突然,我发现沙的边缘有一个东西,我毫不犹豫地走过去,把它拾起来一看,才知道,这是一个人的名片,名片上姓名一栏填着"张宝全",绰号一栏填着"幽灵大盗"。我完全明白了,这一切都是以张宝全为首的"幽灵帮"干的好事!我便找了个时间,四处寻找、打听"幽灵帮"的下落。

再说张宝全他们。他自从偷我的好东西之后,便打开塑料袋一看,气得七窍生烟,你猜他看见了啥?这个下次再告诉你。他把我的好东西往窗外一扔,正好扔到了楼下的大河里,落在一群小孩儿坐的小船上。小船带着我的好东西,顺水往下漂去。

我找来找去怎么也没找到我的好东西。天黑了,我只好失望地回家了。

小船漂呀漂呀,突然,一个浪头打来,小船往边上一靠,哎呀呀,这可不得了,小船进了下水道!一只老鼠跑来,把小船叼起来,放进自己的窝里,在上面生了三只小老鼠。第二天，老鼠被猫叼走了，当然，也发现了小船。它把小船叼回去玩儿，被主人发现了，主人说："哪来的小船？快给我。"然后，他就拿走了小船。他高兴得在三楼窗口玩小船，一不小心，小船从窗口掉了下去。正好，我从楼下经过，小船掉在我的面前。我立刻走上去拿起小船，又在船上找到了我的好东西，我高兴得跳了起来。我丢了的好东西终于找到了。

想知道我的好东西是什么吗？我告诉你，它是一架四驱车。

一个好东西（续集）

我找到我的好东西——四驱车以后，我把它拿去参加四驱车比赛，比赛的跑道是——三轨巨龙！三轨巨龙的跑道是如此惊人——先在转弯点出发，遇上一个360度空中大旋转！然后一个90度大转弯，经过立交桥、弯道，再后到达终点。

我的四驱车——"2Z1"超过一辆又一辆四驱车，比如"铁头元帅"、"电光雷霆"、"森林王子"、"雷鹰号"、"火狐号"、"巨天霸"、"火凤凰"等等四驱车都被我一马当先。他们紧追不放，想追上我，跑到我的前面，冲到终点，获得第一。不用说，他们一定不是我的对手，有的被我超过甩在后面，有的飞出了跑道，还有的在360度空中大转弯时，掉了下来，真是进退两难呀！

最后，我发现了一个强劲的对手，他就是上一年比赛的冠军获得者——刘家俊。他的四驱车——"自由皇帝"马上就要超过我的四驱车了。就在这千钧一发之际，在立交桥上，他的四驱车飞出了跑道！当然，我获得了冠军！

当我走上领奖台的时候，我的心情是多么的激动，因为我盼望已久的梦想终于实现了！当我听到台下的掌声，我明白了"有志者，事竟成"这个道理。这次冠军，还是由一年半的时间来创造的！

我得到的快乐,大家都能享受,这才是真正的快乐!

公 坑 寺

江门市外海中心小学二(2)班　陈嘉莹

今天,我放学回家特别高兴,妈妈带我去公坑寺看禾雀花,吃过午饭我们就出发了。

我们乘着车很快就来到公坑寺。妈妈和我买了门票就顺着崎岖石阶直上,登上一级又一级的石阶,看着四周围的景物,不由地抬头向天空看一眼。这时,我才发现今天的天气是这样晴朗,蔚蓝的天空中飘浮着朵朵白云,金色的阳光洒在公坑寺的树林里,顺着石阶看见了一条哗哗流水的山溪。这条小溪弯弯曲曲,水不停地流着。还有小朋友在小溪里捉小蝌蚪,我很喜欢这条小溪。

我们终于登上了山顶。"啊!好美呀!"我情不自禁地欢呼起来。我来到了"龙头岩",岩内泉水长流,我把清水敷在自己的脸上,觉得很凉快,整个人精神、舒服。树上挂着一串串禾雀花,清明前后开放。花很像禾雀鸟的身子,有头、有眼、有翅、有尾巴,成串状,像很多小鸟在树上叽叽喳喳地叫。

20万投资保值计划书

深圳市华富小学六年级(2)班　李　京

计划1:存入银行

银行利率表

存期	年利率
一年	2.35%
二年	2.43%
三年	2.7%
四年	2.88%

◇教育走向生本

（1）20万全部存入银行（两年期），可得利息20×2.43％×2＝0.972（万元）。

优点：风险不大，可以获利；缺点：存银行没有大刺激。

（2）15万存入银行（两年期），5万炒股或做其他投资。可获得利息15×2.43％×2＝0.729（万元），两年后共获本息15.729万元。

5万元去买股票，10元一股，50 000÷10＝5 000（股），每天最多获利10％，5 000×10％＝500（元）。

好运，一年获利500×365＝182 500（元）；

运气一般，大概获利100 000元。这样两年后净获利大概10多万元。

优点：不但可获利钱，还可以玩；缺点：如果炒股的运气不好，不但赚不了钱，也许会亏掉成本（风险大）。

计划2：买股票

（1）把20万元全部拿来买股票，5元一股，可以买200 000÷5＝40 000（股），每天最多获利10％，运气好每天可以获利40 000×10％×365×2＝2 920 000（元）。两年后大概获利近300万元。

优点：获利很多；缺点：风险大。

（2）把15万元拿来买股票，5万元存入银行两年。5元一股，可以买150 000÷5＝30 000（股），每天获利10％，30 000×10％×365×2＝2 190 000（元）。两年后大约获利200万元。

5万元存入银行两年后共得本息：50 000×2.43％×2＋50 000＝52 430（元）。

优点：获利多；缺点：风险较大。

计划3：买房

一次付清，八七折，200 000×87%＝174 000（元），剩下 26 000 元装修。

每月出租得租金 3 000 元，3 000×12×2＝72 000（元）。

优点：可以自己使用；缺点：要很久才能赚回 20 万元。

20 万元两年投资计划书

深圳市华富小学六年级（1）班　黄晓煜

计划 1：首先拿出 10 万元存入银行，年利率是 2.43%，存两年就是：

$$10＋[10×(2.43\%×2)]$$
$$＝10＋0.486$$
$$＝10.486（万元）$$

这样两年后就可以得到 10.486 万元了。

不过最大的风险是，如果那家银行倒闭了，那我这 10.486 万元就没了。

计划 2：另外再拿 10 万元在东门买个铺位租出去，那月租至少能得 2 万元。

$$2×12×2＝48（万元）$$

那么两年后就能得 48 万元。

最大的风险是怕没人来租铺，那就血本无归。

可 以 双 赢

在《西游记》中，有一次孙悟空遇到高老庄的家人跌跌撞撞地跑来，原来是要请一位法师去捉拿妖怪。老孙大喜，说找他就行了。"又方便了郎中，又医得眼好。"这句话反映的就是双赢。在生本教育中，出现了校长、教师、学生、家长都对教学感到较为满意的情况,出现了教师教得轻松,而学生学得快活又很有成就的情况。而在我们过去的经验中,这种局面是不合乎逻辑的,世上难得有双赢,如广东俗云"哪有蛤蟆满街跳"。如上所说,我们不习惯于这种甜蜜,我们认为不可能有教师和学生都感到轻松而又学得好的教学。

那么,为什么我们会形成难得有双赢局面出现的情况呢?假定有一个式子:$x+y=100$。那么,如果 y 增大了,x 的值就减少了,因为它们二者加起来仅仅是 100,这是一个封闭的体系,其中一方面赢,另一方面就输了。可见,是否会出现双赢的情况,视乎整个体系是否开放。我们之所以认为教学中难以有双赢,是因为我们的教学长期处在封闭体系之中:封闭的课堂、封闭的时间安排、封闭的知识——书本知识等等。这时,如果我们老师少管学生,就意味着学生放任自流。我们认为,不可能有教师少教而学生可以多学的情形,天底下没有这样便宜的事情。

但是,生本体系是一个开放的体系。这是因为,在生本体系中,课堂不是封闭的。比如我们的二年级语文课,让学生在学习每一篇课文之后,就让他们以读引读。以读引读的办法有多种。第一种是学生寻找自己喜欢的段落或句子,对这些段落或句子发议论。第二种是学生寻找相关的文章,比如,何建芬老师的班级在学了《母亲的恩情》这一课之后,孩子们找到了二十多篇相关的文章。第三种是寻找问题,给学生作为小小研究课题去解决。在这样的以读引读中,课本被大大扩展了,课堂也被大大扩展了,学生的丰富的资源被开发了,体系开放了。这个二年级班级,学生写了大量的"课前小百科",如"热的传递"、"口水有什么作用"、"钻在别人肚子里的鱼"、"鸟类灭绝了多少种"、"兔子为什么不能喝水"、"神奇的太空"、"到底有没有 UFO"、"雾也可以变成云"、"虾为什么弯腰"、"蜈蚣有 100 只脚吗"等等。对于一个联系着浩瀚的生本资源海洋的教育来说,出现教与学双赢的局面是可以想见的,况且已经为我们上面所列的大量事实所证明。

另一个难以双赢的担心是生本教学与高考的关系。下列因素正在促使原来封闭的高考成为更加开放的体系：高考的能力化、综合化和活化。高考的改革将不会囿于一定的教材版本、一定的题型格式和一定的解题套路，而逐步使得人的领悟、人的能力变得重要；并且，全国性的素质教育改革浪潮，将会更加促使高考与之合拍。在教育教学这方面来说，生本教育将会大大激发学生的学习积极性，提高学习质量，高屋建瓴地领悟知识、增强能力。诚所谓"学得好，何愁考"。请大家注意，在上面所列的改革案例中，我们并不讳言得到的好成绩、好分线，而且必然会得到好成绩、好分线，其原因正在于此。

再有，生本教育的开放体系，不仅大大地增加了学生学习的选择性，同时也给教师以更大的选择性，从而有机会做自己更愿意做的事情——促使学生主动发展。新的教学方式会成为赏心乐事。孟子说，"得天下英才而育之"是君子三乐之一。严格来说，得天下英才而"生本"地教之，才是真正的快乐。

改革开放以来，广东水网地区建设了数千座桥，而那种集资建桥的方式，乃是双赢的典型，国家、投资者、过桥车辆都受其惠。这种无失败的合作，使我们看到了改革开放政策的强大威力，也给我们以可以出现双赢世界的启发。类似于此，我们的教育领域从师本到生本的转变，也会出现教师教得轻松而学生学得愉快有效的这种广泛的双赢，这样的景象在我们的实验学校已经大量地出现了。

线性思维的最后壁垒

在传统的教育观看来，系统是局部的和，而且系统中的各部分相互没有联系。在这种理念下，一个完整的知识体系被分解为一个一个单个的目标，并且对这些目标平均使用力量，离散的目标教学取代了整体的领悟；智慧的传授似乎也是单维度、小步子的线性输入方式，而不是内核发展的方式；知识强调一点不漏、全面传输，而不是举一反三。这些都是教育中的线性思维的典型特征。

师本教育体系给我们的一种习惯性的思维，这就是线性思维。这种线性思维可能是在传统教育体系中危害最大的因素之一。事实上，我们之所以满足于灌注式的教育，之所以认为学生的学习可以被教师支配，之所以认为学生的学习被先前的事件所规定，原因在于我们一直把学习过程、教学过程都看成是单向的、直线型的、线性的。教学几乎是线性思维的最后壁垒。

近年来人类面临的全球性的、复杂的和非线性的生态、经济或政治系统中的问题，都已经表明线性思维方式以及把整体仅仅看作其部分之和的观点，显然已经过时了。认为甚至我们的意识也受复杂系统非线性动力学所支配的这种思想，已成为当代科学和公众兴趣中最激动人心的课题之一。如果这个命题是正确的，我们的确就获得了一种强有力的策略，使我们得以处理自然科学、社会科学和人文学科的跨学科问题，当然也包括教育问题。

为了了解非线性思维，了解博弈论创始人、计算机科学泰斗诺伊曼的看法是有好处的。他指出，人们必须清楚地懂得，真实生活的情景与计算机的情况是多么不同，这完全是因为真实生活中根本没有博弈对垒或工程计算的那种精确答案。例如，就近期的战术和长远的战略来说，战术可以精确计算，但战略却不能。而他自己在数学和数学思想上的巨大成功，在于他认为，毕竟还有制定"最佳"战略的途径。在其《电子计算机与大脑》一书中，他认为人的大脑具有某种语言，按照这种语言，大脑不同部位的活动彼此相连，互相配合，使我们制订计划、设计程序，犹如一种包罗万象的生活方式——在人文科学中，我们则称之为一种价值体系。

回头看教育。教育教学是一个充满价值判断的领域。一道题是这样想还是那样想，往往不是简单的逻辑就能决定。它首先是有一段含有价值判断的"似真推理",窥测方向,然后才是解决的带有严格逻辑意义的行动,并用可以言传的方式表现出来。这种由模糊推理和演绎作为逻辑思维基础的模型,可以用冰山来比喻。浮在海面上的部分,是我们可以进行书面或口头交流的可传讯思维,而作为支撑的,在海面下的,是价值判断一类的模糊思维。这一过程"通过模糊逻辑推理调整归纳证据和结论间的联系,把不同质的证据转换为对结论的不同量的支持,使质和量的考察实现了动态的统一,使有限量通过不同质的分析转换为新量,直至普遍、无限的量"①。爱因斯坦说:"在我的思维机制中,书面的文字或口头语言几乎不起任何作用。作为思维元素的东西是一些符号和有一定明晰度的意象,它可以由我随意地再生和组合……这种组合活动似乎是创造思维活动的主要形式。它进行在可以传达给别人的,由文字或者别的符号建立起来的任何逻辑结构之前。"②

现在的问题在于,人们把"冰山在水面以上的部分"(实际上是较小的一部分)看作思维的全部,因而认为教这些就是给了学生一切。因为"冰山在水面以上的部分"具有规整、逻辑的特点,它既然是全部,又似乎很好教,还能够一点一点、一节一节线性地教,所以,线性思维就成为教育的通用思维。而教育的非线性的真相,则被教得如此顺畅的线性方式掩盖了。

显然,对教育问题更需要考虑改变线性思维。而上面我们说到的,尽量使"教"处于大道无形的地位,认识教与学的多向性、有机性和复杂性,认识我们的对象是人而不是物,是在进入精神的、心理的领域而不是一般物质生产的领域等等,都是对简单线性思维的批判。

---

①② 转引自郭思乐著:《思维与数学教学》,人民教育出版社1998年版,第32、41页。

四、生本教育的课程观

小立课程，大作功夫

某小学一年级语文有一道考试题：写出比"日"字多一笔的字。我们当然可以写出"旧"、"申"、"旦"、"甲"等等。答案有一点争议，比如"旦"字，上面到底是"曰"字还是"日"字？从形来看，是"曰"，从义来看，是"日"。也就是说，这道题的答案有些不确定性。但这不是重要的问题。重要的是，我们的孩子在学习"日"字的时候，有没有必要作出这样的联系？如果要，这样的联系数不胜数，岂不有着天文数字？事实上，小学生学习"日"字，并不复杂，至于对"日"字加深认识，大可以通过他们的大量阅读不断提高。比如，"日出江花红胜火"、"白日依山尽"等等，原本不必要用"日字加一笔"这样的生造的"联系"。但在今天的基础教育中，像这样的"联系"真是太多了，比比皆是，多年来，我们的教育中不断制造和大量积累的这些无用之物，几乎成了灾难，中小学生除了学习必要的基础知识（如上面所说的直接掌握的"日"字）之外，还要应付恒河沙数的附加知识和附加题目，基础教育"长满了杂草"。由于有这许多"杂草"，教师学生都要穷于应付，根本不可能有给学生自主学习的时间和空间。因此，要进行生本教育体系的改革，必须首先对课程进行改革。改革的方向，就是朱熹所说的"小立课程，大作功夫"，使整个教育教学过程体现"教少学多"。所谓小立课程，指的是教给学生的基础知识要尽可能地精简，而腾出时间和精力让学生大量地进行活动，也就是大作功夫。

其实，我们在教学实践中经常看到与小立课程、大作功夫有关的现象。比如，有的学生认字到了一定的时候，进度忽然加快了，有不少老师还没有教的字他们自己就认识了。在一所小学的二年级，我们指着读物上的一个词语"玄乎"问小学生，这是什么意思，他答道："瞎编的呗。"我们想，这个词在课本上无论如何也是找不到的，这显示了学生的自悟。又如，在数学学习中，学生忽然知道了老师和课本都没有提及的方法。在语言学习中，比如学普通话，学生学习了若干词语之后，忽然对整个普通话都能说了。牛顿看到了苹果，却悟到了万有引力。这就是所谓"知七得十"、"举一反三"，或者"四舍五入"。

这就给我们一个启示：之所以可以小立课程、大作功夫，是因为系统功能在起作用。在系统中，总有一个最小独立子系统，由这个最小独立系，可以得到或生成整个系统。譬如，在方程 $3+x=7$ 之中，我们把握的部分是 3 和 7，还有方程式本身，知道这些（这是所谓最小独立子系统），我们就可以确定 x 的值为 4，也就是可以生成整个系统。也可以作这样的比喻：这就像一个班级，四十多人，班主任却只要掌握一个由组长组成的独立完全系就行了，通过各个小组长，就可以把信息通传到全班。一个语言体系也是这样，其中有一个最小独立系，在中文里，汉字就构成了这样的独立完全系。在一个人学习某种语言时，他实际上是在建构自己的语言系统。这一语言系统的最小完全系，是由他自己已经形成的那个有限系统决定的，比如，他最想要表达而可以表达的东西，就是他当前的有限系统。这个有限系统日益扩展，有一天，它可以表达主体想表达的大部分意思了，这时候的这个有限系统，就是他尔后不断发展的语言系统的最小独立完全系。关于最小独立完全系，请参考拙著《思维与数学教学》的"最小点基问题"这一节。①

---

① 郭思乐著：《思维与数学教学》，人民教育出版社1998年版，第112页。

◇教育走向生本

在传统教育里,要求所有的基础知识都教,或者只要想得到的知识都要从儿童抓起,这就是忽视了基础知识这个大系统有最小独立完全子系统。其实,我们只要抓住这个最小系统,就是抓住了整个基础知识大系统。

下面我们进一步研究在师本教育体系中"大立课程"而"小作功夫"的原因。

首先,它来源师本对于教育的虚体设计,即对人以及人的学习过程的分析的和理性的把握。严格地说,人是可以分析性地研究的,但人是不能用分析的方式加以全面模拟的,这是由于有机的整体不能真正完全地被分析。譬如,我们对于一个有机体如水果,可以用许许多多的参数来刻画它,但是,这些参数的复合,并不能还原为水果的整体和内部的有机联系。这种不可拆解性,恰好是有机体的特征。教育教学过程也是这样。教育教学过程是以人作为中心的过程,而人对事物的认识,所需要的有机性和致密性,使得必须通过实体——人本身的感悟或内化才能实现。然而人类的知识传输,又不得不在许多时候借助于只能线性地、书面地表现的条文,两者是有矛盾的。教育教学的问题,不在于要不要书本知识,而在于我们如何让学生认识为书本所表征但实际上存在于生活之中的完整、有机和生动事物的本质和规律。师本的设计总是忽视了实体的活动,忽视了人作为有机体的特征,而把教育过程转化为可灌输的条文或步骤,以为只要灌输了这些条文或采取了这些步骤,就可以使学生完整地把握需要认识的客体。于是,对事物的分析性研究,代替了对事物的整体把握,这就带来了教材的过度分析化。

由于师本的设计,我们还把人的知识学习误以为是一个拼装的过程:先学习部件,再把部件拼成整体。于是,课程的整体被肢解为一个一个部件,每个部件又都成为一个小体系。如有的小学语文课堂,一堂课只讲一个"秋"字。这样,课程焉得不膨胀?

其次,它来源于科学化的异化。由于科学对客观世界的正确刻画，文艺复兴以来的科学取得了巨大的发展，然而这种成功也带来了科学认识方式或描述方式的滥用。我们忽视了科学化首先必须能够建立理想空间的条件，在缺少这种条件的领域，也没有节制地使用科学抽象方法和科学分析方法，并天真地把使用这些方法视为唯一科学的方法，于是就带来了无处不抽象和无处不分析。小学生使用量角器，也总结了若干条文，学生不是通过实际运用，而是通过条文来学习量角器的使用。写文章也有许许多多的条文，人们学了这些条文，反而不会写文章了。而其实，有许多事物，是要靠人的感悟、感知、理解或直观来加以把握的。而如果用分析的方法，"当毛虫要说清楚它的每一步是怎么走的时候，它就寸步难行了"。这个意思出自印度哲学家奥修所讲的故事。

  你一定听说过蜈蚣的故事。蜈蚣是用成百条细足蠕动前行的。哲学家青蛙见了蜈蚣，久久地注视着，心里很纳闷儿：四条腿走路都那么困难，可蜈蚣居然有成百条腿，它如何行走？这简直是奇迹！蜈蚣是怎么决定先迈哪条腿，然后动哪条腿，接着再动哪条腿呢？有成百条腿呢！于是青蛙拦住了蜈蚣，问道："我是个哲学家，我被你弄糊涂了，有个问题我解答不了。你是怎么走路的？用这么多条腿走路，这简直不可能！"蜈蚣说："我一直就这么走的，可谁想过呢？现在既然你问了，那我得想一想才能回答你。"

  这一念头第一次进入了蜈蚣的意识。事实上，青蛙是对的——该先动哪条腿呢？蜈蚣站立了几分钟，动弹不得，蹒跚了几步，终于趴下了。它对青蛙说："请你再也别问其他蜈蚣这个问题了，我一直都在走路，这根本不成问题，现在你把我害苦了！我动不了了，成百条腿要移动，我该怎么办呢？"

  显然，这种做法不是真正的科学，而是一种误解和异化，从儿

◇教育走向生本

童到成人，有许许多多需要他们完成的动作，如果都要诉诸文字的阐述，它将造成多大的课程负担！我们的改革办法是，凡是要依靠实体感悟的部分，就尽可能不设置或少设置条文。我赞成西南师范大学（现名西南大学）陈重穆先生说的，要"淡化形式，注重实质"。

此外，缺少真正意义上的人的认识活动，也是课程越来越庞大的原因之一。鲁迅笔下的孔乙己，见到人就讲茴香豆的"茴"字的四种写法，原因就是太过有闲。假定人们把咸亨酒店承包给孔乙己，他要终日忙碌，想必他就不会再研究"茴"字的几种写法了，"茴"字就得精简下来了。课程也是这样。我们可以作一个这样的图解。如果只做一个活动，我们可能会把这个活动的所有的知识都看作基础知识；而如果做两个活动，我们就会把这两个活动中都出现的知识看作基础知识，这也就是刚才的两个活动的知识的公共部分；如果进行了三个活动，我们就把三个活动的知识的公共部分——它比上面都小，看作基础知识的集合。这样，活动越多，真正要求学生必须掌握的基础知识就越少、越精粹。郑板桥在诗中写道："四十年来画竹枝，日间挥写夜间思。冗繁削尽留清瘦，画到生时是熟时。"如上所述，带领学生进行"百位名人是我师"活动的罗易老师也是这样看的。

按照这样的思考，我们来分析小学语文和小学数学的基础知识。首先，小学语文的阅读的基础知识，主要就是认字，做到"形音联系"。字是构成词句篇章的活件。汉字可以组成各种各样的词，识字就是意味着识词。词句篇章可以依托学生的生活积累去悟知。阅读使学生与人类文明的精华接触，获得多方面的积累，形成学生自己的思想。这对于学生的写作十分重要。有了在阅读中形成的思想，关键问题就是技术问题——会写字，因而在大量认字之后，基础知识的新的"基础部分"就是写好字。这样一来，小学语文的基础知识中最"硬"的部分，就是认字和写字。其他的基础知识，则依靠阅读和说话解决。小学数学也是这样。我们把数数、读数、写数作为小学数学的最基础的知识。其他的加法、减法、乘法、除法的法则，都是由学生在活动中自己认识、熟练甚至突破的。比如说，加法的法则，只要学生摆出 3 个点和 5 个点，就知道加起来等于 8 个点。减法是加法的另一种表现。而乘法是相同的加数连加，而除法则是被减数连续减去同一个减数。这样一来，整个小学数学可以有大量的时间给学生游戏和活动。

在上述分析中，我们发现所谓基础知识，其实可以分为四个层次。

第一种是人类规范的、作为学生后继学习工具的知识，如汉字。

第二种是人类发现的规律。但这类知识与必备的工具知识不同，首先它出现的频率没有必备的工具知识高，而且知识的约定性或规定性不如工具知识强烈。其中有一部分知识仅是在理想状态下成立的，它必须与其他知识结合起来才能在实际情景下使用。

第三种知识是经验性的，如如何写景、如何写文章等等。

第四种是在教育教学的运作中产生的应考的技术性知识。基础教育的教育阶段一结束，它也就消失了。

下面着重讨论前三种知识。

第一种知识是学生必备的知识。不具备这些知识，后继学习就会受阻。为此，我们必须毫不含糊地让学生掌握好这些知识，如必须认好、写好字。

第二种知识也是学生必要的，但没有那么基础的知识。这类知识不仅是一种结果，更是一种过程；不仅是事实性的，也带有程序性；不仅是一种确定的结论，还带着精神、态度、方法的意义。它带有三方面的意义：一是使用意义，二是启发意义，三是发展意义。必须注意，这些知识都是学生在掌握了第一种知识之后，通过在教师指导下的活动而获得的，而且必须通过他们的活动来获得。

◇教育走向生本

这是两个重要的基本判断。我们常常低估了学生的智力,认为他们不可能通过自身的活动获得知识,同时不必借助于他们就可以由教师传授而得到这些知识,这是一种肤浅的认识。之所以要借助他们参与知识获得,是因为这样使之享有了他们应有的知情权,给他们以综合了结论、态度、精神与方法的完善的知识,以及立于不败之地的能力。也许更重要的是,只有这样才能把学生的情感调动起来,从而表现出学习自身的意义。因此,第一种知识和第二种知识构成了课程与教学的主体。在这个主体中,真正我们非得主要通过"教"的(当然,即使此时我们也要把教转化为学),是第一种。其他基本上是通过学生自己阅读、观察、感悟获得。这就不是我们过去常说的"学生参与知识发现"的问题,而是在教师指导下,整个以学生为主体去获得知识。基于这样的判断,我们在整个课程结构上就会采取完全不同的策略。关于这一点,可以参看下一节"课程整合"。

第三种知识其实还是不成熟的,或者说是未定型的。教师是知识获得的先行者,他们的经验是有益的。但教师的经验还不是确定的知识,至多只能说是一种给学生提的建议。这样的建议至少有两个方面的问题。一是它只是局部经验,很难说是唯一的或最好的办法;二是它往往提出得过早。比如,我们让学生读了一篇《毛毛雨》,老师接着就给学生来一段如何写景甚至是如何写雨景的说教。这样的说教的内容可能给学生借鉴,但不是他必要的主体的知识。事实上,当时学生远未遇到如何写景的问题。无论是从学生的现实需要还是将来的发展来看,老师都没有必要教他一些写景的原则。老匠人教年轻匠人的时候,教到的技艺可以确定地得知产品的市场所在。然而,我们教小学生写景,有何作用,对小学生来说尚是漫无边际的。当学生问"为什么要我学这些"时,通常所给的答案是"以后你自然会明白"。但是这个"以后"可能永不会发生,因此学生许多年以后还在怀疑为什么当时他们要那么紧张和卖力。

如果我们在学生没有意识到或很难意识到问题的时候，就给予说教，"己所不欲，勿施于人"，不仅无用，而且不利于学生的写作思考。叶圣陶先生说："写文章不是生活中的一种点缀和装饰，而就是生活本身。"① 阅读和说话、写作，是写自己所想，说自己所说，是发乎心、止乎手，像呼吸那样平常之事。如果我们硬要学生注意紧张地作如何阅读、如何说话、如何写作之思考，阅读、说话和写作就会变得困难得多。如不信，试一试思考如何呼吸，再把这种思考运用于呼吸，看看如何——可能会因此呼吸不畅！况且，如何阅读、如何说话、如何写作的问题即使存在，也要在学生们感到需要解决的时候才提出，并一般可以通过学生在大量阅读中逐步感悟和提升来解决。还是叶圣陶先生说得好："阅读和写作都是人生的一种行为，凡是行为必须养成了习惯才行。譬如坐得正站得直，从生理学的见地看，是有益于健康的。但是决不能每当要坐要站的时候，才想到坐和站的姿势该怎么样。必须养成了坐得正站得直的习惯，连'生理学'和'健康'都不想到，这才可以终身受用。阅读和写作也是这样。临时搬出些知识来，阅读应该怎么样，写作应该怎么样，岂不要把饱满的整段兴致割裂得支离破碎？所以阅读和写作的知识必须化为习惯，在不知不觉之间受用它，那才是真正的受用。"②

以往教学的悲剧在于，人们把工具知识的范围大大扩大了，或者把对待工具知识的严格方式漫漶了。于是，不论是哪个层次的知识，一律地严格要求。如何写景，也作为教条固定下来。这样，学生就丝毫没有时间和空间来进行独立有效的思维。因此，我们的课程（这里所说的课程，乃是由教师或课本以教学方式传播给学生的那些内容以及相关编排）必须"小立"，而把第二层次的内容作为在教师的支持下学生自己寻找的结果，把第三层次的知识作为学生

---

①② 叶圣陶著：《文章例话》，生活·读书·新知三联书店 1983 年版，"序"第 3、5 页。

感悟的结果,把第四层次的知识,即一种层次很低的知识尽可能地删除。这样,我们就得到了表4。

表4 知识的三层次

表现形式	例　证	教师角色与相应的教学要求
人类规范	如数数、写数	教师当教学者;相应知识的教学要求较带"硬性"
人类认识成果	如计算法则	教师当引导者;相应知识的教学要求较带"中性"
人类经验	如解决数学题的思维经验	教师当启悟者;相应知识的教学要求较带"软性"

只有第一层次的知识才列入我们不得不教授的视野,其他都可以由学生自主去完成。而坦率地说,第一层次的知识实在是为数不多。这样,我们的学生就有可能"大作功夫"。老子说,"道生一,一生二,二生三,三生万物";孔子说,举一隅,而三隅反。这些都说明了这种万物归一、一生万物的关系,这为我们小立课程、大作功夫作了哲学的支撑。

整体领悟与知识生命

人固然可以一点一滴地学知识,但一点一滴的知识是缺少整体生命的。有如打成碎片的维纳斯不美,而整体的维纳斯才美一样,知识只有成为整体状态的时候,特别是对儿童的个体有整体意义的时候,它才呈现出其"生命"。整体知识可以是一部生动的历史、激动人心的活动、美丽的画图或者隽永的故事,它们或是沿着伟大追寻的足迹,或是依据自然形成的逻辑框架,或是观照生活需求的现实模型,生机勃勃地展开,从而对儿童产生永不枯竭的强大感染力和吸引力。于是,当儿童接触整体的知识,比如,由一个游戏、一个情境、一个任务或一个课题荷载的知识时,他就可以感受到知识的生命。在美丽的教育世界里,两个生命——儿童的生命体和知识的生命体在嬉戏激荡,构成了整体领悟的教育乐章。

我们说知识的生命体,是说整体的知识是有灵魂的——这就是它的核心主题或者意义。比如,我们给出了一个足够大的剧场,你要到剧场找人,就必须有它的座号——行号和列号,这就要建立坐标。如果找若干个人,你会产生其他问题。譬如,你发现,如果建立了行号和列号,行号相同的人,会排成一条直线;行号和列号都相同的人,也排成一条直线。这是一个伟大的发现,因为它揭示了行号和列号——数和形——直线的关系,这一发现当然会激动人心,如果我们也同样对发现充满了感激之情,如果我们教育学生尊重自己的这一发现,就会带来更多的发现,就会产生如果行号和列号具有某种关系的时候,所对应的曲线是什么的联想,等等。这样,平面解析几何就在剧场思想试验中产生了。类似地,一个蒲丰试验,蕴含着初等概率的全部信息;一个货架上的不同标号的鞋的总价,可以含有矩阵乘法;一个凑 21 点的游戏,包含了全部 20 以内的加减法;一篇文章,含有全部的中文语法,当然,含有是一回事,要不要把它游离出来学习又是一回事。

我们说儿童的生命体,是说儿童在学习中不是可以被被动地灌注的容器,而是具有生命的最重要的表征——情感。而这一情感,受学习对象和学习内容的制约,只有在感受到知识自身的意义之后,儿童才能投入真正意义上的学习。

进而我们发现,儿童的思维是成胚胎式发展的。也就是说,他的思维要发展,首先需要有一个思维胚胎——意义单体。

比如,我们曾经给初一学生用一节课上"有理数加法"。我们给出了一系列题,如:"上半场赢 4 球,下半场输 5 球,最后结果如何?""上半场输 7 球,下半场输 4 球,最后结果如何?上半场输 4 球,下半场赢 5 球,最后结果如何?"等等。然后,要学生用

"+"、"−"来分别表示"赢"、"输",到一节课下来,百分之九十以上的学生都学会了:

$(+14)+(-9)=?$

$(-8)+(-12)=?$

$(-12)+(+7)=?$

等等。

这样,输赢球问题就成为学习有理数加法的一个"思维的胚胎"。这种所谓"思维的胚胎"有什么特征呢?一是整体的,它包含整体意义,输赢球对学生来说,都具有可理解的意义。同时,它含有有理数加法的几乎所有的信息:含有正数、负数、零,可以进行大小比较;含有绝对值;含有各种情况下的法则。二是虽然它并不完善,但已经是继续学习的良好的内核,有待于并有条件发展为完善的思维成果。三是它得到认识母体的支持。输赢球是同学生生活相连的事物,学生除了对它感兴趣之外,还可以调动自己的全部相关的知识和经验去理解它。

从整体入手获得意义,是学生的思维发展规律,我们的课程与教材应当尊重这种规律。我们在有理数加法的教学中遵循了这个规律,就使得效率大大提高。而表现在教材中的传统方法,是一点一点教,一点一点学,先讲有相反意义的量,再说有理数,再说大小比较、绝对值以及各种情况下的法则,这样大概要若干周才能完成。学生在学习过程中,不学前面的就不知道后面的,而只有学习了后面的才知道前面的学来何用。于是,他们总是处于"盲人摸象"的境地。他们所具备的教育资源的性质,当然就无从发挥了。

师本教育体系的致命问题是过度分析,如英语的语法化,语文的研究化(不是学习语言文字,而是研究语言文字),各门学科的过度条文化。知识赖以产生、存在及发展的整体事物被拆解了;学生的思维变成了若干部分的拼装,而不是胚胎式的生命发展;学生和教师都被局限在小方格里,不能进行有效的、自主的思维。唯一方便的是考试，然而忽视了整体的、仅仅是考查一个个局部或它们的机械拼装的考试，又能在多大程度上反映一个学生的能力呢？因此，无论是课程的设置还是教材的编写，都要把整体和意义还给学生。考试应当助于整体意义的建立，而不是一次又一次地破坏它。这是一个十分宏大而有挑战性的改革。

课程的整合

眼前有两杯水，都是半杯，把它们倒在一起，就成了一杯，也就是说，我们腾出了一个空杯子。生活中，我们经常要进行这样那样的整合。课程也是这样。依据对人的认识、对知识的认识、对学习过程和学习规律的认识，我们可以进行课程的整合。通过课程整合，我们会发现，可以腾出许多时间和空间，从而给学生更多的活动余地，提高学生的生命活动质量、学习质量和学习效率。由于师本教育体系带有实施的分散性和思考的主观性，进行整合几乎是不可能的。而生本教育体系有明确的服务主体，它要受学生综合学习状况的检验，因而课程整合是必要的和可能的。

现在我们以小学语文的写作为例。小学语文的写作，首先要会写字，写正确的字；其次要懂得词语，还要会布局谋篇，表情达意。针对这些，作为传统课程，主要是认字、写字、词语解释、造句联系，教类型写法、读什么写什么的"读写结合"。然而，整合的思考则是：教导学生认好字，写好字；鼓励学生大量阅读，进行自主的写作实践。其他环节则要么是不必要的，要么是可以精减的，要么是不必现在就教的。

这样一来，用于教师教的部分就大大缩减了，而学生拥有充分的自由去学，去读去写，做他需要做的事情。这样做，教得少了，学得多了，效果却更佳。在这个问题上，生本体系与师本体系相区别之处就在于，教师真正要硬性要求的，只不过是写好字，而如何写作、写作所需的知识与素质，全由学生在阅读和自己的写作实践中解决。教师这时当然也要指导，但指导的目的性、指导的重点和强度，都是与过去完全不同的。

几乎所有学科都可以作内部的整合。比如，在初中数学中，内部的整合可以抓住这样的关键来进行：所有的式都表示数，所有的变形都是化简。只要抓住了这两点，学生就可以积极主动去理解和处理初中数学的问题。内部整合带来的不仅是部分的改变，还会带来系统的改变，从而出现巨大的新的系统教育效益。比如，在原有的数学教材中，单项式的乘法，如 $4x^2y \cdot 5xy^3z$，是以三个法则反映的：系数如何，相同字母如何，不同的字母如何。我们在整合中，可以把它归结为一个原则，即尽量化简。从三个法则到一个原则的整合，不仅是内容、分量的精简，更在于留下了思考的空间：虽然尽量化简的原则没有告诉人什么是"最简"，但它引起了探索、讨论，我们原来想要告诉学生的三个法则成了他们所发现的成果的一种表述形式——他们未必要借助于这种表述形式，而可以有不同的感悟形态。也就是说，由此带来的教学中的不确定性成为人的创造性的用武之地。同时，尽量化简的原则会在学生的任何生活思维中得到支持。比如，我今天讲完了课，就必须把东西收拢起来，这就是"尽量化简"，它其实是一种基本的思维原则。这以后，对多项式的加法、乘法等等，我们都会得到同一原则的彻悟。又如，学习了"去括号"，就可以把"添括号"当作学生自己探求的内容，等等。刘勰表达过这样的意思，文学作品的精简会带来特别的美。一个任何时候都会尽量化简的人，他的人生当然会增添精彩。

关于"人生识字糊涂始"：再说课程整合

在上面我们谈到了课程整合的道理，其中举出认识汉字的重要性，用以说明语文教学中要打好汉字基础，阅读感悟，而不要去教那么多的作文经验,以实现课程的整合。但我觉得意犹未尽。比如,有的读者会提出这样的问题:字那么重要吗,不就是音形义、读和写吗?它与浩如烟海的文章相比,不过是冰山一角而已。教会汉字,进行阅读感悟,就想要大体把握中文,我们是很难放心的,我们觉得还有很多东西要教。于是,课程必须大起来。

我们说,在各种语言文字中,汉字和整个中国语文的关系是以简驭繁的典型。而以简驭繁,则是学科或文化成熟的标志。中国文化源远流长,其成熟性的表现之一,就是能用最简单的材料表现最丰富的对象。感谢祖先为我们造就了那么好的语言文字,使我们可以利用一个个字表现词语、形成文章、构筑文化。只要学会了2 500个常用汉字,就能够阅读百分之九十以上的现代汉语资料;而且,还有与文字相通的语言,包括方言,作为学习汉语的支持。世界上没有其他哪一种文字,可以以字作为单位自由地组词。比如,许多语种的文字有字母,这些字母固然少,却没有独立的意义,而字母组成的词(相当于我们的字的级别)又不能自由地组新词。相比之下,就突显了中文学习的极大优越性。

这种优越性,却长期没有被认识。过去有人研究中文在现代各种文字中的优越性,主要是表现在两个方面:一是意义含量大,有研究表明,同样的意思,用中文比用英文表达,面积缩小了1/3;二是中文比其他文字容易输入计算机。然而,人们认为,中文有一个莫大的问题,就是难学。我到莫斯科作学术访问时,听到过"谁做错事罚学中文"的说法,意谓中文难也。为什么觉得中文难呢?其中一个原因,就是中文的这种以字成词,掌握有限的字,就可以读悟全体的优越性未被充分认识,或未被挖掘——其实古人学中文的程序似乎比现在要简单得多,但我们却以为他们的启蒙方法乃是过时的,而不觉得是汉字发明者的创造或经验结晶(何况当时所学还是文言,没有如今天学习白话文时语言和文字一致的便利)。今天,如果你看到在我们的生本教育实验中,学生在二年级下半年认识了 2 600 个字，大量阅读，大量说话，以及深圳南头小学、广州华阳小学、昌乐小学等学校的学生用电脑作文，如此的文从句顺，言之有物，甚至下笔千言的巨大优势，你可能会失声说道：中文好学。而发挥汉字的作用，也就是让儿童自由地"用字"——阅读和写作，来学好中文，实在是对中文的第三种优越性——好学——的挖掘和发扬光大。这样看来，就此多作探讨，无论是对于中文观还是对于课程观，都似乎是值得的。

汉字是基础。它作为基础，不仅在于在上面所说的学习中文的策略上，更在于汉字的含义是语文的基础。朴素之物，常常引不起人们的注意，如同杜甫的"安得广厦千万间"，联系着杜甫的愁苦形象，并不起眼；然而，当你在深圳火车站看到房地产广告大书这一句，许多来往行人都要对之膜拜时，你才会觉得杜甫和他的诗歌作为文化代表的崇高、宏伟。同样，汉字如此朴素、简单，人们常常忽视学了它有什么作用。因而我们的语文教学追求别的、似乎是更高级的语文知识的教学，不注意汉字在被识别之后，将会在各种场合获得更加丰满的甚至是无限的意义，从而是深入掌握语文的基础——不仅是初学的基础，而且是深入学习的支撑。事实上，对字义的认识和感悟，是不会封顶的。教给了学生认字，启发他阅读，就是做了不断深入的语文教学的最重要工作。

联想起一句话："人生识字糊涂始。"它的原意如何我们不谈了，但由它可以附会出一种意思：一个字，往往有着十分丰富的含义，开始我们似乎知道了它，但想想，又感到还是可望不可达，越想越觉得"不清楚"。比如，"打"字。"打人"一词中，"打"字的意义十分清楚，但是，对"打球"来说，就有点走样了，"打招呼"、"打哈哈"、"打的"中的"打"就更说不清了。正因为汉字不断地被构成词、句、篇，就使得它自身不断地产生新的意义变化甚至扩张，从而具有了多义性和深义性。不管你自觉还是不自觉，人们通过大量阅读所感悟的，除了整体文化意义之外，还包含了字义。有了这种意义丰富的字的把握，就能大大增强中文的表现力和感受力。譬如，一个人可能在成人之后研究某一门科学，或懂得多门外语，但对他来说，好的中文基础始终是十分重要的。因为祖国的语言文字是我们进行科研、生活或政治、经济的交流所使用的基本工具；人们在交流的时候，使用的是准确的、共同约定的中国语言文字。如果你掌握好了中文的话，你就能按这种约定，去立即了解对方的意思。即使是一个新的词语，也可以立即会意。特别是，掌握好汉字的字义，而且是原义（而不是引申义），在尔后的生活中将会妙不可言，很有可能在遇到新的词语或新的科学术语时立即就理解了。比如，"素"字是汉字中一个非常好的字眼。它的本义有单纯的、向来就有的、洁白的、内在的和稳定的这些含义。这样，我们就可以在遇到"素质"时，立即把握住它的基本含义，知道素质就是人的基本的、基础的、内在的和相对稳定的品质，这样就很快进入了理解层面上的再思考。而中文不好或对字义把握不住的人，就只好依赖他人，才对"素质"略知一二。同样是一个"素"字，学贯中西的钱钟书先生在他的散文中写道："在我一知半解的几国语言里，没有比中国古语所谓'素交'更能表出友谊的骨髓。一个'素'字纯真语言的本体，形容尽致。素是一切颜色的基础，同时也是一切颜色的调和，像白日包含着七色。"[①] 在电视节目《百家姓》中，一个姓氏可以制作出一出极其浩大的电视剧。类似于此，每一个汉字都可以成为内容丰富的研究对象。你不是找不到给学生的研究课题吗？我建议你让中高年级学生自己找一个喜欢的汉字来研究，如同广东茂名一中的语文课，学生说"牛"说"马"，皆可成其为文章。

由此我们可以体会到，我们在上一节所提到的每一门学科的基

---

① 钱钟书：《谈交友》，载《钱钟书散文集》，浙江文艺出版社 1997 年版，第 73 页。

础知识（当然仅指第一层次的知识，不包含现在在课本上不是第一层次的那些知识），并不仅仅是一排黑体字、一句话、一个式子这么简单，它是一个内容十分丰富的、结合力十分强的对象，甚至可能是一种思想。① 我们要尊重这些思想，像发现它的人那样喜爱，像如获至宝那样珍重，因为它是人类的伟大发明，也因为它是我们今天思考的起点和归宿。我听过一节数学课"圆的标准方程"，执教者讲了方程本身，但是就是不涉及方程推导。问他为什么这样，他说，这是为了"避开难点"。这样的难点怎能避开呢？避开它就是避开一般知识同最基础知识的联系，就是避开了人类的一次精美创造，就是避开了一个重大的思想革新——数与形的结合，就是否定了学生自己作根本性思考的可能性。就数学学习来说，有好些思想性很强的材料，如用字母表示数是一个思想，建立坐标系也是一个思想。②我们把握了这些思想，让学生自己去深化它的内涵，拓展它的外延，就会在获得知识的同时获得能力，更获得领悟。而把握这些内容，就会使课程大大地精简，学习水平大大地提高，使学生和教师的活动空间大大地增加。

然而，学科内部整合的效益与整个课程整合的效益相比还是比较小的。而全部课程的整合，我们姑且称之为大课程整合，则是一个崭新的问题，是一项激动人心的富有挑战性的事业。

关于思想和技术的思考：大课程整合

从某种意义来说，儿童的智力发展要解决两个问题：一个是思想层面的问题，一个是技术层面的问题。我们还是举上面的例子。对于儿童的写作而言，有技术层面的问题，这就是写字、语言通顺、文章规范等等，也有思想层面的问题，这就是写什么、带着什

---

①② 见本书"论科学观念教育在学科教育中的地位"一章。

么样的感情写、如何才能写得更好的选择等等。叶圣陶先生也有这样的判断："写文章不是什么神秘的事儿，艰难的事儿。文章的材料是经验和意思，文章的根据是语言。只要有经验和意思，只要会说话，再加上能识字会写字，这就能够写文章了。"① 这里，"文章的材料"指的就是思想层面的问题，"文章的根据"指的就是技术层面的问题。再如，儿童学习自然知识，有技术方面的问题，这就是如何观察、如何实验、如何表述、如何理解表述等等，也有思想层面的问题，这就是自然学科自身的思想、有关的规律、有关的事物本质等等。简言之，我们在智育上追求的儿童发展，就是思想层面——知识和技术层面——知识的表述（包括自己的表述和理解别人的表述）两个方面。作这样的思考，对大课程整合具有十分重要的意义。

所谓知识的表述，其实就是语言问题。语言解决了，知识的学习就可以自为了。一位资深的中学校长同我谈起，只要中文好，中学的各种人文方面的学科以及理科的大部分，学生自己也能看懂。他提出，我们完全可以进行学科间的课程整合。

所有这些思考，都给我们提出了一个问题：我们今天既然面临着人的终身教育，要使人学会学习、学会求知，就意味着语言处于最核心的地位。只要发展了语言，就可以给儿童以继续学习和现时学习各科知识的基本工具和基本保证。过去我们知道语言重要，但没有把它放在终身教育的框架上，没有对它的概念进行扩展，成为大语言，没有把自己"逼"到生本教育上来。我们的潜意识是，既然我们有这样多和这样好的老师，老师就可以把知识告诉学生，没有必要让学生自己用语言去学习知识，于是，在实际操作中，语言教育的重要性就降低了，语言也局限于"小语文"，即传统的、以

---

① 叶圣陶著：《文章例话》，生活·读书·新知三联书店1983年版，"序"第2页。

文学为主线的那种语言，而不是为学生的全面需要服务的"大语文"。须知，语言对人来说是十分广谱的，生活的外延就是语言的外延。在整个大课程的整合中，语言的地位需要重新界定，语言应当成为教学的核心。

研究表明，人类表述客观世界的语言十分丰富，如同波伊尔说的："在基础学校里，掌握语言是学校首先和最主要的教学目标。所有的孩子都要在写作、口头表达方面达到所要求的水平。在基础学校里，语言的定义是很广的，不仅包括词汇，而且包括数学和艺术，这些是学习的最基本的工具，集合起来就能帮助创造一个连贯一致的课程。"①

词汇语言、数学语言和艺术语言，这是三种不同的符号体系，但它们又密切联系。我们非常清楚词汇语言，包括中文和外语的重要性，但数学和艺术同样是重要的语言，或者说应当把它们也提高到语言的地位来认识，这就常常不为人所注意了。

关于数学语言。"词汇语言是发自先天的，而数学是外加的。""上帝发明了语言，而人类发明了数学。"许多人不喜欢数学，不能学好数学，是因为他们不知道数学同样刻画了世界，也是在世界中不能须臾离开的东西。数学的学习与词汇语言的学习一样，也是越是发生了相关的活动，就会越有兴趣。在我们编写的实验教材中，让一年级的学生进行小评判、小统计、小商店和小银行的活动，学生们兴趣盎然。而其实，他们这时学到的数学自身的知识，不过是 100 或 1 000 以内的数的认识而已。但是，这时候的数，已经是充满活力的对象了。特别是在"小评判组，除去一个最低分，除去一个最高分，评判出名次"的活动中，在"调查本小组同学喜欢的食品"的活动中，数学已经不仅是一种游戏，而是他们的学习评价、

---

① ［美］波伊尔著，王晓平等译校：《基础学校》，人民教育出版社 1998 年版，第 59 页。

生活认识、考察事物的一部分，不是虚拟行为，而是实际活动。此时，原本枯燥的数的认识，成为他们最关注的对象。他们由此揭示了生活和思考中的另类美景，知道了不用数不可能知道的许多知识，"数"在他们的生活中取得了崇高而贴近的地位——这实际上暗喻着"数学的科学皇后的尊崇，和作为工具的质朴"①。

同样，越学习，越活动，就越会认识到数学的现实性。数学是研究数量关系和空间形式的科学。它具有抽象的特征，因而它具有应用广泛的特点。凡是有数和形的地方，都存在数学，都要用到数学。太阳、月亮、地球基本是球体，气球、肥皂泡、露珠也是球体；化学晶体的结构是某种特定的多面体；鹦鹉螺的剖面呈一条对数螺线；海星的形状是五角星；牵牛花沿着一条螺旋线绕篱生长；光线反射时入射角等于反射角；行星忠实地以椭圆形轨道绕太阳旋转；支配遗传的DNA其分子结构是条双螺旋线；蜂巢是由很多正六边形组成的，而且每个蜂房的底部由三个全等的菱形组成。如此看来，数学何止是一种工具，它简直就是大自然的语言，是大自然和谐与突变的规律呈现方式。

学生对数学的认识，必须依靠他们的活动。通过活动，带动他们学习概念、法则。其实，每个概念、公式、法则都可以找到依托的活动。或者说，在许多活动或游戏里，我们都可以找到数学的概念、公式、法则。过去，学生问他们为什么要学习数学时，我们总是回答下一节课或以后的课程里要用到它。然而，现在学生自己就从实际中明白了数学的用处，数学是生活中重要的一部分。

老师可以教学生运用艺术和几何知识折叠折纸作品。在我们的小学教材里，要求学生了解家庭消费、旅游计划，用排水法去计算不规则物的体积。在做实验时，他们绘制图表；在体育课中，他们

---

① 郭思乐、喻纬著：《数学思维教育论》，上海教育出版社1997年版，"前言"。

◇教育走向生本

用加减乘除去测量赛跑的距离。积木和计算机可以是学习数学的好的辅助工具。广州天河区华阳小学的老师们制作了数学游戏的课堂软件。无独有偶，在美国的一所学校，一年级的学生通过每月记录和绘制天气形势图的办法来学习估算和绘图。孩子们一边看他们画的图，一边把晴天的天数和阴天的天数加以比较，从而明白了"较多"和"较少"的观念。①

数学作为次序和美的语言贯穿于每一门课程，这是新的课程观的一个重要观点。只要我们给予这个课程的某一项内容或活动以量（包含次序）和空间的规定性，这个主张就不难实施。比如，在小学一年级的自然课里，只要我们给孩子们一把黄豆，他们就可以用某种方法去量度每天豆芽的长度，算出生长速度，比较不同环境下的生长速度，等等。在我们二年级语文《曹冲称象》这一课中，让学生做一个实验，就会更清楚地理解课文，而且这也是阿基米德定律的一个初步的感受（当然我们不会在这个时候就提出这个定律）。反过来，我们把《乌鸦喝水》转变成一个给出不同数据的讲故事游戏，在小学一年级就获得了一次函数的初步接触（我们同样不会在这个时候就提出一次函数）：

乌鸦口渴了，想喝长颈瓶里的水。长颈瓶口离水面共有17格高，乌鸦的嘴只能伸到瓶口下3格的地方，乌鸦找到许多石子，这些石子都是一样大的。

乌鸦放一粒石子，水就升高2格，放了7粒石子，乌鸦就能喝到水了。

在下面的表格中，同学们可以填入不同的数，编写出不同的故

---

① ［美］波伊尔著，王晓平等译校：《基础学校》，人民教育出版社1998年版，第68页。

事来。

长颈瓶口离水面有几格高	乌鸦的嘴只能伸到瓶口下几格	每放一粒石子，水升高几格	要放几粒石子，乌鸦才能喝到水
17	3	2	7

数学在理科各学科中的作用自不待言。数学在这些学科中的渗透，当然也是顺理成章的。

关于艺术语言。在美国某大学研究所，我看到了壁挂上唐寅的一幅画中诗："女儿山前路纵横，水声偏解合松声。试从静处闲倾耳，便有冲然道气生"，颇有感想。诗中所说"道气"，我认为至少是一种有很高的文化素养的人才能有的感受。诗人从对水声松声的和谐的领略中，突然体会到，只要从静处着心，就能获得这样一种感受，体会天籁，使自己怦然心动。艺术语言就是这样，它可以表述一种内心的呼唤，表述一种最亲密最动人的感受，使人处处感受到人与自然、人与人的默契，继之热爱智慧，热爱事业，热爱生命，热爱人生。广州市名校109中学，原来是一所有名的薄弱学校，在几年之间，他们通过艺术审美教育使学生从根本上改变了学习态度，学校不仅成为拥有艺术教育特色的名校，而且在科学文化知识教育中也成绩斐然。

在我们的实验学校里，要求学生尽可能地在学习活动中追求美，把美看作一种认识的高境界，同时又是更主动地认识的原动力。一次朗读、一次课文理解课，不是会读、会理解就行了，还要去感受和追求读与说中的美。美的感受是没有止境的。它永远在人

◇教育走向生本

的具体认识的前面招手,召唤我们前行。其实,只要有心,实现美是并不难办到的。比如,读李白的《静夜思》,一般的班级都是放声读或默读。但在昌乐小学,教师让学生用一种有控制的轻声读,产生了像乐团的无伴奏音乐的和声效果,使人感到如同进到诗人的月夜乡怀之中。不要以为儿童不在乎美!在华阳小学何建芬老师的班级里,要学生寻找课文《猴子捞月亮》中最喜欢的句子,大部分学生都找到了"月光淡淡地洒在一片森林里,森林清静极了"这一句。我们的实验学校深圳东方英文书院,在进行生本教育实验的班级,开展的故事会、学生出版的墙报、表演的课堂剧等等,处处给人美感和艺术的体验。一次我们和香港同行听这所学校的课,课前全班孩子们轻声唱起自己老师谱曲的《游子吟》,一时间,我们都被这种人性的认同、文化的认同深深地感染了。

有人建议,中小学生学习了儿歌之后,学语体文就够了,因为儿歌实用。我们不这样认为。事实上,中小学生读诗歌,除了情感陶冶的理由之外,还因为其中的音乐美或韵律美。这种由于变化中的和谐而产生的美,会影响到语体文,使之在散文、演说、报告之中也跌宕有致,音韵铿锵。

总的来说,我们需要给儿童以艺术语言的教育,如同戴维·麦卡洛说的:"人生来都是平等的,他们生来就有一些不可剥夺的权利,其中包括生存、自由、追求幸福。但是,如果不让他们与艺术、建筑、音乐、舞蹈、歌剧、文学接触,如果他们很少自我表现的机会,或根本就没有这种机会的话,他们怎么能理解托马斯·杰克逊所说的那种'幸福'的含义呢?"

整个教育要以语言为核心,这是现代教育重新提出的命题,其原因是对人自身寻找新知识的必要性有了更清楚的认识。须知,童年是学习语言的最好的时光。

如上所述,学习语言其实是解决了知识表述的问题、技术层面的问题。但基础教育还要使学生学习人类的许多知识,即思想层面的问题。在语言—技术问题被突出之后,原来的各科学习就要解决自身的本质的问题——自身的特殊的思想,与之相伴的是自身的特殊方法。也就是说,通过语言学习学生能够自己把握政治、历史、地理、物理、化学、生物等学科的知识了,学科教师现在站在更高的高度上去点拨他、指引他,使他的通用语言转化为学科语言,通用方法结合学科方法,把握学科的基本知识。应当指出,学科的过度分析化的倾向,多半是把一般语言教育的问题混合在学科知识问题中了,如果我们确认学生的语言可以支持学科本身的学习的话,我们就可以依据学科自身的面貌去改造它自己了。比如,自然课上,可以提出问题"牙齿的认识",或者是"高露洁的广告是真的吗?",然后让学生观察、调查、做实验,寻找资料。其中,我们可以把课本原来的内容当作第一参考资料,这样的课就把自然课的真谛——探寻自然知识呈现出来,而不仅仅是教自然知识或接受自然知识的问题。

这也就是说,我们可以在突出三大语言的前提下整合课程,使各科课程本质化、综合化、活动化。

只有实现了大课程的整合,整个学校教育的生本化,即学生可以自主地学习,才有可能成为现实。而值得一提的是,这样做,各科的学业成绩将会显著提高。如果说,现在大课程的整合还没有提到统一的教学计划的议事日程上来的话,我们进行校本的大课程整合,如何?我认为,要成为有为的校长,应当进行遵照国家课程标准的大课程整合。并且,这种整合不是那种简单的仅仅"做加法"(原有课程不动,只增加一点课外活动,或用2~4节课做研究性课程)的校本课程,而是"做乘法",即进行本质改变的课程整合,使"基础课程"本身就有活动性和研究性,通过活动和研究把各部分课程整合在一起。其目的只有一个,使"小立课程,大作功夫"得到体现,学生得到生动活泼主动的发展。

五、生本教育的方法论

在生本教育体系的方法论方面,我们将要谈到的是先做后学、先会后学、先学后教、以学定教等等。

先做后学与先会后学

我们在美国斯坦福大学教育学院讨论创造教育的评价时,墨西哥籍副教授詹在学术发言前,把一双球鞋放在桌上,讲了一个故事:他为刚从乡下来的女儿买了球鞋,女儿没穿过,他就给她一二三四地讲要领,听着听着,女儿说:"你还是把鞋给我吧,我穿一穿,不就会了吗?"他的学术发言就由此而始,强调学生应当做中学。

克莱恩认为:"最佳的学习方法是先做再辨认,或是一边做一边辨认……只有学习而没有参与其中或没有实际演练的对象,是无济于事的,也是不合理的。但是,许多老师仍坚持在黑板上写上'名词'这个词,再解释说:'孩子们,名词就是一个名字、一个地方、一件事情或是一个想法。'"[1] 他甚至认为,现今的学校教育只是告诉人们该做什么和如何做;仅仅告诉人们如何去做,是侮辱他们的智慧并造成困惑。

先做后学是由学生的认知规律决定的。

人本主义心理学家罗杰斯说过一个例子。对于一个移居到另一个国家的孩子,让他每天与新的小伙伴们一起自由地玩耍,完全不

---

[1] [美]彼得·克莱恩著,吴运如、吕顺文译:《天天·天才——重视你与孩子本来的学习乐趣》,远方出版社1998年版,第42页。

进行语言教学，那么他在几个月内就会掌握一种新的语言，而且还会习得当地的口音。因为他是从一种对自己有意义的活动中学习的，所以学习速度极快，而且不易遗忘。而如果请一个教师去教他，在教学中使用教师认为有意义的材料，那么学习速度就会十分缓慢，甚至停滞不前。

从这些例子中，我们看到了儿童与成人学习行为的区别。一般来说，成人具有了许多知识，他们在生活中或在教学上的活动，主要是以知驭行。他们会更重视得到了知识条文之后的运用、训练和评价，其认识规律是知行律。而儿童的认识规律则相反，是先行后知的行知律；他们对人类的知识，更重要的是通过自己的活动去获得。多年来，我在指导中小学教学中总是强调先做后学、先会后学、先学后教。比如，孩子们学习波意耳-马略特定律，只要坐在打足了气的篮球上，立即就初步感受了这一定律的基本点：气体温度不变时体积与压强的关系，然后他们通过更多的实验去发现它、验证它，使之理论化，进入学的境界。

先做后学反映了儿童的合理的脑神经活动过程。一般来说，在儿童没有运用机体和全部感知器官去接触学习对象的时候，他们的头脑是空洞的；而空洞的头脑不能思维，对所学缺乏感知和表象就不可能形成属于主体自己的知识，不能理解对事物的抽象，即使他们可以形式地记住一些东西，也只是假性的、短暂的。因此，我们应当让学生尽量先做，使他们的头脑充实了，然后才把它变成理性的条文。有一年，我们到一所学校去听课，所教的内容是"同底的幂相除，底数不变，指数相减"，教师只用了很短的时间，就把条文教给了学生，接着是要学生演练了数十道题目。然而，临下课时，教师要学生读写在黑板上的条文，居然有 1/3 的学生响亮地读成上一堂课的"指数相加"！原来，当时恰是黄梅天气，黑板返潮流下的水滴把"减"字冲掉了，这倒使我们观察到了教学效果：仅仅传授条文而不是从活动中获得，学生就难以真正接受。

先做后学反映了儿童的整体意义认识规律。做是实践，而实践加工的是对象的整体，这就给儿童以十分鲜明的意义，从而保证了他们充沛的学习热情和经验支持。在这一点上，与上面提到的教少学多完全是一致的。我们给儿童创造了一个他们相对自由的学习情境，而不是先行作出想要他们做什么的规范，就能使儿童得到充分的发挥。比如，小学低年级学生进入写作阶段时，我们让他们进行顺应儿童心理的作文，整体输出，写自己最喜欢写的、印象最深的话语，这就是作文的"做"；而作文的"学"，即总结作文的规律等等，则完全可以待之来日。在这样的"做"当中，儿童如鱼得水，实际上有效地准备着、酝酿着"学"；到了要真正"学"的时候，就有可能是一蹴而就、一点就通，甚至到时候可能就不用学了。

"先做后学"与"先会后学"是伴生的。全身心投入的"做"，有可能使学生直觉地、感性地、综合性地把握研究对象内部的和外部的联系，把握对象的本质。然而，这种把握还没有完全诉诸意识，还没有完全地系统化和理论化，所以虽然也可以称为"会"——领会，但还不能称为"学"。这里的"学"，指的是对事物认识的理论化的或者是符号表述的层次。这样的过程，也符合爱因斯坦的论说：语言和符号是后来费劲地找出来的。波利亚强调在严格推理之前有一个似真推理的过程，[1] 也就是承认"学"之前的"做"，以及"学"——理论清晰化之前的"会"——可以意会的、尚难言传的阶段的合理性和客观存在性。

教师的导，应当把精力放在设计"先做后学"、"先会后学"的过程上。这是生本教育操作的重要环节。

---

[1] ［美］波利亚著，刘远图、秦璋译：《数学的发现》第2卷，科学出版社1987年版，第60页。

先学后教与不教而教

我们来看一个先学后教的例子。这个例子转引自我与喻纬先生合著的《数学思维教育论》一书，说的是一位著名数学家哈尔莫斯的教学。哈尔莫斯在教学中也让学生亲历发现的过程。他在低年级学生上一学期的线性代数时，就采用过这种方法。在第一节课上，他发给每个学生几张纸，纸上只有线性代数中的50条定理的精确表述的条文，其他什么也没有。他要求学生在这个学期里不要看教科书，也不要互相求教；如果学生能独立地解释这50条定理，那就完成了线性代数的学习。接着，他给学生讲解了理解头几条定理所必需的几个基本定义，便放手让学生们自己去干了。从第二节课开始，他让学生依次证明那些定理。在学生甲证明定理1时，他让学生乙和丙在一旁"监视"，一发现学生甲有错误时便攻击甲，依此类推。哈尔莫斯也用"我不明白"之类的方法指出甲的漏洞，插入一些枝节问题，有时也亲自出马给出反例……到第二周，这一方法就显示出神奇的功效了，学生们能自己证明并找出他人证明中的错误了。学生们说，用这种方法学习，所花费的时间多，但从中学会的方法也多。一两个星期之后，哈尔莫斯的同事告诉他，他们能根据态度和行为辨认出受过这种训练的学生。这种学生的最显著的特点是，比其他学生具有更高的数学成熟程度即更强的研究意识，并有提出问题的更高的积极性和能力。哈尔莫斯对此深有感触地说："最好的学习方法是动手——提问，解决问题。最好的教学方法是让学生提问，解决问题，不要只传授知识——要鼓励行动。"[①]

如果说，我们在前面谈到教少学多是从数量来说的话，那么先

---

① [美] 哈尔莫斯（P. R. Harmos）著，陈文宁等译：《解题的教学》，载《数学译林》1984年第1期。

教后学就是从时间上来说的。但是，实践表明，时间因素有时带有相当关键的意义。我们把儿童看作教育的重要资源，有一个如何激发调动这一资源、最大限度地利用这一资源的问题。先学后教就是调动资源的简单易行的办法。如同上面的例子，我们看到，当教师把一个任务交给学生，就是对他极大的信任，这本身就会带来开拓感和成就感。更重要的是，学生资源并不是我们荣封的称号，而是实实在在地由学生的学习热情、学习经验、既有知识等等构成的。学生自己是这一资源的主人。只有他自己在一种充分自由的状态下，才能通过他自己的"思维的感觉"或无意识和有意识的安排，把资源发挥和利用到最合理。先学后教，恰好就提供了这样一种可能。

我们会提出一个必然会产生的问题：既然可以先学，那还要"教"做什么？先学后教，是不是意味着不要教呢？这里实际上涉及了我们所说的"学"，不是那种漫无目的的学，也不是没有教师指导的学，整个学是在学校教育的框架下进行的，是有着鲜明的学校教育认识目的的。

我们来分析由江苏的周德藩先生讲过的一个课例"分式相加"。

教师要学生先看"分式相加"这部分内容，并要他们注意两个问题：分母不同的时候怎么办？分子又怎么办？学生看完了课本，讨论了这两个问题，例题和习题由学生自己完成。

在这里，教师起了什么作用呢？一是教师确定了内容和进度，这个内容和进度是在教师对人的培养的整体考虑下提出来的。二是给出了对学的恰当而不过分的指导。学生这个时候的"学"，是有教师导的背景的学，但谁也不能否认，课堂这一段的基本过程仍然是"学"。三是教师在其中贯彻了一个原则：只要有可能让学生自己学，我们就不教。四是表面上学生不能自己学，我们也要创造条件，转变方式，让学生能自己学。这样，先学后教就不仅是一种时间顺序，更表明了学为根本的地位。

比如，小学一年级的识字，从知识属性来说，是规定性的、纯知识的，而不是推理性的，对此，按说"教"的比重要更大，或者说，即使对之先教后学，也是必要的或说得过去的。但我们的实验说明，即使是这样的内容，仍然可以通过查字典、家长指导、听录音带等方法让学生先行预习，这是因为识字本身的以个人学习为主的特点，以及我们仅仅对识字提出"识别"的有限要求，使得学生有可能很好地预习。有的原来对识字教得十分困难的学校反映，自从采取这个方法之后，学生很快就主动起来了。

以学定教与内核生成课程

先学后教带来的一个效益就是可以"以学定教"。"教"不仅是由知识本身的性质决定的，同时也是由学生的学习决定的。在学生先学的同时，教师可以清楚地、冷静地看到学生学习的情况，并作出教的内容、方法的选择。这同时也就教得更精粹，更契合学生的需要了。

先学后教不仅局限于一般的预习，更多的是通过活动去学习。教师要善于把学生的学转化为活动。这里指的活动，一个基本的要求就是覆盖某些必要的基础知识。比如，学习"不在同一直线上的三点决定一个圆"时，教师把它转化为"残圆补齐"的问题。一个圆的车轮，缺了一部分，如何补齐呢？找到圆心，把问题转化为一个残圆。如何找到圆心，这就是一个很有意思的覆盖了基础知识的活动。

以学定教之最重要的一个长处，就是始终保持学生的强烈情感和兴趣。我们还是以我们熟悉的荔园小学二年级学生林韦思的一篇直抒胸臆的文章《苦恼》，来看看在当老师要求他进行一次不喜欢写的作文时的心情。

今天，老师叫我们写一篇文章：《苦恼》。我本来没什么苦

◇教育走向生本

恼,应该写些什么呢?这我也想不清楚。

果然,我的苦恼来了。无用之有用,我应该怎么写呢?可真是"一说曹操,曹操就到"。

我想了好一会儿,也没有想出来,可真苦恼极了。

终于,我想出办法了!可真是"有志者,事竟成"。我写出什么东西?这个不用问,也就是你看的这篇。

这篇文章很短,但林韦思曾经写过长达 1 500 字的精彩科幻作品。可见,问题就在于是否喜欢做。人做自己最喜欢做的事情,是最有效率的。我们既然给了儿童以先学后做和以学定教的空间,就有可能使儿童始终选择他的热点来学习,从而保持高昂的学习热情。然而,这也就带来了一些问题:这样能覆盖所有的必学内容吗?这样做能有系统性吗?

我们从远一点说起。大家知道,下雨之前,形成雨滴仅仅靠水蒸气形成的微小雾滴是不够的,微小雾滴还要找到一个由冰晶或灰尘构成的核心,然后附着在上面。几乎所有的事情都需要核心。生本教育的活动过程也需要找到这样一个内核,作为生成课程的基础。一般来说,学生会选择他最感兴趣那个点作为内核,教师也就可以选择大多数学生都喜欢的点作为活动的内核。比如,我们的语文教材第四册一开头有三篇课文:《小鱼小鱼,你睡在哪里》、《离别和重逢》、《咏华山》。老师要同学们谈感悟的时候,对第一篇,学生感悟很多,联想翩翩,因为他们比较熟悉。有的学生还为此编了故事,使小鱼的睡觉之地同它的命运联系起来。比如,小鱼躲在水草边,躲在岩洞里,被鲨鱼发现了,睡在鲨鱼的肚子里了,等等(见前面"红杏枝头春意闹"这一节林韦思的《日记一》和《我是小鱼》)。第二篇,因为上课的时间刚刚在春节后,小同学们对离别与重逢也有许多心绪可以联想。而第三篇,多数同学没有上过山,无从想起到山上的感受。据此,我们的老师就可以以第一、二课作为学生活动的内核,还可以通过内核带动的活动生成新的课程。例如,可以让学生自己去寻找与小鱼的生活有关的资料,拟写小鱼的故事,表演小鱼的故事,把选来的文章贴在墙上进行评选。可以用小评判员的方式评出最好的几篇,包括学生选编的和自己写的,打上选编者和作者的名字,作为补充教材。内核可以是一篇课文、一件事情,也可以是一个方面。比如,有老师说,某学生不喜欢读书,只喜欢昆虫,那么,我们就完全可以让他读关于昆虫的书,先是图文并茂的那种,然后转为文字类的。也就是说,这位学生的活动以"昆虫"为内核。

另一个例子是一位美国教授的教学案例。教师和学生在一次活动中遇到了两个流浪者,同学们都非常关注,老师就以关于流浪者的联想、调查、思考,作为活动内容。结果,取得了很好的效果。这种以学定教的课程生成方式,同样可以具有很大的覆盖面。这是因为,活动总是全息的。正如威廉·布莱克的《天真的预言》(*Auguries of Innocence*)一书开始的四行诗句写的:

一颗沙子里一个世界,
一朵野花里一座天堂。
把无限放在你的手上,
永恒在一刹那里收藏。

在任何一个活动中,都含有基础教育学科的许多知识,等待我们以不同的深度去揭示它。比如,我们小学第二册数学教材的第一课,不过是对100以内的数的认识的内容,一旦结合了活动,就变得非常有意义。比如,有一个活动是,半分钟内你可以朗读多少个字?可以默读多少个字?小组朗读最快的是谁?你觉得谁读得最好,听起来最舒服?那么,他每分钟读多少字呢?你是否认为,每分钟读这样多字,就是最好的?在这里,儿童通过自己的活动,为自己设置了许多过去被称为应用题的实际问题,而且得到了最简单的"科学研究的成果",他们知道了不活动就得不到的知识。而同时,他们带着丰富的意义深刻地学习了"100以内的数的认识"。

以学定教有利于结合儿童的既有经验和调配其内部的资源。在最惬意的活动中,儿童变得心灵手巧,头脑被激活了,情绪被调动了,上课变成最美好的时光了。我们经常听到孩子们渴望延长某节课的请求,而在这后面,当然是学习成果和效率的提高。

以学定教同样可以保持学习的系统性,原因是,以学定教是在确保第一层次的知识——必备的基本规范和工具的掌握的原则下进行的(这并没有违背以学定教,这是因为保持第一层次知识的学习质量,才能全面学好,是学生学习的规律);以学定教让学生自己去形成以自己喜欢的一点作为活动内核的课程,从而可以主动地学习第二层次的大量知识,而第二层次的知识完全可以为若干活动所覆盖;以学定教仍然是以教师为主导的,教师将在适当的时候引导学生进行回顾和整理,从而在学生已有充实的认识的基础上把所得系统化;以学定教所激发的学生的学习热情,同样会促使学生主动地把知识系统化,因为系统化是他们获得丰富材料之后的自然需求。此外,教师在以学定教之中,注意学生学习的共同点,抓住他们学习中的闪光点,突出学习的重点,也将使学生的学习重点突出、系统、鲜明。

一个以学定教的案例

人在冥想的时候,是思绪最迅疾的时候。我们有时候瞑目而思,产生冥想,在脑海中翻过了许多场景,似乎是过了若干时分,而睁开眼睛一看才不过二十秒左右。这时思绪达到了最大效率,同时我们感到时间过得特别慢。顺便说一下,年轻人之所以感到时间过得慢,就是因为内部快——头脑运转得快,而老年人感到时间过得快,就是因为思维较慢。冥想其实是强力地发挥内能的做法,它使我们青少年积极思维的特点得到更大的发挥,所差就是,这样的冥想常常是无序的。然而,我们在考察学生的基础上,认识到了两点:一是冥想是可以引导的,这种引导带有暗示的性质;二是冥想时间不能过长,以保护学生的脑力。

深圳外国语学校邬晓丽老师就依据学生的特点设计了指导学生冥想来学习英语的办法。下面是邬老师设计的方法。

该方法是通过某些英语指令,引导学生按指定目标进行冥想,使学生全身心地放松,为进入常规教学作好准备。它能够立即抓住学生的注意力,引导他们很快从非英语环境转入英语环境,吸引学生参加活动,让他们在身临其境的实际体验中学习英语;还能够帮助学生消除紧张心理,让学生在不用害怕挫败的环境中学习。在课堂教学的具体实践中,教师应根据班级大小、学生年龄大小、英语程度高低和具体教学内容的特点,创造不同形式的指令,灵活运用。

其具体操作流程如下图所示。

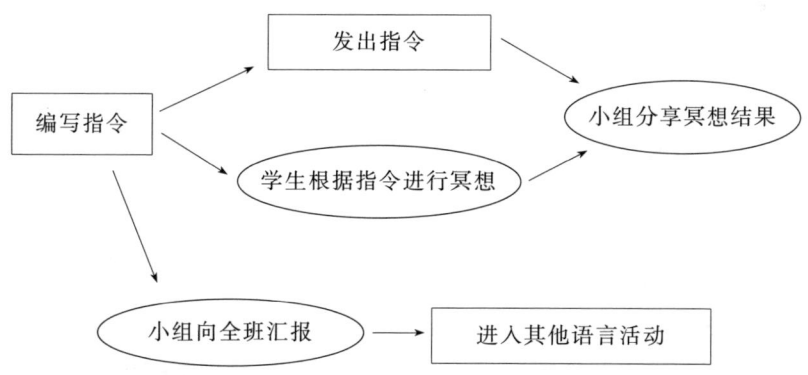

1. 编写指令

老师在编写指令时,首先要有完整的构思,设计好全部步骤。每个步骤的指令要简单明了,把握好先后顺序。为了保证整节课的

◇教育走向生本

完整性，所编写的指令最好能与所要学的教学内容有一定的内在联系，从而起到自然引入正课或复习旧课的作用。

2. 发出指令，学生根据指令进行冥想

这个环节可以发展学生的听力理解，要求老师使用流利纯正的英语，并配以适当的语速、语气、语调，抓住学生的注意力，并引导他们按指令进行思想。在整个冥想过程中，始终要求学生闭上眼睛，用大脑代替眼睛，把听到的指令转化为大脑图像。这个过程可以根据学生英语水平的差异，时间可以从30秒钟增加到1分钟左右。

3. 小组分享冥想结果

因为每个学生在知识结构、经历、想象力和理解能力上都存在差别，根据老师的指令，每个人想象出的东西一定存在很大的不同，所以安排一两分钟的小组分享过程很有必要，以便相互启发灵感，共同发展想象力。以四个人为一组最好，老师在此过程中可以参与一些小组讨论，给以语言指导；或穿梭几个小组之间，发现最值得全班分享的思维火花。

4. 小组向全班汇报

这个环节有两个目的。一是锻炼学生的归纳能力，因为每个小组的汇报者是轮流当的，每个人都有机会参与。把小组的意见向全班汇报，要做到言简意赅，这也是一种能力的锻炼。二是可以更大范围地相互启发灵感，共同发展想象力。由于时间关系，每次可以有选择地选取部分小组汇报。

5. 开展其他语言活动

上述所有的冥想活动，都是为了给后面的英语教学作准备，是为了使整个课堂效率更高，使学生更自然地过渡到英语环境。

班级汇报以后，学生的注意力也高度集中了，使接下去的教学活动开展有了保障。

下面几个活动指令是根据深圳外国语学校初中阶段所学具体内

容，设计的英汉对照的冥想指令。

例1. Greetings（打招呼）

(1) Close your eyes.（闭上眼睛）

(2) Think of someone who you want to meet most, yet haven't got a chance to meet. Focus on the face of the person. The person can be a writer, a pop singer, a football player or a film star.（想一个你特别想见却还没有机会见到的人，集中精力想他的脸。那个人可以是个作家、歌星、球星或影星）

(3) Now imagine the person is standing in front of you, smiling.（想象这个人正微笑着站在你面前）

(4) Greet him or her.（向他或她问好）

(5) Imagine his response to your greetings.（想象他对你的问候作出的反应）

(6) Open your eyes, and tell your friends who you want to see, and what you want to say to him or her.（睁开眼睛，告诉同学你最想见谁，你会对他或她说什么）

(7) Share in class ways of greeting people.（分享不同的问候方式）

(8) Now you are ready for a new lesson.（准备上新课）

例2. Animals（动物）

(1) Close your eyes.（闭上眼睛）

(2) Think of an animal.（想象一种动物）

(3) Tell yourself the feelings when you think of it.（自我感觉一下想到这种动物时的感觉）

(4) Ask yourself "Do I like it?".（问自己是否喜欢它）

(5) Answer the question and tell yourself at least two simple reasons.（回答问题，并告诉自己至少两种简单理由）

(6) Tell your friends the animal which comes to your mind first.（告诉朋友们你脑中出现的动物）

(7) Share with friends the reasons why you like it or why you don't like it.（告诉朋友们你喜欢或不喜欢这种动物的原因）

(8) Take out a piece of paper, and write on the paper the names of the animals mentioned by your classmates.（拿出纸来，写下同学们提到的动物名称）

(9) Now it's time to begin other language activities.（准备上新课）

例 3. Classroom（教室）

(1) Look at the picture of an empty classroom very carefully.（请仔细观察老师手里的图画，画的是一间空教室）

(2) Now close your eyes.（闭上眼睛）

(3) Imagine that is your classroom.（把它想象成你们的教室）

(4) Think what you should put in the classroom.（想一想应该放些什么在教室里）

(5) Think how many of each item you should put in the classroom.（想一想每样东西应该放多少）

(6) Think how you should arrange the classroom.（想一想你将怎样安排这些东西）

(7) Share with your classmates what you should put in the classroom and how many of each item you should put in it, and how to arrange everything.（告诉同学你将怎样布置你们的教室）

(8) Ready for new language activities.（准备上新课）

训练学生注意力的方法有很多，有经验的老师懂得，怎样根据不同的教材、不同程度的学生群体组织教学。训练一段时间后，随着学生语言表达能力的增强,可以试着让学生自己编写指令,发出指令,增加学生的参与意识和语言实践机会。这种冥想的方法,重视包括视觉、听觉等在内的多种感官媒体在学习英语中的作用,值得进一步探索和完善。

这里的指导学生冥想的方法只是依据学生的学习规律所作的一个小改革。我们已经看到,这种"过电影式"的学习,不仅在英语,而且在其他学科,在平时的教学,或者是总复习的时候,都是可以适当进行的。但必须再次强调,使用时间不宜过长。而你只要去接近学生,让学生活动,以学生的状态和发展规律去确定教学的方法以至内容,像这样的改革机缘处处可以遇到,我们可以找到许许多多的方法,去使学生动作起来,这样,就会出现良好的教育生态、教育质量和效率。

讨论是学习的常规

事物的矛盾运动导致了事物的发展。中国的艺术和武术的精妙之处,就是到处呈现事物内部的矛盾运动。比如,中国的书法,笔锋欲下先上,欲左先右,于是呈现了遒劲;同样在京剧中,一个手势,一段唱腔,都是把动作或声音打出去,又仿佛要拉回来。这时,我们会感受到一种内在的力量,一种中国的艺术和武术特有的吸引力,其本质在于揭示了事物的内在矛盾促使事物发展的过程。人的认识也是这样,我们的认识要前进,总是要进行内部的矛盾运动。我们要在头脑中进行辩证思维,正反交锋,然后使认识前进。就这个意义来说,学问是头脑中的矛盾运动的结果,是自己对自己进行讨论的结果。而学习者基本上是讨论者。比如,体现孔子的教育思想的《论语》其实是讨论的成果。

在生本教育的课堂中,几乎天天有讨论,堂堂有讨论,人人进行讨论,只要是学习需要的,没有什么不可以讨论。一般来说,学

◇教育走向生本

习者必须对自己提出问题，自己解决问题。例如，写文章，或者读文章，要解决的基本问题有两个：想说什么？说清楚没有？我们无论是读还是写任何文章，都要解决这两个问题，要反复回到这些基本问题上。只有反复研究这两个问题，文章才基本上写得好，或者读得好。而这两个基本问题，则是什么时候都可以列为讨论的内容的。学习中的讨论普遍存在，只有讨论的具体形态的不同。例如，有时候是自己同自己讨论，有时候是小组讨论，也可以是师生的讨论。讨论是最佳学问方式之一，然而我们过去却冷落了它。比如，过去认为在学生之间是没有什么好讨论的，课堂采取的充其量是师生对答式。而那些师生对答的直接目的，只不过使学生为教者的教学作铺垫、作桥梁，好使我们的语流顺畅一些、教学过程顺利一些，它与把学生当成主体的讨论是不能同日而语的。

实际上，生本教育的一个含义，是原来在教育教学范畴中的事情大都可以在教师的引导之下，由学生自己来做——本体在行动中。而讨论，就是普遍地让学生投入到学习活动中去的一种良好方式。

在我们的教学实验中，讨论成为课堂的正常秩序。即使是原来必须由教师"告诉"学生的认字课，也可以讨论。比如深圳市南头小学余虹老师的课，就是一种讨论式的认字课。上课前，她首先让学生自己通过听录音、查字典和问大人去预习，然后，在课堂上进行选难字的活动。学生通过一个个四人小组选出难记忆的字，然后在全班汇报，最后选定五六个最难记的字，再由记住了某些字的学生发言，介绍自己是如何记住这个字的。比如，对于"领"字，一个学生说，他把它看成是"一页一页的命令"而同"领导"联系起来的；对于"颐"字，学生说，是"大臣带着一页文件去见太后"而同颐和园联系起来；等等。通过这种人人参与的讨论，学生不仅很轻松地学习了相关的知识，而且增强了合作精神和民主意识。

这样的讨论激发了学生的创造热情，而且出现了许多精彩的论辩。在梅州市梅江区人民小学，过去由教师教的词语解释，现在也由学生去讨论。这样的讨论，使教师进一步认识到了词语认识的层次性和丰富性。例如，有学生提出，自己不清楚"仁慈"是什么意思。另一些学生就说，仁慈就是善良。老师说，很好。但也有学生提出来说，两者不太一样，理由是"善良的人容易被人欺负"。这时，教师说："这个问题，等你们长大一些就会更了解。"尽管时间不容许就这个问题讨论下去，而且这个问题所涉及的，是与学生生活相去较远的一种成人世故和阅历，但问题本身却会启发人的思考。比如，善良好吗？做一个善良的人快乐吗？为什么自己善良，就会感觉到周围的人也特别善良？善良的好处和"不好"在哪里，怎样对待？等等。实验班上了《乳燕》这一课后，一个学生发问，课文中有一个词"复杂"，什么是复杂呢？一位学生答道：复杂就是很难。老师说：对了。另一位小同学说：复杂就是不简单。老师说：对了。老师这样肯定本身对不对呢？我认为是对的，很好。实际上，这样的讨论，既反映了学生的认识实际，也体现了一种认识规律：我们对一个词语的认识不是一次完成的，而是逐步完善和加深的；在不同的语境中，有不同的认识方面和深度。尽管今天学生对"复杂"的回答可能还不如词典所说，然而他们已经回答了一部分，讨论会使他们扩充和加深认识，随着阅读的增加，认识必然更全面、更深刻。我们不应以成人之见去限制他。何况，一个词语所具有的意义可能是无限深远的，比如我们成人自己对什么是"复杂"，也还是认识不完善的。我写这段话这天的下午，路过华南师范大学招待所门口，看到横幅上赫然写着"热烈欢迎'复杂性研究：理论和应用'学术研讨会的代表"，可见学者们还在探讨"复杂"的概念。前些时候。另一位资深教育学家也同我们说，她近来正在研究"复杂"，并推荐了一位德国人写的关于复杂性思维的一本书。"复杂"真够复杂。

韩愈说："弟子不必不如师，师不必贤于弟子。"在生本教育的讨论中，作为教师，会遇到学生提出的许许多多的问题，我们可能会经常面临难以回答的情况。这是十分正常的现象。学生能诘难老师，能提出别开生面的问题，乃是我们教学的成功。以往，在师本体系中，我们认为教师应当万能，应能完全回答学生所问的一切，我们是一壶水，学生是一杯水，显然，它在儿童拥有许多新信息的今天是不切实际的，也是不必要的，而且，在我们的生本教育体系中，这恰好是正常的秩序，是我们的追求，"青出于蓝而胜于蓝"。

我看了许多所小学，我感到，儿童完全可以讨论起来，关键在于我们给了他们什么问题、问题的情境是否适合儿童。而有时为了适合儿童，我们可以把"问题的提出"也让学生做。学生对于自己提的问题，往往最能创设合适的问题情境。这样就会在课堂上产生最动人的场景：一个个小组沉浸在问题的讨论之中，知识的奥秘使他们全情投入，思绪活跃，每日每时地生成着新的智慧、新的气度、新的视野。一时间，我们觉得他们都长大了。须知，他们只是读一二年级的孩子！岁月可以流去，而孩提时那紧张和愉快的讨论的体验，将会长记于心。当然，讨论需要时间。我们在整个生本教育体系的改革中，不惜改变教材来赢得给儿童们活动和思考、讨论的时间，其意正是在此。

在上文中我曾经提到深圳外国语学校的历史教师罗华组织的有效的讨论。下面是罗老师自己写的一段话。

> 近年来，我们采取了培养学生创造性历史思维能力的有效方法——交互式讨论。每上完一章内容，视其内容的多少安排一节或两节讨论课，在高三的复习课中每周安排一节讨论课。通过这样的讨论，呈现的效果及存在的问题如下。
>
> 第一，讨论课中学生与学生、学生与教师之间形成了良好的、平等的民主关系，有利于思维的开启。学生在一个民主、宽松的氛围中，充分发表自己对问题的看法并对问题提出不同

的质疑。因此,一堂好的讨论课,不仅学生受益,教师同样受益。

第二,群体的智慧得到很好的表现。有的学生在课后对我说:"对有些问题,我以前的认识是很肤浅的,但通过讨论课,同学、老师给了我很大的启发,使我对问题的理解深刻了许多。对讨论过的问题,我不用刻意去记它,也能把它记住。"学生要求讨论课要坚持下去。

第三,所讨论的问题涉及的跨度大、内容多。例如,学生能在短短的两课时里把"苏联模式"所涉及的内容弄清楚,复习效果是理想的。

第四,学生思维的深度和广度在讨论中得到提高,学生勇于独立思考,探索创新。例如,在讨论"苏联模式"时,学生能主动自觉地联系到二战后初期苏联在恢复时期,"苏联模式"的积极影响和弊端的进一步暴露。

第五,通过开展讨论课教学实践,我的学生认识问题、解决问题的能力普遍得到了提高,创造性历史思维能力得到了锻炼。

第六,在讨论课中会遇到一些问题:(1)当学生的思维闸门开启后,有时会偏离主题;(2)学生有时会提出一些比较敏感的问题;(3)有些问题,学生讨论后,对问题的理解仍停留在表面;(4)有时在讨论某些问题时会出现冷场的尴尬局面。

感悟:人的精神生命拓展的工作间

在我们的生本教育实验中,强调的不是连篇累牍的训练,如市面上卖的《语文基础训练》、《作文基础训练》、《数学基础训练册》等等。因为我们认为,在学习的某些环节上的确是需要进行形式训练的,但它不是学习的核心部分,学习的核心部分应当是感悟。人固然可以训练,但动物也可以训练,而感悟、创造则只有人才能做到。人为万物之灵,其实就是指人能于感悟事物。可见,训练同感悟相比层次要低得多。动物园里飞到游客跟前衔人民币的鹦鹉,尽管达到了不要一元钱只要十元钱的水平,但它的技艺完全是人所教给的,它不会超过人对它施加的训练。一般来说,训练是"教大于学"的行为,是被训练者受命于外加的、既成的智慧或规则的行为,它可以使一些基本的技能得到落实,同时也会带来某些感悟,但它不能代替整个感悟活动。仅仅依靠训练,不能有所创新,创造性无法训练出来。学生创新是"学大于教"的行为,是以感悟作为其基本的工作形式的。

比如,阅读了一段文章,观察了一个现象,经历了一次活动,不会是"潮打空城寂寞回",而会在头脑中留下痕迹,但这些痕迹不是孤立的,而是一个有组织的整体。人学习了一个新的东西,不是简单地增加了或减少了什么,而是形成新的整体——"完形",用来代替原来的"完形"。这就是形成新的感悟。感悟不仅是学习的重要过程,而且是重要的结果。所有的学习最终归结为感悟——如同爱因斯坦所说,是要留下把人引向深入的东西,而将那些把人诱离要点的一切统统抛掉。例如,在我们的生本教育的语文实验中,我们排除了很多不必要的枝节,比如,尽可能不以词解词,不去局部地造句、分析文章,等等,来保证学生能大量阅读,就是为了使之在阅读中获得感悟。如果从素质教育的角度讲,只有采用这种渗透式的教学,其效果才能深入素质的层次,也才能培养和发展人的素质。

此种见解古已有之。陶渊明在《五柳先生传》中写道:"先生不知何许人也,亦不详其姓字;宅边有五柳树,因以为号焉。闲静少言,不慕荣利。好读书,不求甚解;每有会意,便欣然忘食。"其中,"好读书,不求甚解;每有会意,便欣然忘食"十分值得注意。前句说了这样的意思:读书不要只注重细节,有时囫囵吞枣式地、较为粗放地多读几篇,反可把握大观。后句则强调了会意——

感悟的重要性：一有感悟，高兴得像周公发现人才一样，吐哺握发，忘记了吃饭沐浴。这种欣然与亚里士多德的"人的最高享受是在理念深处得到的"的判断何其相像尔。

感悟是人的精神生命拓展的工作间。人形成思想，要通过感悟。它是主体对外部知识、信息的深层次的内化。感悟犹如人体吸收的食物最终转化成奔流在自己血液之中的物质一样——只有后者才是主体自身的东西。不通过感悟，外界的东西对主体来说始终是没有意义的；而逐步深入的感悟，则可以使被感悟物——一本书、一篇文章、一个观点或一个事物消化成为主体的思想、精神的一部分。大概是几十年前，有过这样的小事情：一个小孩子在吃饭的时候发筷子，先把筷子在桌上顿一顿，然后选出同样长短的一双筷子才发出。这在小孩是一个平常的发现或者平常的做法，但在他的作为数学教师的祖父看来，却大有深意。老人在教两条线段长短比较的时候，举了小孙子顿筷子的例子，在教通分的时候，又举了这个例子。在祖父看来，这样顿一顿，就把原来筷子两头的两个矛盾面转化为一个矛盾面，因而它反映了一种思想方法。比如，不同分母的分数比较大小这个问题，涉及两个分数，分子不同，分母也不同，难以比较。于是，人们便把不同的分母化为同分母，这就像把筷子的一头顿齐一样，然后，要比较的就只有分子了，问题就简化了。又如，在解析几何里，有两个变量 X 和 Y，我们把 X 和 Y 分别都与 t 建立联系，或者想办法把 Y 用 X 来表示，两个变量就变成了一个变量。我们把一个一元二次方程变成标准形式，也就把形式矛盾与数字矛盾这两个矛盾转化为单纯的数字矛盾，事情就简化了。这些都同顿筷子的哲学是相通的。也就是说，一件事情的感悟，可以形成观察事物的观点；而正确的观点，在我们的生活和学习中会起到多么强有力的作用。①

---

① 请参阅本书"论科学观念教育在学科教育中的地位"一章。

◇教育走向生本

古人云：读书非务博，由博而返约。人的感悟可以驾驭众多的事物，反过来感悟又可以把众多的事物转变成一点点精髓式的认识。这如同一位语文教育研究专家提出的，感悟是"举三反一"；也如数学家华罗庚先生所说，学习是由厚到薄，又由薄到厚。下面还是以数学为例。我们知道三角形两边之和大于第三边，我们甚至把它称为三角不等式，作为距离公理的一个组成部分，用它来定义距离。而我们如果感悟到，这不过是"两点之间线段最短"所隐含的一个结论，不过是两点之间的各种各样的折线、曲线比线段长的特例而已，我们就立刻从繁重变为轻松。原来如此！

我们感悟的结果，变成了最简单的东西，或者说是附着在最简单的东西上，简单到儿童都知道——严格地说，是连动物如狗都知道。把食物放在小狗的前面不远处，小狗箭也似的飞奔过去，跑的决然是一条直线。然而，当如此"简单"的东西成为我们感悟的形态的时候，它的内涵就丰富了。也就是说，尽管我们表述得十分简单和寻常，但是所揭示的东西却有沉甸甸的分量。禅宗六祖把对人生的感悟附着于十分简单的"菩提本无树，明镜亦非台。本来无一物，何处惹尘埃"的表述，却深入到了许多善男信女的生活之中。你感悟得越深刻，这种附着的可能面就越宽，灵活性就越大，于是我们可以把深刻的道理附着在浅显的事物上——这就是深入浅出。

从另一个角度讲，感悟有不同的层次，对同一个事物的认识，可以被赋予不同的感悟水平。马克·吐温对他叔叔的认识就是这样。当马克·吐温十四岁的时候，他认为叔叔十分平常，然而，过了七年，马克·吐温从外国求学回来，却感到叔叔的学问大有长进。他说："这老家伙在这七年中学到了不少东西。"实际上不是叔叔提高了，而是马克·吐温进步了，他能感悟到叔叔的学识和长处了。就此而言，我们毕生都是在对基础知识进行感悟。基础知识就像上例中的"叔叔"。我们不断地提高感悟水平，就使得基础知识在我们头脑中越来越发挥作用了。比如守恒。我们知道了物质不灭定律，知道了能量守恒，我们感悟到，在我们可以认识到的一个个体系中，总有它的守恒现象。我们姑且称为"大守恒律"。在一支优秀的篮球队中，身材最矮的那个往往技术最好，原因是如果技术不好，身材又矮，就肯定上不了场。也就是身材与技术的"乘积"，大体是守恒的。尼克松当年遇到水门事件，想必比一般人要更苦恼一些，因为人的苦乐也是守恒的，大自然为之准备了欢乐的巅峰，也同时就准备了悲哀的深谷。如果我们有了这样的局部守恒的认识，来看一个运动（体系），就会认识到它的运动规律的存在。科学的任务就是发现各个领域的守恒。如同丹皮尔在《科学史》中所说："经院哲学的代表人采取了解释者的态度……也使得西欧聪明才智之士产生了一种即使是不自觉的也是十分可贵的信心，即相信自然界是有规律的和一致的，没有这种信心，也就没有人去进行科学研究了。""他们本着自然是一致的和可以了解的信念，开始进行观察，用归纳的方法形成假设以便解释他们的观察结果，然后又用逻辑的推理演绎出结论。再用实验去加以检验。"[①] 其实，我们的学习者与研究者是一样的，感悟使他们产生的，除了相应的智慧之外，还有信心。这样，我们面对一个实际问题、做一道题目、写一篇文章，都会由于对变化中的守恒或守恒中的变化的信念和美的预期，而文思绵绵。

感悟既然是头脑中对事物的重新组合、选择和建构，它其实就是创新。感悟是人对自身的挑战，它总是在人的认识的前沿发生。感悟除了有完成的形态之外，还有相当多的处在连自己都还不能描述清楚的那样的"愤悱状态"。在不断对自己的认识的挑战中，人发展了自己的思想。犹如人吃很辣很辣的东西，吃被称为"果中之王"的气味特殊的榴莲，吃臭豆腐，其实都是人向着味道的边缘和

[①] [英]丹皮尔著，李珩译：《科学史》，商务印书馆香港分馆1978年版，第159页。

自己可接受的气味极限进行开拓的结果。人最初接触这些东西，想必都十分难受，但人有这样的天性，喜欢"于无声处听惊雷"，或者说，喜欢"无限风光在险峰"。正是由于这样的挑战与开拓，才有了我们今天的丰富食谱。自然科学挑战未知的前沿，文学努力去拓广真善美的疆界，社会科学努力研讨世间的缺憾，一切都说明感悟就是挑战和创新。

感悟可以是不自觉地获得，也可以是自觉地努力而为之的。我们只要对周围事物留意，就会产生许多感悟。比如，感悟到粤人都是自北迁南，来得越早，就越是居住在平原滨海，来得越迟，就越是居住在山区，这样我们就可以从居住地的"山"的程度，来看该地方言与普通话的相关程度；又比如，几乎每个城市，或是城市中每个市镇，都是东南部比西北部发达，有人夸张说，甚至一杯水也是东南边的半杯要浓一些，这些现象尚待解释；等等。感悟到土耳其和土库曼就是当年的突厥，乌兹别克就是当年的月氏，匈牙利就是当年的匈奴，牛魔王的夫人罗刹女（铁扇公主）是俄罗斯人，而俄罗斯人称中国人为"契达依"，原来是误以为我们就是当年中国北方的"契丹"。感悟到"甜"、"酸"、"苦"、"辣"、"咸"的发音，其第一个音素都与感知这些味道的舌头部位有关：甜——舌尖，酸——舌的两侧，苦——舌后部，辣——舌尖，咸——舌面。我们甚至可以想象到古人第一次尝到这种味道时失声而喊的情景，并由此产生应当建立"语音发生学"的联想。感悟会自己生产知识，开拓带来新的开拓。总之，我们说要进行创新式的教育，其实就是要促使学生感悟，形成所谓真正的学习。

感悟支配着学生的后继学习。感悟是所学的或所要遵守的规则赖以拥有生命力的基础或温床。感悟的东西是难以遗忘的。感悟的程度高，学习的效率就高，学习的把握就大。把感悟与训练结合起来，是事半功倍的做法。与训练相比，感悟具有无形的特征，因而学校管理体系无法直接了解感悟的存在；相反，训练是确凿的、有形的，学校管理体系和教师、家长很容易了解训练的状况，因之评价容易倾向于训练而忽视感悟。这种取向恰好与提高人的素质以及提高人的学习效率、学业成绩的正确方向相左。生本教育体系强调感悟学习。如前所述，数学教育家陈仲穆先生提出"淡化形式，注重实质"的教学主张，而数学家江泽涵先生更提出学习要"得意忘形"的见解，都是很有启发的。

我们这个时代是需要思想的时代。思想家可以引导我们思想，但不能代替我们的思想，思想的财富只有通过我们自己的思想才能享有。我们需要形成深刻的思想，去牵引我们的事业和我们自己前进。淡化形式、注重实质、鼓励感悟，是最优化的学习之道，也是我们不断形成自己的、使之与众不同、享受我们自己的存在的那样一种行动方式。这也是生本教育的深层意义之一。

感悟学习本身就伴随着兴奋感。如果学习者了解了事物的有意义的联系，理解了它的实质，弄清了事物的真相，就会有一种愉快的体验。我们看到，在我们的实验班里，当学生逐步加强感悟的时候，课堂上的外部刺激如发奖品、记好分数等，就越来越稀少了；当感悟变成学生学习的主流之时，那些刺激办法就俗不可耐了。反之，学生产生的感悟，成为他们进行更广泛的高级学习的重要动力。这就是为什么实验班的儿童越是走向新的学习层次，从游戏到活动，从一般性的动作性的活动到思考性的活动，从简单活动到复杂活动的时候，他们的积极性得以保持甚至形成新的跳跃。在我们的实验班，当学生进行了大量阅读之后，他们的思想丰富了，表述的愿望强烈了，他们大量的口头创作、笔写的和用电脑写的文章就是明证。更令人兴奋的是，当学生有所感悟的时候，许多原来要教的东西，如标点、篇章结构等就可以少教或不教了。生本教育强调感悟，而感悟又推动了生本教育。

读和做，缓说破——促进感悟，开发潜能

我们在上一小节说到了有关感悟的若干问题。我们理会到，感悟只能由学生自己获得，精神生命的拓展别人无法取代。由此，有利于学生的感悟和依靠学生的感悟成为生本教育的显著特征。要使得学生获得更多的更有质量的感悟的一个条件，就是我们不要代替他们感悟，而要为他们的感悟创造条件。这同我们在师本条件下的教师知无不言、言无不尽的，毫不含蓄、一览无余的教学又是矛盾的。我们很难舍弃原来的这种做法，因为我们不放心：感悟对我们的基础知识的获得，对于道德修养的提高，是不是远水救不了近火？即使我们愿意这样做，也不知道要如何做才能促使学生感悟。这一节，我们就来探讨这两个问题。

首先，我们来研究感悟对基础知识学习与德行提高的关系。我们认为，感悟是原文、原理、原德，同时是我们沟通的基础。

我们为什么能为文？一般说来是"有感而发"。一篇文章，可能只是描述了一种感悟。比如，《石钟山记》写的是苏轼的一次考察。他对郦道元和李渤关于石钟山的结论产生了怀疑，通过考察，他得到了对于石钟山名字的由来，有人言之简，有人言之陋，而要得到真知，就要"目见闻"的这样的感悟。写文的时候，他头脑中出现了这种感悟，然后用事实和过程把它铺陈出来。所以，感悟是为文的灵魂，是为文的根本，是为文的原生态。脑海里闪现了一种感悟——只那么一丁点儿大，但铺陈起来就可以是一篇好文章。在这里，感悟大抵与灵感相通。然而，灵感要难得一些，而我们所说的感悟，却可以比较大量地获得——只要我们给儿童感悟的机会，使之发展感悟，从而提高人的"悟性"。

然而，就像地平线你越向它走去它离你越远一样，你越想直接教给儿童以感悟，他们就越没有自己的感悟。我们的"种瓜得瓜，

种豆得豆"式的或"染之苍则苍,染之黄则黄"式的教育逻辑,实在是失之机械。我们以为,学生做了写景的训练,他就会写景。殊不知,他面临其景,结合他自己的人生体验,所产生的情怀梦想,却往往是所有的既成词语章句所难以确当地描述的。比如,面对东边日出西边雨,一位准失恋者,刘郎,产生的却是"道是无晴(情)却有晴(情)"的感慨。各种语言中动词之所以特别丰富,并且它们在不同的语境中产生不同的语感,就是因为人类这种感悟的丰富性。福楼拜说过,在某种情形下写到某个意思的时候,一定要找到某个字,也一定有这个字,而不能满足于用其他字来代替。对于儿童千姿百态的思维与情感,我们寄托在人为的、师本的虚体设计出来的所谓作文基础训练,企图覆盖之,那是徒劳。这些训练虽然众多,但比起人所遇到的情景与心境的无限复杂的交织来说,不过是九牛一毛。那么,如何办呢?办法就是把师本教育方式转变为生本教育方式,把作文说教转变为让儿童大量阅读、积极活动,发展思维,形成感悟或者是感悟基、感悟态、感悟源,形成感悟的积极的心向。所以,在这个意义上说,感悟乃是"原文",文之原。

同样,感悟又是"原理"。一个数学的、物理的思考是怎样产生的?不要说一个新的领域新的发现,仅就在做一道题的时候,他的思维是怎样的?数学家迪厄多内说:"富有创造性的科学家与众不同的地方,在于他们对所研究的对象有活生生的构想和深刻的了解。"这些构想与了解结合起来,就是所谓直觉或感悟。解决一个数学问题,首先不是逻辑,而是对这个问题的某种感悟。比如,我们要作某一条辅助线,可能需要产生某个感悟——比如,这里最好有个三角形来同某个三角形建立联系,作了辅助线后,似乎就能找到这个三角形,等等。另一方面,个体的数学空间是因人而异的、特定的。我们把一个人已经具有的数学空间,称为现实的数学空间,而把他可能具有的数学空间,称为数学的可能性空间。不难理解,对普通教育来说,学生所学的数学,应是与大多数人有关的数

◇教育走向生本

学现实材料,也就是在实际中能够应用的数学。然而,人们往往把数学的可能性空间看得太小了。事实上,可能的数学现实空间比我们想象的大得多,问题是我们没有使学生对所学的数学知识有所领悟或感悟。以函数为例。我们想到的函数就是课本上的那种不知来龙也不知去脉的一次函数、二次函数、正弦函数等等。我们可以教会或学会这些函数,但始终无法对为什么研究函数有所领悟。其实,只要你去钓鱼,立即就要建立函数,这就是:你的浮标沉浮的状态反映了鱼吃不吃饵的状态,前者是后者的函数。前者是容易判断的,后者是难以判断的。建立了前者和后者的确定的联系——浮标沉意味着鱼吃饵,浮标浮意味着鱼没有吃饵。这样就可以用前者描述后者、反映后者。于是,我们对函数得到了一种领悟:函数是用一种较易刻画的状态去描述较难刻画的状态的工具。我们从这样的领悟开始,就体会到了原来刻度尺的读数也是人的身高的函数,说人的身高难以描述清楚,所以我们使用了刻度尺的读数,进而,我们体会到了所有的对事物的量化,都是建立函数。体检的时候,对肝进行的若干个检查参数,也是肝的函数。于是,随着感悟的出现,我们周围的函数的空间大大地扩充了。数学之为用,也就更大了。

感悟又是"原德"。道德教育需要依靠人的感悟。在我们的生本教育实验中,儿童提早阅读,实际上也就有通过他们的阅读产生感悟,得到自我提升的意义。在我们的语文课本中,有一首赞美书的诗说:

多么质朴无华的车骑!
可是它却装载了,
人类灵魂中全部的美丽!

我们鼓励孩子们在生活中,在读书中去感悟人间的美丽,成为他们的德行的基础和内核。非常可喜的是,在他们的阅读报告和写作中,反映了他们稚嫩的但是美好的感悟,表现了他们对事物的思考、对人的关心和对生活的热爱,例如:

相亲相爱的狗一家
江门市外海中心小学一(2)班　车昱力

有一天,我去农村玩,在一棵大树下看到四条狗,一条是狗爸爸,一条是狗妈妈,还有它们的孩子——两条小狗。狗妈妈依偎着狗爸爸,躺在树荫下乘凉,两条小狗在旁边嬉戏。

有时,我看到有的人家中经常吵闹,甚至父母互不相让,你打我,我打你,连他们的小孩在一旁大哭也不理。我不明白:小狗一家尚且那么相亲相爱,为什么他们却不行呢?

妈妈生病了
深圳市南头小学一(3)班　袁　博

这两天妈妈没有带我上学,是因为妈妈生病了。我听妈妈说,是结石,妈妈还说是肾上面长了一个小石头,妈妈很痛苦,没有了往日的笑容。我就很担心妈妈的身体,在学校午休的时候我睡不着觉,一直在想妈妈,我想起了妈妈带我坐22路车到蛇口去,吃麦当劳,我还想起那次妈妈背我去医院,我紧紧搂住妈妈的脖子,我对她说:"妈妈,我现在背不动你,等我长大了,也背你,好吗?"我希望妈妈能够尽快康复。妈妈你还好吗?我爱你。

春　雨
江门市外海中心小学二(2)班　李楚君

"沙沙沙","沙沙沙",春雨下起来了。过了一会儿,雨停了。草地上的草被雨水洗得绿茵茵的,像一个绿色的海洋。挂在草上的露珠,好像草长出了珍珠。树木被雨水淋得更加鲜嫩。五颜六色的花朵显得更鲜艳。"扑通",一颗小水珠滑到我的头上。那小水珠又冰凉又透亮。这时,春雨告诉我们,春天来了。

在生本教育中很少限制,很少说教,就只是引导他们观察、活动、阅读、思考,儿童们从中自己感悟了,这就成为他们头脑中最稳定的精神财富。当然,这一过程同时也保证了他们的学习兴趣和自主精神。很显然,这样产生的感悟,会滋养他们的心田,成为他们道德认知和道德判断的坚实基础。因此,感悟又是"原德"。

实际上,感悟又是人与人交往、交流的实质基础。作为人文精神,我们固然可以用某种理性的表述去交流,但是,所有这些表述都会因为双方的理解、使用习惯等差异而失真,因而人文大师总是用隐喻的方式来传递他所想表述的精神。人文大师本身也总是隐喻大师、"机锋语"大师。举例来说,任何一个人文概念的表述,都可以有不同的诠释版本。比如,关于"素质教育",几乎每一本书所说都是有差异的。这种差异可能是表述习惯造成的,也可能是价值观造成的。尽管如此,我们大家对"素质教育"仍然是有自己心头的感悟的,而这种感悟,在每个人心里可能又是共同的,于是,尽管表述出来,十个人十个版本,但我们仍然可以沟通。这就是感悟的神奇之处。我们看到争论的双方各执一词,然而争论常常是价值观不同而引起的,实际上发生了什么问题,双方心里其实都很明白。因此感悟水平高的人,它可以更好地认识事情的真相,从而为最后的沟通或者表达准备了良好的条件。总之,我们需要使学生成为通达的人,就不要忽视培养他们的感悟能力。

那么,如何才能使我们的教育教学利于感悟呢?我们从德波诺的一个说法——"注意滑过"说起。他说,当我们驱车从A到B的时候,常常是因为车速过快,而始终忽视了路旁还有一个C点,

C点那里还有一条很好的路。由A到B的路越顺畅，忽视C的可能性就越大。我们过去的教学，可以说就是由教师或教材编写者铺设得十分顺畅，我们设置了小步子的、面面俱到的教材，不想有什么地方为难学生，最好是他们一学就会，一蹴而就。我们培养学生条列式的思维，而不是培养辐射式的思维，因为他们不需要他们有什么创造性，只需要他们依照考纲考得好。显然，要使学生注意感悟，以形成他们自己的思想，就要防止过去的浮滑的教学。沿用德波诺所说，也就是要使得从A到B走得没有那么顺畅，使人们不能不注意到路旁的C——感悟。这就酿造了我们的方法论：读和做，缓说破。通过这种方法去促进儿童的感悟。

比如，在我们的数学教学中，法则总是儿童自己寻找的结果，不是直接告诉的结果。即使是儿童自己寻找，我们也要尽量避免形式暗示使之放松感悟。例如乘法法则。我们有的教材，也注意了让学生自己去建立，但总是这样做：先解决3乘几，然后4乘几……在3乘几的时候，是3乘2，再3乘3，再3乘4，这样一来，还是小步子前进，学生在做了一两个尝试以后，就不用思考了，就可以依样画葫芦了。我们在生本教育的实验教材中，就针对这个弊病，把建立法则放在第二位，形成感悟放在第一位。我们让学生分成小组，各自去研究某个数的乘法，不急于把整个乘法口诀表建立起来。这样，学生集中注意乘法的意义和记住口诀的必要性，知道了口诀既必要又来之不易。为了加强感悟的效果，我们还让学生在对口诀略知一二的时候，就投入乘法游戏，使他们感到困难，最后才在渴望之中寻找和记诵口诀——所有的科学都是因为克服困难而产生和发展的，这样他们对乘法法则的学习，就不是简单掌握背诵口诀，而是体验了口诀和感悟了口诀，它的好处，在我们这两节书里已经说过了。同样地，我们尽量减少写作说教，使学生直接阅读感悟，也是依据了同样的方法论。

◇教育走向生本

关于两极分化

一个很严峻的问题是，生本教育体系会产生两极分化吗？对于这个问题，东方英文书院的老师们有所思考。这所学校实验班的70名学生中，在开始用实验教材的时候，一个突出的问题就是两极分离：好的学生一下子就认完了要认的字，而差的学生却只认到60%，或者更少一些。老师十分担忧。然而一年以后，情况却起了很大的变化，两个实验班的学生中，有90%以上掌握了要求认识的2 300个生字的90%以上，绝大多数学生喜爱阅读，阅读量相当大。仅在二年级上学期，学生就学完和阅读完200多篇文章，差生几乎没有了，学生学习热情一浪高过一浪。

其他学校也出现了这种情况。例如，在另一所学校，在只进行了语文实验而没有进行数学实验的二年级，有个数学才考了十多分的孩子，在语文课上同样表现了极大的阅读和写作的积极性，而且读得越来越好了。在华阳小学，在大量认字和大量阅读的过程中，的确也有一些学生表现出认字缓慢，或读得不那么流畅。但一年之后的整体形态是，绝大部分学生认2 300字都不成问题了，而只有阅读多少的问题，他们都远远超出了平行班学生的阅读量；并且，就写作而言，在一次看图写话中，全班40人中有20多人写出了400多字的文章，班里学生最少也写了100多字，超出了大纲规定的50字。下面，是华阳小学二年级实验班一位可能被认为是差生的同学写的《得奖》。从中我们看到了他的写作的能力，也看到了生本教育是怎样保护了学生的积极性的。

今天，老师说要发奖品，奖励那些学习有进步的同学。开始的时候，我心里灰溜溜的，还咚咚地跳个不停，心想，可能没有我的份，但眼睛却直勾勾地盯着那些奖品，不安的心情别说多难受。

突然,老师叫到了我的名字。当时呀,我还以为是听错了,听清楚后,我从座位一跃而起,昂首挺胸地直奔领奖台,喜滋滋的心情别说多高兴。

下午放学,我高高兴兴地回家,把这个喜讯告诉了爸爸和妈妈。做作业的时候,我浑身充满了劲,心里想呀,我要再加把劲,做个好学生,用最好的成绩来回报老师。

南海区桂城中心小学在一次向家长汇报生本教育成果的会上,由二年级学生的家长选取四年级课本中一篇约五百字的文章,再由每名家长检查一名小学生(非自己的子女)的朗读情况,据两个班全体一百多名学生统计,正确率都达到98.5%以上。实验学校深圳市龙岗区龙城小学、深圳市福田区福南小学和江门市外海中心小学等在克服两极分化、促进学生自主学习等方面都取得了成功的经验。

按说,学生自主学习减少了教师的调适作用,学生的差异将会更突出,而实践的回答却并非这样。这种情况颇费思量。

之所以如此,原因之一是,我们把学生的必学部分严格控制在第一层次,而且对这样的基本要求贯彻"下要保底,上不封顶"的原则,加上对完成时间不作硬性规定,这样的要求不致过高,又留有充分的余地,祛除了学生的抵触心理,保持了他们旺盛的学习热情。并且,我们有大量的机会,可以让原来意义上的差生得到表现自己的机会。例如,我们可以要求学生读一段自己最喜欢的一句话或一段话,这样,即使是"差生",也有机会表现自己。反之,如果是师本的做法,必学部分除了是知识的第一层次,还有第二、第三层次,保底的要求很高,成功的可能性就不大了。加上计划严密,要求是硬性的,学习稍有闪失,就难以过关。而且密集的考试分数把失误暴露无遗,差距一旦出现,就有可能被反复强化。这样,后进就形成了、固定了,学生的学习热情被扼杀了。这就造成了真正的两极分化。

两极分化问题,是一种整体形态或整体动态的问题。初看起来,学生自主的学习活动如游戏,是无序的、随机的,或者是受先天因素支配的。但如同布朗运动,每个微粒的运动似乎无序,整体表现却是有序的,这有如杂乱无章的微粒运动的总体速度,表现为整体相对稳恒的温度一样。学生自主学习,实际上进入了一个自动调节的时期和领域,这样,他们之间的差别可能会有因教师的组织和指导的差异带来的不同,但会趋近于非人为的原始状态的差别——先天差别。虽然人的先天差别是存在的,但并不像人们所说的差距那么大。如同恩格斯所说的,人与人的智力差别,比起家犬与猎犬的差别来说要小得多。这种趋同是由人类50万年发展的长期性和丰富性的共同特征所决定的,它就像一个硬币的正反两面的出现概率在大量投掷的情况下会趋于50%一样。辛弃疾词云"使李将军遇高皇帝,万户侯何足道哉",李广之不能封侯,不是因为他的能力欠缺,而是在于他缺少具体的机遇。成败不能论英雄,是因为就众英雄的本体而言,其实相去不远。我们过去会把人与人的先天差距扩大化,是因为缺少自然发展的空间,而只是在他律空间中去考察人。而学生的自主学习、学生小组的互动学习,会使他们在发挥自己的同时也缩小人与人的差距。其中最重要的是,在这种体系之下,人与人,比如说是"优生"与"差生",尽管所学的知识可能差别很大,但他们却都有一个共同点:热爱科学,热爱学校,积极求知,勇于探索。这种共同性将会制约两极分化,或者说,在本质上否定了两极分化,至少不会出现差的越差的情况(这是两极分化的本质),而形成以不同起点、不同方式、不同速度共同发展的局面。比如,在某校的一个实验班,老师报告说,好的学生上得更快了,而阅读能力较差的几个学生,其阅读热情丝毫不比别人差,因为在老师给他们准备的空间里,他们可以根据自己的需求来学习。生本教育的本质，就是保护每个人的内在积极性。这样，就保护了许多原来可能会被奚落为差生的学生，为他们"大器晚成"保存了信心和勇气，并争取了宝贵的时间。"留得青山在，不怕没柴烧。"

抓住第一层次的知识，自主发展第二层次的知识的策略，还给我们带来了一点思考："不一定要今天的功课今天做"。对于学生一时赶不过来的学习内容，我们可以待以时日。比如，我们要求一般学生认800个字，有的学生只认了500个字。这时候，从学习分量上，我们必须坚持，这是因为认字是第一层次的工具性知识；在完成的时间上则可以松动，他们什么时候认识了90%的字，都可以算做"优"。过去我们常说"今天的事情今天做"，实际上并不是一句完美的口号，它其实蕴含了一个前提，就是存在每天的细密的具体事情的计划。学习有一定的计划固然是好的，但计划过细和过于固定，就会产生问题。一般来说，学习是指向未知事物，我们事先的计划怎能预测到学习中发生何种情况呢？学习是每个人的个性的行为，我们怎能有一个整齐划一的时间表来限制不同的人呢？学习是与情感密切联系的事情，我们怎能事先知道在学习前和学习中，情感会发生什么变化呢？这样，具体的过细的涉及一天天的计划的可行性就值得怀疑了。然而，依据师本教育体系的设计恰好就是这样的。于是，我们遇到了一对矛盾——依照师本的虚体设计的、分析的方式去行事，还是依照生本的实体的、综合的、特别重视情感的那样一种方式去行事。克莱恩认为，"一般人努力完成工作，却很少成功，成功的人则喜欢自己所做的事，并且视它为一种游戏。""'今日的事今日毕'，现在这句话完全没有道理，因为大部分你计划要做的事，现在就可以做。这一古老的格言常使我们对未完成的工作产生负罪感。"他说，如果拒绝做第二天再做也无妨的事，可以完成更多的事，因为许多被滞后的事，最后干脆放弃。这样一来，我们所做的事都是自己喜欢做的，这样就会形成爱工作的习惯。

在这里，克莱恩所说的，实际上是强调了保持儿童的学习兴趣的决定性意义。而我们的生本教育体系，正是对这一因素视同生命。我们在计划性上面的让步，或者给学生更多的自主性，实际上是为了他们可以在更多的情况下，选择自己做自己最喜欢做的事情。这样，"差生"不差，而"好生"也就有了广阔的发展余地。还记得我们说过的梅州市宪梓中学谢锦新老师的学生，赞誉他的教学改革是"差生的救世主"吗？现在我们可以理解了。

六、生本教育的评价与管理

评价技术与评价策略

教育需要评价。评价至少有两个功能：一是了解学生的学习情况，二是督促和鞭策学生学习。师本教育特别崇尚评价，认为评价是最重要的激励机制。我们认为，当评价与一定的功利目的联系在一起的时候，评价的督促功能就会成为第一功能，如高考。我们当然不能完全否定评价作为督促功能的作用。因为如果没有高考，我们的教育秩序会发生某种混乱，这是不待言的。现在我们面临的问题是，对于学生的激励能仅仅依靠评价吗？评价作为日常生活教育教学的主要激励机制，是合理的吗？还有别的激励机制吗？日常的教育评价应当如何进行？等等。

上面的问题，首先是评价的功能问题。我们在师本教育中所强调的督促功能，是以把学生的学习情况向本人、向家长和向班级或向外界公布为前提的，不公布就不能产生压力而起到督促作用。然而，如上所说，人最重要的活动就是思维，肯定人的思维或否定人的思维，都相当于肯定人或否定人。我们不轻易对人的思维作出评价，为的是对人的这一特质表示尊重。人的学习，是人倚仗思维能力的一种活动。但学习的效果及其评价有着复杂的因素。许多人并不喜欢向外披露自己的思维能力的详情，也就不喜欢宣布自己的阶段学习情况。比如，如果在学校要进行一次教师考试，已经准备了三个月，但问起某人复习的情况时，常常听到的是，表示自己只复习了一点点，复习的时间不长，等等。这样的回答比较主动，考好了，复习得那么少，都能考好；考得不好，是因为复习得少。这样的巧妙谦虚，其实在保护自己思维方面的形象。由此可见，学习的情况在某种意义上是人的隐私。以无节制地宣传儿童的学习隐私作为督促的手段，不符合现代教育伦理。在这一点上，教会的神父似乎比我们更在意一点，他总是注意保守前来忏悔的信徒的秘密。我到过国外一所学校，校长在被问及学生的情况的时候，特地关照要关起门来谈。她说，对学生的评论要特别小心，要保护我们的学生。这样的见解，是不是值得我们借鉴呢？

评价变成督促的同义语，带来了两个问题。

第一个问题是，评价形式被督促的功利目标所规定。为了使得评价的督促功能越来越强有力，评价变得越来越密集，犹如养鸡场的老板，成天想着称鸡，而不是喂鸡那样。试想想，小鸡不断被抓来称，整天叽叽喳喳的，怎么能健康地成长呢？同时，为了使评价更有刺激作用，评价必须变得更为明快。于是，知识评价转化为单一的分析性书面题型评价，它导致在教学中知识的丰富内涵和生动多姿的形态被定格成线性化的东西，知识的形态和本质被改变了。

教学评价的这种分析化和过度量化来源于对科学性的误解。这也是我们在上面提到的科学化的异化的一个表现——忽视了混沌是事物的本来状态，而认为事物就应当是清晰地被认识的。人们把对事物的认识就看成是事物本身，把理想状态的事物模型看成就是事物。诚然，作为科学研究，这种定格的研究是必要的。但是，作为对人的行为从而也是对人的评价，这种过分的分析性（我们曾认为它就是科学的，从而也是过分的"科学性"）反而是不科学的。这一点应当引起我们的注意。

第二个问题是，激励机制的外延被大大缩小。人们误以为评价是激励的唯一机制。我们看到，在小学教学中，激励的方法仅仅是无休无止的表扬和批评。人们忘记了，在这之外，还有一种更为重要的、更为强有力的激励机制，就是给儿童以创造的环境。在这样的环境中，人的自我实现的力量同科学和艺术美的力量形成合力，推动着人的提升。如果说无休无止的表扬与批评会使学生麻木，那么创造的氛围和环境会使人永远向上。生本教育体系就是促使学生奋发向上的情境。

在这里，我们想讨论"日常的教育教学评价"。这是因为，对高考一类的具有社会功利目的的评价，因素十分复杂，此处难以进行讨论。那么，应当如何进行日常的教育教学评价呢？

评价应当有利于学生的主动发展。生本教育体系的评价带有很强的学术性而不是功利性；当儿童或教师感到他们的学习活动（那是非常有趣的）需要对学习的效果作出评价的时候，才进行评价，也就是说，评价附着于学生的主动发展的活动之中。这样，评价的直接的功能，就是获得学生发展的教学教育状况的信息，以作为学习主体和教育者的参考。比如，在昌乐小学的一个小组中，组长让同学互相检查认字的情况。对错得最多的字作出记号，然后由同学们讨论记忆这些难字的办法。在此，评价成为他们学习的必要环节。生本教育的评价应当配合"小立课程，大作功夫"的课程改革，注意评价那些对人的发展最重要的因素，如学习态度、对第一层次知识的掌握、基本的技能和能力等。深圳市福田区福南小学的评价别开生面。比如，在他们的识字课上，让学生自己朗读、录音，读对了，就算过关了。考学生的阅读，采取给学生一篇有一定数量生字的文章，让学生在一两周内读它，考查时就读这篇文章，并请学生回答："你在读的时候遇到哪些问题？""你是怎样解决的？"他们的这种考试，十分便于操作，又充分体现了生本精神。

由于生本教育的评价是与实体活动紧密联系的，它不仅有分析性的，更要注重综合性的评价，它摆脱了单纯为督促而评价的目的论，可以在评价方法上，不完全局限于硬性的书面评价，而更承认氛围性评价、自我评价等软评价的作用。在这样的评价体制下，评价结果留有相当大的调节空间，使儿童可以自主调节。这样评价就会成为儿童自己的需要。评价不仅起到了督促作用,更起到了激励作用。这是因为,评价与儿童的实体活动紧密联系,教育者对他的良好评价是儿童自己也感受到的、理解的。这时,就会发生内外评价一致的共振现象。我们知道,在鲁迅先生的《社戏》中,有这样一个情节:迅哥儿和小伙伴在夜里偷吃了六一公公地里的罗汉豆,第二天,他在桥上看到六一公公撑船经过,六一公公问他:

"豆可中吃呢?"

我点一点头,说道:"很好。"不料六一公公竟非常感激起来,将大拇指一翘,得意地说道:"这真是大市镇里出来的读过书的人才识货!"

……待到母亲叫我回去吃晚饭的时候,桌上便有一大碗煮熟了的罗汉豆,就是六一公公送给母亲和我吃的。听说他还对母亲极口夸奖我,说"小小年纪便有见识,将来一定要中状元"。

这个故事描述了这种内外评价(六一公公自己和迅哥儿对罗汉豆的评价)一致的时候,在主体(六一公公)的心里造成的巨大波澜。

在学习中,还有什么比学生自己所认识到了的自身的行为与成就的美被周围世界所认同,更令他们感到欣慰的呢?

新 错 误 观

生本教育构成了一种全新的格局。儿童获得的东西,有许多是在他们自己的探索之下获得的。这种探索需要一个过程,当然也会犯不少错误。正是在克服错误的过程中,儿童获得真知,获得最可宝贵的知识和技能。与师本教育中学生的认识一次性完成的特征相比，生本教育的学生认识需要多次或长期来复式提高才能完成。这就要建立起在这种格局下的错误观。也许我们得怀疑"不做就不做，要做就要做得完美"这一谚语。

儿童的认识没有必要一开头就是完美的。比如，一个词"灰溜溜"，教师可能急于要让儿童一次性地完全知道它是什么意思，因此要求学生以词解词，回答什么是"灰溜溜"。据说有个三年级学生只好问他的当作家的爸爸，爸爸也感到难以回答，只好对儿子说，像我现在回答不出来的样子就是灰溜溜啦。其实，对于这样的知识，我们完全可以让学生逐步地感悟。在这一过程中，他可能会出错，但他同时也不会把自己的东西就看作是正确的，他会尝试性地、试探地使用它，观察使用后的效应。如果没有什么问题发生，他就会把它固定下来，给予肯定。外语的口语也是这样，大胆实践，说了一些不规范的外语，没有什么大不了的。一个人的语言是在同外界交往的过程中发展的。如他感到自己说的话没有得到对方应有的反应，就会反躬自问在什么地方出了问题，就会检查出语法的或单词的错误，并得到真切的提高。反之，如果我们持师本的态度，非得什么都做得完美才做，我们就会在做得不那么完美的时候产生负罪感，就会放弃本来能做得很好的事。我们似乎应当接受这样一种建议，把这个谚语改为：值得做的事，做得差一点也没关系。这并不是说不应当做得完美，而是说允许有一段相当笨拙的学习过程，允许错误的出现。

除了上述的错误难免论，还应当说，在学生的学习过程中，发生并纠正了的错误有积极的意义。儿童的错误中常常包含着正确和灵气。比如，当江苏省特级教师马明老师讲《球的表面积》时，说了球是不可展开的曲面。有个学生回家后就做了一个底圆与球的半径一样，高等于球的大圆周长的圆柱的模型，把球从上底贴着圆柱滚下去。该学生认为，这样，球的每一点都与半圆柱的点吻合，这样，就"等于把球展开到这个半圆柱面上了，半圆柱的面积就是球的表面积"。他对老师说：我知道我的错了，但我不知道错在哪里。像这样的错，实在是"很高水平的错"。它提出的两个几何图形的点是不是一一对应的问题，如果是一一对应的话，它们的面积是否相同的问题，这些都是不易说清楚的。也就是说，它包含了一定的思想成果。我们常常碰到一些初中一年级的学生，在解方程时，在 $2x=10$ 和 $x=5$ 之间加上等号。我们过去总是因它是概念性的错误而难以原谅。但说起来，他们无非就是沿用小学时候做题求得数的格式而已，而且，我们似乎也可以从中看到它的积极方面：学生认识到了这两个方程中的某种联系，想用一种方式表示这种联系——它们有相同的解，加上等号就是他们选用的一种方式。善于在学生的错误或不完善中看到他们的积极因素，是教师的教学艺术，更是教师的一种科学认识。幼儿园的林老师问："小朋友，你们喜欢林老师吗？""喜欢。"24位小朋友中有23位回答说。只有一位没有说。"你不喜欢林老师吗？"老师问。这位小朋友答道："不，我不知道你说的喜欢是不是爱情的那一种。"在这里我们看到了什么呢？是看到他的调皮捣蛋、"人小鬼大"，还是看到他的进步呢？他把"喜欢"这个词的意义分化出来了，他的思想比以前丰富了。这也是一种进步。

有了新的在生本教育的格局下的"错误观"。我们就会变得更加宽容和有弹性，这将使儿童不会产生挫折感，学校变成没有失败的学校；而在兴趣盎然的儿童面前，错误也就会减少或者得到克服。

课堂组织形式的变化

有一次，我们在某学校召开关于学校环境的研讨会。第一天，研讨会采取单向报告的方式，研讨时发言者寥寥无几。第二天，研讨会改为圆桌方式进行，发言者十分热烈，到会的人说，我们今天简直是做了一个环境对人的活动的影响的实验。会议如此,课堂更是这样。如果课堂依旧是以前的"一言堂"方式,很难使学生在课堂上积极参与。实际上,课堂的组织形式需要改变,这并不是什么艰深的见解。但长期以来,我们没有多少人去思考它、实践它,原因是,对于师本的课堂,原来的组织形式就是最适合的。而当我们的教材、教学思想等诸方面都有了改变,建立了生本的体系,原来的课堂教学组织形式就变成了障碍,就会转变为小组方式的活动。我们的实验学校中,很自然地都采用了小组活动与讲授相结合的教学方式,而且成为正常的秩序。

虽然课堂教学组织形式发生的变化似乎是简单的课桌移动,但实际上这是一场真正意义上的教学改革。我们应美国卡内基教学基金会的邀请考察美国基础教育时,北京大学附中的张思明副校长被一位美国校长问及能否用一句话概括两国教育的差别。张副校长回答说:"桌子的摆放方式不同。"这样的回答虽然不无幽默,但确实也抓住了师本和生本的一种基本的表征。我们尽管不一定喜欢美国式的生本,然而我们肯定生本,并建立符合我们需要的生本教育。

在美国,我看到了两张时间表,其中一张是硅谷附近一所小学四、五年级一日时间表(见表5)。

表5 美国硅谷附近某小学四、五年级一日时间表

8:15	到校,预备
8:40	会议,"看谁捡到石头"(类似于击鼓传花)谁发言
9:10	讲话
9:30	数学(1),其他学生做别的功课
10:00	休息
10:20	数学(2)
11:00	数学(3)
11:30	数学(4)
12:05	午餐

续表

12：50	体育
13：30	作业
14：05	收拾
14：20	唱歌
14：45	放学

另外，我们参观了西雅图一所高中。这所学校最得意的特色有两个：贡献社区、毕业报告。学校的九年级主要是让学生实现从初中到高中的过渡。十年级开始，要进行社区服务，共60～100小时。十二年级一整年做世界性的研究，特别是亚太地区的研究。因为该城毗邻亚太地区。三月份提出研究报告，研究成果如果不能得到教师的肯定，就要重写。大学招生将要看他们的研究报告。欧文斯为了写自己的研究报告，特地去了尼泊尔一趟，研究通往珠穆朗玛峰的道路。学校十分鼓励独立思考。我们听了一堂写作课，即由学生讨论写作的一篇文章。一学期18周，写作9次。学生写的内容都是内心感受，非常有创意。

学校的学生自主管理也是很有特色的。学校组织了学生自治会，由学生选举产生。自治会做很多工作。每个学生都是重要的。任何学生有问题，甚至要向政府请款的问题，学生自治会都可以参与。例如，他们还组织给一些学生上如何带孩子的课，因为全校已经有八名女生生了孩子。学生还参加学校管理委员会。

数学课基础知识的学习，深度远远比不上中国，但学生的问题解决的学习做得十分出色。十一年级数学课留有这样的作业：（1）入大学的家庭经济预算；（2）通货膨胀的调查；（3）投标利益的设计。一个课题的研究要进行三个星期。有时要学生把结果用投影给大家讲解。我们看到九年级有一位女同学，设计了一个游戏：用若干个杯子放在一起，游戏者把小球反弹进杯子里；只要调节球的大小、投射的位置以及杯子的多少，都可以有一个预期的投中率。这就是一个从低年级（调查数据）到高年级（统计概率、函数与数学建模）都可以结合基础知识的游戏或游戏设计的综合活动。

历史课上讨论战争时期的配给制度。做法是先看录像再讨论。

表 6 是该校的时间表（每周修 6 种课）。

表 6　美国西雅图某高中一日时间表

周一：6 节课，每堂一小时
周二：上周一的第二、四种课，每堂 1 小时 45 分钟
周三至周五：上周一的第一、三、五、六种课，长课
上长课是为了进行学生较为自主的教学活动或学习活动。

透过这些安排和时间表，我们会看到生本教育使得教学组织形式发生多大的改变。事实上，这种改变还包括学分制、流动教室制度、行政班和学科班分流的制度。一个学生可以固定在一个行政班，但同时可以在不同的学科班。随着自己学习的程度的变化，可以到不同的学科班去学习。茂名市茂名一中黄家祥校长主持的语文教学实验，就为了使得学生能进行研究性的作文，在一周中，有三节课的时间进行课文学习，有一到两节课让学生自己去图书馆寻找资料，写研究性作文。这样，学生就有了自主学习、完成一定任务的时间。在他们对汉字进行研究的作文中，其中有个学生以《说牛》为题，写了三千多字的文章，既说了关于牛的人文传说，如印度的拜牛、马达加斯加人以牛为图腾、火牛阵等等，又说了牛的生物学、经济学方面的知识，写得十分生动有趣。

改变课堂组织形式的若干案例

深圳实验学校的 STS 综合科学教育实验课体现了课程组织的活动性原则。STS，是英文科学（science）、技术（technology）和社会（society）的缩写，按流行的说法，它的定义是"在人类经验范围内的科学的教学和学习"，其主要的观点是"强调从问题出发进行学习，强调带有一个价值目标进行教学，重视技术教育"。

例1：数学，课题为"一元二次方程与系数的关系"。注意创设学习的整体情境，让学生在这种情境下体验，通过科学发现过程去把握科学成果。教师记录了这段教学：

上课开始，提出课题，根据以前学过的一元二次方程的求根公式，已知方程的系数就可以求它的根；再提出：反过来，如果我们知道方程的根，能不能确定方程的系数呢？学生在认识的冲突中对这节课产生了浓厚的兴趣，跃跃欲试。这时，我便进行研究方法的指导，介绍科学的一般认识规律：探索—归纳—猜想—论证—应用，并将此作为贯穿这节课的思路。在学生明确了目标、了解了方法之后，我设计了两个表让学生填写，并让他们观察其规律……我把学生分为四人一组，让他们进行讨论。学生很快就发现表一的方程两根之和等于一次项系数的相反数，而两根之积等于常数项；发现归纳表二两根之和等于一次项系数除于二次项系数的相反数，两根之积等于常数项系数所得的商。接着，我又引导学生分析这两种规律的关系，得出后者包括了前者，是特殊与一般的关系。学生通过充分的探索、分析、归纳，对一般的一元二次方程的根与系数的关系作了猜想，那就是：如果一元二次方程 $Ax^2+Bx+C=0$ 的两个根是 x_1 和 x_2，那么 $x_1+x_2=-B/A$，$x_1x_2=C/A$。这时，同学们为自己的发现感到自豪。我接着提出：是不是任意的一元二次方程，它的两根之和、两根之积都有这种关系呢？教室里很快安静下来，同学们又进行认真的思考，这猜想是真的还是假的呢？怎样才能把猜想变为人们都承认的命题呢？一个个解决问题的方法在同学们头脑中闪过，很快就有同学提出可以用一元二次方程的一般形式来证明。这时，大家的思维得到了突破，纷纷动手推理，很快就证明出来了：这猜想是真的，是成立的，是正确的……我们发现了真理，整个课堂充满了喜悦和成功的氛围。

例2：生物课，课题为"生物进化大辩论"。主要活动是辩论。

教师首先列出了生物进化论中的达尔文学派和拉马克学派的基本原理和基本观点，学生们自愿分成了三个支持派别：（1）达尔文学派的支持者（9人）；（2）拉马克学派的支持者（11人）；（3）介于二者之间的中间学派支持者（11人）。其余的人属于观望派。主要由"达派"和"拉派"互相提问、质疑、辩论，教师作为辩论的主持者，只是及时归纳和引导，保证辩论的顺利进行。整节课学生的积极性都很高，有较强的参与意识。骨干约有十二三人，在交锋过程中反映出学生对此问题思考的敏锐；没有直接参与辩论的同学也十分专注，在听别人的发言时，也在作出自己的判断。我们来看一下各支持派别的人数的变化。在辩论前"达派"有9人，"拉派"有11人，中间派有11人，辩论后，相应地变化成10人、12人、17人。值得一提的是，课本是支持达尔文学派的，同学们在经过自己的思考以后，并不盲从课本上的结论。但就科学性而言，达尔文学派比拉马克学派先进，这说明同学们的科学判断力有待提高。

例3：化学课，课题为"石油能源及环境保护"。主要活动是讨论。

教师首先是从复习石油的成分开始，指出石油是一种重要的能源，然后提问：石油能源为什么会出现危机？解决全球性石油危机的出路在哪里？有几位同学回答了危机产生的原因，并指出由于石油不能再生，解决的唯一方法是寻找新的能源。接着由四位同学把世界上正在研究或兴起的新能源介绍给大家：利用煤或废纸制造人造石油，充分利用太阳能，用甲醇或乙醇代替石油——乙醇车的设想，氢能源的利用。在每位同学介绍后，大家可以随意向该方法提出质疑，如经济效益、使用前景、使用的可能性和技术上的难关等。这四位同学都能应对自如、自圆其说，并能举出实例，涉及的知识面比较宽。进而，老师给同学们提示石油能给人类带来文明，也能带来污染，还举出一个海上泄油事件作为事例，让学生讨论事后的救援工作和环境处理工作。

例4： 物理，课题为"打捞沉船"。主要活动是讨论、辩论和角色扮演。

教师将报上的有关打捞沉船的三篇报道发给学生。学生根据报道中的某个事例自编成一个实例：沉船在墨西哥海域，船上的财宝是巴西三位富翁的，沉船打捞公司是美国的。首先三方就打捞方法进行了讨论。三方的技术人员介绍各自的打捞方法，可以进行质疑。同学们提出来的方法，有些是从书上查到的，有的是根据学过的知识——浮力和机械原理而自己设计的。虽然方法很不成熟，甚至幼稚可笑、异想天开，却是地地道道的发明，精神可嘉。

"课堂"仅仅囿于课堂吗？下面我们来看广东外语师范学校简小屏老师整理的法国中小学课程作业四个案例。由此我们看到以学生为中心的教学方式已经在法国的很多学校得到了体现。

课程作业（一）

学校：法国 Jules Ferry 中学

年级：初一

科目：法文

作业类型：主题研究报告

一、作业目的

培养学生独立完成一份完整的调查研究资料。

二、作业要求

（一）选题

挑选一种动物作研究对象（该作业选题：猫科动物）。

（二）方法

在学校、图书馆通过书籍、光盘、互联网等查找资料。

（三）步骤

1. 选主题。

2. 设置问题。

3. 将设置的问题分类。

4. 查找答案。

5. 用自己的文字把答案写出来（不能照抄资料）。

6. 把报告装饰和装订好。

三、评分表（实录如下）

姓名：_____ 班级：_____

对报告的要求

1. 对作业要求的整体表达

 （1）标题与封面   □/2

 （2）提纲与计划   □/2

 （3）查找资料   □/2

 （4）章节的选择   □/2

 （5）报告的撰写   □/2

   总分   □/10

2. 报告的质量

 （1）对所有问题的回答   □/5

 （2）文章的质量   □/10

 （3）拼写   □/5

   总分   □/20

3. 课堂活动表现   □/10

报告总分及评语   □/20

◇教育走向生本

评语：＿＿＿（略）

教师设计的这份作业的优秀之处如下。

1. 设置问题/将设置的问题分类

提倡以问题为中心的课堂教学活动是当前世界教学改革的一项重要内容。教育的重要任务是将学生与生俱来的好奇心转化为求知欲和求知需要。教师为学生创设提出问题的条件，刺激学生主动探索的发散性、创造性思维。设置问题后将问题分类，这样就引导学生找出解决问题的方向和步骤。

2. 评分表的设计

分"整体表达"和"报告质量"两部分，详尽、全面。既体现教育要强调的东西、学生需要掌握的学习方法和必须达到的基本能力标准，又侧重对学生在学习过程中提出问题、解决问题的能力的评价。评分表本身体现了一种教育的价值取向。

课程作业（二）

学校：法国 Jules Ferry 中学

年级：初二

科目：历史

作业类型：二人或三人合作主题研究报告

一、作业目的

培养学生与同学合作完成一份完整的调查研究资料。

二、作业要求

（一）选题范围

1. 15 世纪意大利文艺复兴。

2. 16 世纪意大利文艺复兴（该作业为选做题）。

3. 欧洲文艺复兴（不包括意大利）。

(二)方法

1. 在学校、图书馆通过书籍、光盘、互联网等查找资料。

2. 搜集与主题相关的图片、照片，参观文艺复兴时期的一些古堡（如枫丹白露和卢瓦河谷的古堡等）。

(三)对拟定提纲的要求

1. 前言。

2. 内容：按章节涉及建筑艺术、雕刻艺术、绘画艺术、手工艺术、文学艺术、音乐。

3. 结论（包括两部分）：（1）通过这份报告说明你的收获；（2）主题的延伸。

4. 参考书目：详细注明资料出处。

(四)装饰和装订的要求

1. 卷面清楚，装饰美观大方。

2. 用一个文件夹装订，不要连接，每页文件要有页码编号。

三、评语

1. 分章节评价。

2. 总评。

教师设计的这份作业的优秀之处如下。

"选题"和"提纲的要求"是半开放式的，即教师作一定范围的规定，又留给学生具体的选择和研究操作的余地，使研究更充实更系统（见"提纲要求"1、2、3），适合初中学生的能力程度。在"结论"部分中，"通过这份报告你的收获"强调学生对整个研究过程的学习体验，培养学生分析归纳的能力；"主题的延伸"给学生一个非常好的开放式思考问题，发展学生的想象力和创新思维，培养学生在归纳的基础上发现问题的眼光和研究能力。

◇ 教育走向生本

课程作业（三）

学校：法国 Polangis 小学
年级：五年级
科目：户外课堂学习（环境教育综合活动课程）
作业类型：
1. 预备作业（资料搜集）。
2. 实地学习作业（综合性作业）。

一、预备作业

（一）目的

让学生对将要考察的户外课堂学习内容有初步的了解，掌握基本的背景知识。

（二）内容

为去户外课堂布列塔尼作准备。学生各自搜集资料，内容自选。主要介绍当地的地理、历史、动植物、食物、文化传统、风土人情、历史人物和文学艺术等，并可讲述一些有趣的历史故事。

（三）形式

形式不限。可以把资料制作成手抄报、墙报、图片、小册子等。

二、实地学习作业

（一）目的

向学生提供亲近大自然、认识大自然、了解社会环境的感性学习机会；培养学生热爱大自然的感情；学生通过综合各学科知识的实践活动，加强保护自然环境和社会环境的意识。

（二）内容

1. 地理位置。

2. 介绍法国海岸。

3. 天然海岸。

4. 人工海岸。

5. 天气预报。

6. 给亲人写信。

7. 学写电报。

8. 认识水族箱。

9. 作文：如何捕捉虾蟹并放进鱼缸内。

10. 参观当地著名的水族馆。

11. 观察退潮的海边。

12. 观察涨潮的海边。

13. 介绍海港。

14. 参观当地的渔港。

15. 当地渔港的产品。

16. 知识性游戏。

17. 戏剧知识。

18. 潮汐的知识。

19. 介绍关于海的著名诗歌。

20. 创作一首描写海的诗。

教师设计的这份作业的优秀之处如下。

这里介绍的"预备作业"和"实地作业"集自然、科学、社会、人文各学科的实践性教学活动于一体，是培养学生综合素质能力的教学活动的极佳设计，给学生提供了一个学科学习与实践活动学习相结合的极好机会。"实地作业"的第19、20项是学习活动的升华，永远留给学生想象和创作的自由天地！

◇教育走向生本

教师自编教材

学校：法国 Polangis 小学

年级：一年级

科目：法文

教师：Madame Forner

一、课题

分两节课，每课用两个课时。课题（二）与课题（一）教学目的方法相同，不另述。

（一）认识鸟类

（二）认识兔子

二、教学目的

初步认识多种多样的鸟类及其生活习性。培养学生搜集资料能力、综合概括的口头表达能力和想象力。学习关于鸟/兔子的一些字词语句。

三、教学方法和步骤

（一）课前预先布置作业

1. 每个学生通过搜集资料或根据自己的观察和常识，画一只小鸟/小兔子。

2. 每人准备一段介绍自己的小鸟/小兔子的话。

（二）第一课时

1. 每个学生展示自己的图画，口头讲述或笔头描述一段概括描述小鸟/小兔子的话。

2. 教师回收学生作业，记录每个学生的话。

（三）第二课时

1. 教师把学生画的鸟/兔子编排成一张学习纸，各人的画旁边标上名字。摘录每个学生描述鸟/兔子的一句话，每句话后标上该学生的名字。图画排在两边，说话排在中间。该学习纸每个学生一份。一起阅读或朗读学生的说话。

2. 学习一些有关的词语和内容。

3. 教师总结评讲。

评析:"尊重儿童个性,重视儿童个人的经验,以儿童为教学活动的中心",这是法国现代教育的指导思想。这份教案是"以学生为主体"的教学方式的典范。学生通过教师精心设计的教学活动在自己教育自己,在互相学习。法国的语文教学非常重视思考性、实践性和情趣性。教师让学生通过图画和说话表达自己对认知对象的了解,大胆地把教材与作业融为一体,放手让学生进入教材的世界,巧妙地调动了学生学习的兴趣和积极性,体现了教师教学的创造性和想象力。我们可以想象到,孩子们看见自己的图画和说话出现在老师的教材里是多么自豪和兴奋!此刻的学习效果不是最理想的吗?以"教"导"学","教"是为了"不教"。教育的价值就在于此。

这里分析的案例有以下几个共同的特点。

1. 作业设计充分突出了学生在学习过程中的主体地位,教师退到背后的指导别具匠心。

2. 作业的各个环节强调让学生经历、体验、感悟学习的过程。

3. 作业步骤的设计本身就是一个学习研讨方法的导向,是"分析—归纳"方法的有机统一。

4. 作业的要求和评价明确详尽,培养学生治学研究的严谨态度。

5. 作业设计是以研究性学习方式来进行系统性学习的范例,符合小学和初中的教学特点。

当然,这类研究性学习也许在我国的学校中正在进行着,今天的尖锐问题是,时间从哪里来?如果仅仅是依靠假日或依靠课外活动的时间,那么,这类活动将会增加学生的课业负担,这样我们又兜了一个圈子，回到了原来的起点：我们必须真正改革课程，小立课程，把这些活动都安排在我们的"正课"里去完成，只有这样才能真正地大作功夫。过去人们对这个目标总是讳莫如深，我们编写的教材和正在设计的课程，将要挺进的正是这个目标。

教育教学管理

现在我们处在一种特别的情形之中：我们大家都可以历数传统教育禁锢儿童的种种弊病，但在我们的教育工作中，又还是依据传统的做法去做。在第一线的教师由于备受师本教育之苦，很想改革，然而不少地方的管理方却依然故我。

这种情形，如同德波诺所说的："在这体系的每一点上，每个人的行为都明智合理，甚至日趋完善。然而由这些人构成的总体系却必须继续教那些与社会需要日渐无关的东西。"当然，现在我们的情况有了改善，至少在舆论方面，由于国家强调素质教育，使得无论那一级教育都要倡导素质教育，改革应当有了更好的氛围。但如前面所说，实际上我们的改革大都不愿触及最关键的部分。比如讲三个板块课程（国家课程、地方课程和校本课程）的时候，我们就把校本课程的建立看作是进行课程改革了，对核心课程的改革、对大课程的整合、对整个教学领域改革的关注，湮没在例行的德育改革、课外活动改革等等之中。当然，我们不是说这些方面不要改革，而是说我们必须对教育的核心部分进行改革。正如我们对广东省"百千万人才工程"教育专家、名校长、名教师培养对象的三点要求：在众多的发展道路中，选择在改革中成名；在改革中，坚定不移地向着教学领域的改革挺进；在教学领域改革中，把以学生为主体的改革放在核心地位。

现在的问题是，为什么我们的改革不能迈进？管理方的担忧是什么？一般认为是高考，而为了高考就必须硬拼硬灌。

这其实是两个问题。高考是一种现实的存在。我们当然可以指望它进行改革，但是不可能指望取消它。于是我们必须在有高考制度的前提下来谈问题。但高考就必须硬拼硬灌吗？这就值得研究了。从20世纪50年代起，高考的硬拼硬灌，已经形成了根深蒂固的习惯，它愈演愈烈，没有多少人试一试改变，因为风险实在太大了。在这里，我想表述一个明确的看法，即硬拼硬灌是一种低级的教育反应，是一种事倍功半的做法，它将培养素质较低的人，而使得高考成绩平庸。即使是为了高考，也必须实行生本教育，把人真正调动起来。其中的道理和改革的示例，上面已经讲了很多。

那么，为了实行生本教育，管理方应当做些什么呢？

一是学校以上的管理机构要加强校本管理。要给学校以改革的空间；要扩大校长依据自己的办学思想去处理学校事务的范围；实行更为和谐的管理，保留必要的管理指标，尽量减少硬指标。值得指出的是，我们往往把实施素质教育的希望，寄托在进行密集的全方位评价上面，它的逻辑是：评价是指挥棒，而素质教育比之"应试教育"，不仅仅是少几次考试的问题，而更是人的全方位的致密的提高，因此，需要用密集的全方位评价去逼近人的素质。这种想法貌似有理，其实是脱离实际的。我们且不说"用评价逼近素质"是用线性物去模拟非线性的实在物，是难以实现的，更重要的是企图通过层层评价把人的素质发展他律化，本身就是一种误区。实际上，人的素质发展依靠人本身，教育者只是帮忙而已。因此，我们依靠评价的心思，不如转变为创造儿童自主的空间，这样才能收到更好的效果。这样，各级教育行政部门不要以为高考成绩是靠"着急"得出来的，是靠硬指标压出来的，应当看到依照教育规律才是成功之道，其办法就是逐步走向生本教育，因此首先要给学校以自主的空间。顺便指出，对人的素质是否可以由评价人员的规定而量化，比如规定德育占30％、交往能力占13％等等，也应有一个清醒的认识。一般来说，这些人为的指标，是在没有找到对象的各个因素的通用单位（意即没有实现各因素间的可加性）的时候就建立的，而要找到通用的单位，又是不可能的。因此，我们的种种对人的量化指标都是主观性的评价，但它不失为一种工作认定。既然仅仅是工作认定的性质，就没有必要做得如此细密，而更多的应当是采用如同体操评分的综合评判。注意，在不宜细密的地方细密了，就反而不准确了。如同我们家乡卖猪，如果是大猪，采取的是称重量的办法；但如果是卖小猪，则用打毛估的办法。后者就是一种综合评判的办法，只有用这种办法，才能把对小猪发展前景的无形物的评价包含在内。

二是学校应对教师实行人本管理。教师的工作不是生产产品，而是让学生自己生产自己，促使学生主动发展。学生学习的自主性，给教师的工作提出了更高的要求，它需要教师从人的发展的高度去看待自己的工作，要作出包含人的活动和反应的判断在内的决策。这种情形，类似于在前线指挥打仗的将领，它要考虑的是对方的反应和制胜的策略，也如一位棋手要考虑对方的应着一样。所谓"将在外，君命有所不受"，是说前敌的将领在这种情形下必须临机判断。教师也是这样，在生本教育的模式下，教师的工作不能像车间工人那样完全被时间和计划或某种模式所规定。因此，我们对教师的教学，除了作出常规的约束外，一般不要给予过多的干预。要让教师在生本教育的实践中去体会以学生为主体的意义，加强交流和教研，取得经验，提高教育教学水平。学校管理的改革，最终应以实现学生的主动发展为目标。所有的工作，包括教务、后勤服务，都应以此为准绳。

三是教师对学生应实行生本的管理。这一点，在上面我们已经阐述了许多了。

七、若干相关问题的思考

教师与教师的主导作用

现在有一种说法，叫作教学过程的双主体论。理由是，所谓一个行为或动作的主体，是指动作发出者。学习是学生的事情，当然是以学生为主体；而教学的动作发出者是教师，应以教师为主体。总而言之，教学中存在双主体。

这个说法值得探讨。首先，从语义学来说，说一个事物有双主体，同说这个事物没有主体几乎是一样的。两个主体等于没有主体，这是主体的含义所规定的。其次，从系统论来说，把教学分为局部教学（不含学生的学习的教学）和学习两部分，再来论说谁是主体，进而复合起来说是教学过程中存在双主体，这实际上是简单地把系统仅仅看成为部分之和，陷入了机械系统论，它忽视了系统的有机性。再次，从语用学来说，说教学过程中存在双主体，就其动作发出含义来说，与说教学过程中教师和学生都在活动完全是等价的，这没有给我们带来什么新信息，说了跟没有说一个样，是一种无效语言。最后，从教育学来说，教学是不可分的过程，教最后转化为学，而"学"对"教"的反馈，是为了使"教"更好地服务于"学"。教学过程中最重要的生产过程是在学生身上发生的。因此，教学过程中的主体，应是学生。

看来，问题出在对教学过程的生产活动分析出了毛病。为了减轻我们思考的负担，我们还是用苏格拉底的比喻来说明。苏格拉底说，教学好比产婆术。对产婆来说，孩子是别人生的，她只是帮助

◇教育走向生本

人家生孩子而已。显然，在整个生产过程中，产婆不是主体，而产妇是主体。我认为，这一比喻的精彩之处，就在于把学生的学习比喻为生产，使人们重视了教学过程中的核心过程是在学生身上发生的，从而对我们有唤醒的作用，因为过去我们是忽视教学过程中学生这一方的。

延续这个比喻，我们可以来探讨教师主导作用的问题。有的人可能会说，既然学生为主体，又说教师为主导，不是矛盾吗？我们的看法是，在上述生产过程中，产妇的确是主体，但她处在需要别人帮忙的状态，别人如何安排她，她没有自主权。产婆既然可以安排产妇，她当然就是有主导权。那么，作为主体的产妇，它在自身生产过程中，当然是可以在一定程度上主动的。但这种主动性的发挥更多地在于依靠身体的自然力，或与身体的自然反应相结合，因而我们不把这种主动当作主导。同样地，教师可以对整个教学过程作出安排，具有主导作用；而学生的学习尽管是自己的行为，但学习的主动过程更多地依靠自然力。可见，教师的主导和学生的主体地位并不矛盾。

再延续上述比喻，我们进而探讨在生本教育中还存不存在教师主导作用的问题。上例中产婆的做法有两种：一种是发挥产妇的主观能动性，使之依靠自身力量诞下婴儿；另一种是产婆自己费劲气力来助产，结果产婆和产妇都十分辛苦，还产得不顺利。由此我们看到，无论产婆采用何种做法，都是在起着主导作用（类似地，不存在在生本教育体系中教师不起主导作用的问题）。而产婆的第一种做法，显然更加高明。这就暗喻着在生本教育下面，教师的主导作用不仅存在，还应当发挥得更为高级，更为无形，更为超脱和得体。他用一种爱的力量、真理的力量、向上的力量去影响和感染或制约学生，用一种关切去解决学生主动发展中需要解决的一切，比如必要的规则和工具性材料，包括知识。

一般地，我们不否认一件事的动作发出者就是主体，但教学过程中有一个核心性的过程，这就是学生的学习过程。就教学而言，其整个过程的主体应当是这个核心过程的主体，也就是学生。

问题在于，我们对在生本教育下教师的新的角色、新的地位还缺少经验，还不习惯、不适应。但这不是严重的问题，在实践中我们将从情感态度上、教学方法上去旧更新。例如，对广州天河区昌乐小学的校长和老师们来说，我们的观察是，通过生本教育的实验，学生们更加亲近、更加尊敬老师了；开始，家长对这样一种教育还有疑虑，四个月过去了，家长对老师的信任感加强了。在一个实验班，用校长的话来说，就是现在家长们是"杜老师说啥就是啥"①。另一方面，教师也越来越热爱学生了。今天教师与学生的关系，可以用朱小蔓教授与吴安春教授提出的"教师与学生的互相创造与提升的关系"来描述。仅仅把发展看成只是发展是不够的。应当把人的主动性当作教学目标来要求。在教学中，教师与学生应当共同创造与成长。教学的目标不仅在认知方面，还应当创造一个可持续发展的学生的自我，从知识的教学转向智慧的生成，从占有式的师生关系转向相互创造与提升的师生关系，从物性化的创造方式转向人性化的创造方式。② 必须指出，所有这种相互转化，应当是在学生身上完成的，这无论在目的论还是在方法论上，都是题中应有之义。

生本教育与学习化社会

21世纪是学习化社会的世纪。学习化社会不仅反映为人们需要不断学习，更反映为学习资源的社会化，以及学习组织方式的多

---

① 杜老师即实验班教师杜碧红老师。
② 吴安春、朱小蔓：《生存论的教师创造之浅析》，载《现代教育论丛》2000年第3期。

样化。这是社会走向现代化的标志之一。过去,学生处在两个分割的社会中,一个是学校小社会,一个是校外的大社会。生本教育体系有可能把两个社会联结起来,联结的中介就是活动中的学生。这个时候,所谓学习化的社会才真正可能形成。

首先,生本教育是在终身教育目标下的一种教育措施。学生投入学习,在自主的学习中学会学习,就是为了成为终身的学习人,成为学习化社会的参与者和构成者。

其次,学生在学期间所联系的家庭、社区和热心教育人士,将成为一支新的教育力量,使学校成为学习化社会的中心。例如,有一所地处科研和大学机构群中的学校,把周边的专家、技术人员、领导干部和家长请到学校担任兼职教师,举行讲座,开设课程,使学校的教学水平有了很大提高。

在数字化时代,学习化社会将会因得到先进工具的保证而更快、更大规模地形成和运行。任何一个儿童或成人,都可以通过电子邮件访问专家,而专家也会从大量的邮件中获得许多有用的信息,教学的模式会进一步改变。今天,随着知识经济的发展,学习化社会的前景正在展开,人们在学习上的互相关心和互相依托正在变成现实。在上面我们提到的广东省实验中学组织的访问百位名人的语文活动中,出现众多领导和专家关注学生的事实,恰好给了我们学习化社会中交互学习的一种雏形。

生本教育中的德育

本书着重谈了教育教学问题。我们似乎不必拘泥于面面俱到的习惯,或者认为本书少谈德育,就意味着不重视德育。事实并非如此。少谈某个话题,可能因为这个话题是不言而喻的了——德育的重要性是没有什么可怀疑的。对德育问题所做的许许多多的研究,都是必要的,起了重大作用的。现在的问题是,我们对教学领域的改革有更多的分歧，而且多年来对教学领域缺少真正意义上的改革行动。即使今天正在进行的好些课程改革，是不是就到了关键处，也仍然要拭目以待。显然，改革的"瓶颈"在教学领域。在这里我们试加以说明。

从远处说起。微生物有两种：一种是嗜氧的，一种是不嗜氧的。接着这个比喻，我想说，教学是嗜时间的，而德育不一定是嗜时间的。可能是一次很好的活动，就改变了一个人的生活态度，但我们不能指望一次教学，就使人掌握所有的基础知识。这是因为，如前所述，人类因为自己的智力发展使得他在大自然中没有了许多基本的确定性。这就要求人类的新一代必须通过长时间的学习才能接受人类的既有成果。因此，教学工作是学校教育中的核心工作。

在学校教育中德育地位不可动摇，而教学是核心，这样的提法并不会有什么矛盾，这里就不赘言了。教学任务是整个学校中最繁重的任务，教学时间占了整个学校活动时间的绝大部分。在师本教学中学生厌学、受压抑，无心向学，是产生德育问题的一个重大的根源。反之，当学生对学习充满热情，意气风发、努力向上时，我们的德育工作就有了一个良好的基础。因此，生本的教学具有十分重要的意义。

关于教学与德育的关系，可以举出一位美国教师讲述的美国的德穆瓦纳斯中学的例子。这所中学坐落在较贫困、社会经济较落后的地区。这位教师说：中学原来的情况是，当警察的警报在街上响起的时候，在这个有50人一班的班级中就有6个人显得紧张，若有敲门声，警察进了门，就有3名学生从窗口逃走。每当这类事情频频发生时，孩子们就不来上课了。"你到哪里去了？""咳，我在监狱里待了两天。"这就是这所学校所在的社区的情况。但是，学校采用新的教学方法，在孩子身上很快就起了作用。有一天，一位八年级的科学教师谴责了一个男生，因这个男生激怒了邻座的女生，纠缠她，伤了她的感情。最后，这位教师说："快，乔，离开教室,到大厅去。别人可要学习呀。你在大厅待着。"在通常的情况下,那将是这男孩逃学的口实、旷课的口实、恶作剧的口实。他不是回班上课,而是去干各种其他感兴趣的事情。你知道他干了什么吗?那孩子这般地在教室外待了整整15分钟:他让门开着,偷偷地往里看,结果,教室里所进行的一切,他一个字也没有漏掉。

通过这个故事,我们会看到,改善了的教学对人是有吸引力的,孤立地离开教学改革去进行德育改革,难以获得成效。

这里必须指出,就德育本身而言,也必须实行生本的改革。在德育中,同样要缩小规定性,扩大选择性。只有学生自己进行选择,自己进行体验,才能提高人格的、道德的感悟,在德行方面得到真正的提高。多年的经验表明,说教式的德育是很不受儿童欢迎的,而在健康美好的活动中,儿童却得到了人际的、自我的各个方面的长进。在生本教育中,智慧的生成和人格的建树其原理是一样的——都通过儿童的内化去实现。在我们的许多实验学校的实验班里,儿童的纪律性、合作精神得到了很大提高,成为老师们感触最深的一件事。生本教育在德育和智育中左右逢源,表明它在学校系统中可以促进和谐,表明了它是一种合理的体系,是我们今天的一项有益的改革。

数字化技术使生本教育如虎添翼

在广州天河区华阳小学有关意义识字的课堂教学实验室,学生在一个学期认识了1 500多个生字。原因之一就是,他们使用了每人一机,并运用了识字教学的实时检测软件;它可以由学生自己进行检测,也可以在教师的总显示中出现全班学生的学习情况,使教师及时地根据学生学习情况加强重点难点的教学。实践证明,恰当地使用现代教育技术,会使生本教育的效率大大提高。它的原因是,机器创造了人的个别学习活动的良好条件,并开辟了更广阔的活动领域。

　　这一例子给了我们一种思考：当生本教育把学生的积极性调动起来之后，我们应当满足学生的求知欲，应当给学生以更好的学习工具，而数字化技术就是最有力的工具。华南师范大学附属中学、深圳外国语学校和深圳南头小学等就建立了很好的校园网，学生可以上网学习。这些学校的学生，在网络中进行人机的、生生的、师生的交流，同时阅览资料，撰写文章。华阳小学一位学生在二年级上学期，就用计算机写了整整一本的日记，有的学生在 45 分钟的考查中，写了 500 多字的"看图写话"。这所学校的实验班上数学时，也设计了丰富的机上数学游戏，使学生大大扩充了学习游戏的形式和范围。如"跷跷板"游戏中，用跷跷板表示等式；射击气球的游戏更把求数和击中气球联系起来，十分生动有趣。

　　尤其值得一书的，是深圳市南头小学的"生本教育体系下的网络教学"。由于本书多处提到了这一运作方式的情况，这里就不重复了，但它所促成的学生学习的革命性变革，以及实现儿童八岁学会阅读的教育夙愿和引起的语文学习的重大改革，是十分具有启发意义的。如果读者感兴趣，打开深圳市南头小学的网站，看看一年级孩子们的留言，就可立即了解到这一重大的教育进展的原始材料。

　　如同生本教育方兴未艾一样，现代教学技术也在发展。但是，有一点是肯定的，仅仅在师本的框架中进行教育设备的改造，缺乏生命力；而在生本教育中，紧密结合学生的自主学习，计算机和网络的运用就会供不应求，也会使生本教学的效果更为突出，而数字化教学的生命力也会更加旺盛。我们指日可待，在现代化技术手段的支持下，学校生本教育体系将会发展得更加辉煌。

下篇

一、正确认识学生，深化教育改革

实践表明，仅仅进行局部的教育教学改革是难以全面推进素质教育的，应当进行整体的和体系层次的研究。当前基础教育中存在一些问题，其深层原因之一，在于对教育对象——学生缺乏正确认识。教育的设计是以教师为中心的，在这种师本教育模式中，教育工作的重心，还未能真正落在学生生动活泼主动全面发展上。笔者认为，深化教育改革的关键，是正确地认识作为教育对象的人——学生，构建生本教育模式。

两种教育模式特征之比较

教育的要义，最终不是着眼于教师们自己如何变得聪明，而是着眼于教师的职业本质——让别人变得聪明变得智慧，而这也是现代教育最需要思考的问题。然而，虽然我们每天都在面对教育对象，但传统观念使我们对教育对象的认识受到限制；我们关于教育的设计，也就多是着眼于教师，而不是着眼于学生的。例如，我们的班级组织、教材、教法以及教学的评价往往是以"教师好教"为目标而设计的。譬如说，对完成教师"教学任务"来说，分析性的、小步子的教学内容和等周期的课时安排，以及单向讲授式的课堂布置方式，可能是最有利的，然而对于学生进行他们的自主的学习活动来说，却需要整体性的、对他们具有个人意义的教学内容，以及适合探究活动的课时安排和班级组织形式。

在评价方式上，把评价的作用定位于奖惩，对教师来说，似乎是最方便的，然而对于学生来说，却可能产生副作用，甚至损害他们的心灵和自尊（当然，这种结果最后也是不利于教师的工作的，但这种后果没有即时性，因而难以觉察）。实践和研究都表明，"教者好教"并不等于"学者好学"。我们面对的教育基本上是师本教育，而不是以学生为本的生本教育。为了更好地界定它们，以下试区别两者的部分特征。

1. 角色特征

在师本教育模式中，教师是教育教学过程的中心人物，学生的活动为完成知识传授服务。在生本教育模式中，学生是教育过程中的中心人物，教师为学生的主动发展服务。

2. 认识特征

师本教育模式对教育对象有下列认识：被动假设（儿童缺少学习主动性，只有被动性）、弱质假设（儿童缺少学习的潜能）、实然假设（儿童是实然的，缺少发展的应然的因素）。而生本教育模式则以儿童的主动假设（儿童有自主性与主动性）、强质假设（儿童有强大的潜能）、实然与应然相结合的假设（儿童是不断发展的对象）为前提。

3. 师生关系特征

由于师本教育模式忽视学生的自我、自主、主动的权益和能力，就必然强调教师职能与学生本性的对立，这种认识导致了双方控制与被控制的基本关系。而生本教育模式强调对学生自我、自主、主动的尊重，对学生精神生命的独立性的肯定，强调教者职能与学生本性二者的统一，这促成了双方在教育过程中的相互合作的基本关系。

4. 方法特征

师本教育模式中教育表现为教师教授活动为主的过程；生本教育模式中教育表现为在教师引导下，学生的主动学习活动为主的过程。

5. 教育内容结构特征

师本教育模式的教育内容依据成人对知识的整理体系，以分析和训练为主，小步子前进，累积式发展。生本教育模式依据学生的学习规律，以综合整体和分析相结合、感悟与训练相结合为主，旨在保持领悟，沿着"整体－意义－自主－创新"的路线前进，实行"思维胚胎发育式"的发展。

6. 评价和管理特征

师本教育模式实行严厉的、无限细分的、要求一次性正确的评价体制，评价的主要功能是奖惩，它成为师本教育的主要激励手段。而生本教育模式则实行辩证的、更为综合的、宽容与严格相结合的评价体制，允许学生在自主学习活动中多次反复、认识多次完成，从而获得更为牢固的、生动的知识和能力。这是与学生自主发展的教育格局相适应、相配合的。

师本教育模式把短期内维持、就范、整齐、划一的状态视作管理成功的标志，还把这类短期管理和学生的长期发展看成是一致的，进而演化为以短期管理效益（如某项评比、升学率）为中心的相关利益原则。而生本教育模式以受教育者的主动发展为管理成功的标志，以学生可持续发展的利益为根本，注重长期的管理效益。师本教育的管理表现为十分细密的类企业管理。它强调的仅仅是严格，而缺少教师及学生的自主空间。生本教育的管理是一种促进儿童的自主发展的管理。它强调宽松与严格的结合，注重教师和学生的自主空间和活动余地，追求学校成为一个奋发向上的"学习化的社区大家庭"的理想。

7. 功效特征

从短期看（如逐课观察），师本教育能有效地传授人类既有的结论性知识；但从中长期来看，在人类对知识的本质有了新的认识，人的自身能力与心理素质对人的发展的决定性作用被发掘出来的今天，师本教育模式限制了人的发展的问题就暴露出来了。与之相反，生本教育模式体现了教育的根本意义，符合教育规律，将大大提高人的身心发展水平，激发人的学习与发展的能量，体现出它的优势。师本教育模式以其表面上的、短期的高效率掩盖了它长期和实质上的低效率，而生本教育模式恰好相反，它在短期和表面的观察中可能被认为是效率不太高的，但从长期和实质上来说，则是高效的。

在教师作为唯一的知识信息源的时代，教师的确在很大程度上代表了学生，为教师的教育与为学生的教育之间的矛盾尽管存在，但在过去并不明显。在传授间接知识和书本知识中，师本教育模式对教师来说，具有步骤明显、易于展示、方便评价、方便操作的优点。除此之外，师本教育模式产生的原因，还有以下几个方面。（1）观念因素。认为由于学生的不完善性和可塑造性，学生的自我、独立和主体意识是不重要的，教育教学主要是教师对学生认识的加工，把教师对学生的行政管理关系或监护关系，同教师与学生在学生的精神生产、精神生命活动中的平等交互关系相混淆；认为教师对于学生拥有全面代表性，完全代表学生的权益，完全支配学生的学习活动，教师的认识规律就是学生的认识规律，等等。（2）传统因素。"传道、授业、解惑"的教师职能观和师道尊严、儒家"上尊下卑"传统的影响。（3）凯洛夫教育学的影响。苏联教育家凯洛夫的五个环节的教学理论，实际上是把"教师为中心"的理念程式化了，并深刻地影响着我国教育理论和实践。（4）计划经济时期不强调个体的主观能动性和个性发展，强调人的行为的可外部控制性，而师本教育模式适逢其需。由于上述原因，师本教育模式产生了它致命的问题——压抑人的主动性和创造性，现今基础教育的许多问题都与此有关，而且，这一问题由于对升学率的片面的非科学的理解而愈演愈烈，同现代社会培养创新精神和创新能力的需求产生了碰撞。现代社会带来的新情况是，学生从各种渠道获得了过去所不能比拟的极其丰富的信息，教师作为唯一信息源的地位已经改变了；知识经济社会需要人的创新精神和创新能力，学生的个性发展已经成为社会的需求；人们对于学生的主体性、潜能和创造本质等的认识，达到了新的水平。人们发现，教育只有真正是为儿童的，才算是找到了自己的正确的出发点和归宿点，才能通过激发学生的发展和创造的能量，使教育质量和效率出现新的飞跃，并使教师的工作发出创造性的光芒。

师本教育模式的要害——对人的虚体设计

教育的设计，本质上是对人的设计。对人进行设计的范式有"虚体"的和"实体"的两种。所谓虚体，一般是指用分析的方式加以把握的人的属性和人的内外部关系等，表现为人的理性的某种逻辑构造。而实体则是指现实的有血有肉的人的个体。实体常常被人以综合的方式，如感知、理解、直观等加以把握。无论是虚体还是实体的设计，都分别构成一种体系或完形。虚体不能独立存在，要附着在实体上面，这是众所周知的。但虚体的完形不等于是实体的完形，两者没有一一对应的关系，则往往没有引起注意，因而在许多情况下产生了用虚体取代实体的误区。

师本教育模式的要害正在于此。它离开实体，用虚体的方式进行对象或目标的设计，这种设计容易产生两个趋向：一是离开实体的活动；二是高度分析化，认为只要教育对象掌握了被越分越细的"理"的条文，虚体的设计就算是获得实现。虚体设计之所以被广泛采用，首先是因为它内部的无矛盾性。而师本教育对人的设计的初衷，也正好是出于教师的方便，追求人的无矛盾状态，二者一拍即合。反过来说，也就在于可以回避实体的多矛盾性，教育过程可以在一种严密规整的氛围下进行。再有，我们的班级授课制度和大班（班人数超过 45 人）制度，也诱导我们在教育设计上避实就虚，把人的差异、个性"抽象"掉，趋向虚体设计，以显示其易操作的优点。在道德领域和知识领域里，师本教育总是采取理性灌注，而不是通过实体活动去实施教育；总是采取过度分析化的路向，而拒绝综合化的路向；总是采取截流式而不是源流式的教育教学思维。而这些都是离开实体的表征。举例说，就人的主体性而言，它表现为整体意志或整体意念，离开对象的整体接收或离开自身的整体活动，人都不能获得自主性。然而无论在课程、教材还是教法中，过度分析化的师本教育都表现为对人的整体性的拆解，从而也就损害了人的主体性。为了突显这种特征，人们把它类比为"针剂"教育，它类似于人不吃蔬菜，而把蔬菜制作为针剂，进行注射的营养制式。在这种制式下，吃菜蔬的乐趣，器官获得的锻炼以及蔬菜的不可提取的、更为重要的营养，都被抛弃了，它的害处是显而易见的。

　　在师本教育模式中，虚体设计的语文课往往把学生的语文学习转变为学习教师制定的课文的段落大意、中心思想。而实体设计则是基于这样的考虑：学生学习语文课文是为了提高阅读理解和写作能力，而为此他们就必须能概括出中心思想和段落大意。这样，了解课文的"中心思想"与"段落大意"，是在实体的个人需要中提出来的，当教师抓住了实体需要的"源"，就会使"流"变成有"源"之水，并会把这样的教学转为学生自身的活动，让他们去作各种各样的概括，积极地对比、归纳、判断。这时，概括的过程也许比概括的结果更为重要。而显然，虚体的设计，只能"截其流"，所培养的学生在遇到新的问题时，无法自己去发掘源头，找到解决的办法。只有从实体出发，才能真正把握源头，开源发流，把教育的效果真正落实到学生的身上。应该说，对人进行实体设计，这是人类的自我认识包括对人类的后代的认识不断深化的结果，也是人类社会和人类的教育从传统向着现代转型的要求。

正确认识学生

师本教育模式对学习者作了一个潜在的、不符合实际的最坏假设，即学习者是缺乏加工能力的、缺少能动反应的，犹如没有丝毫抗病力的个体，教学只能以毫不可能出现错误的方式教给学生以毫无错误的知识，教学评价是以此为依据的"密集硬性评价"。由此，教学过程相应捐弃整体领悟，从而捐弃学生的自主性，采取小步子行为。由这些现象可见，要想建立有助于学生身心发展的生本教育模式，其中一个带根本性的问题就是认识学生的自我实在性、整体性、复杂性和创造性等。

（一）教育对象具有自我实在性

在教育的每个时点，人都具有当时的自我意识，而这样的"自我"为教育准备了内部条件。无论何种教育或教学，最终都必须通过学生的内化来完成人格的建树或知识的获得。外部灌注者所能调动的，只是学生头脑的显意识中可以传讯的思维。而在显意识中，还有一些只可意会、不可言传的非传讯性思维，此外还有它们的潜意识等，只有学生本身才能对之调动和发挥其在学习中的功能。正是由于人具有自主性和能动性，教育对人的创造，归根结底是在教育影响下的个体的自我创造，这样创造出来的自我是有独立意义的、个性的和具有本体生命的。要把握这一点，教师就要比一般的"经师"、"书师"高一个层次，必须认识、理解和容纳学生自我的存在，依靠学生的自我去发展他们的自我。

人的自我是人作为实体的"灵魂"所在。在学习中，人的自我是以这样的形式反映出来的：人有这样的倾向，即尽可能把被知觉到的东西呈现为一种最好的形式——完形。如果一个人的知觉被打乱了，他会重新形成另一个知觉场，以便对被知觉的东西仍然有一个完好的形式。这一完好的形式不是最好的形式，而是在当时情形下所能有的完整的形式。学习者始终维护和构造出当时对自己来说相对完好的形式。同时，教育对象的自我实在性具有扎实的物质基础，是由人的物质实在所决定的，人脑具有巨大的发展可能性。一些著名教育专家之所以能够把学生的积极性极大地调动起来，不仅是因为他们方法对头，更是因为他们对学生蕴含的巨大潜能有深刻的发自内心的体察。教育对象的发展的主动性，还可以作出精神—物质的联合因素的解释。对此，遗传学家、人本主义心理学家、哲学人类学家、文化人类学家以及脑神经生理学家都做了许多研究。这些研究形成了可以科学地解释人的发展的主动性的理论观点。只有充分实现潜能或人性的价值的人，才能成为自由的、健康的、无畏的人，才能在社会中充分发挥作用。

（二）教育对象具有整体性

人具有整体生命，必须把人作为一个整体来进行教育。人的整体性，突出地表现在人不仅有智慧，还有情感。知识的教学不能离开对人的整体性的认识。人的思维活动同样表现了人的整体性。人在学习知识时的整体领会是人获得自主的关键，倘若忽视了人在学习中的整体领会，就失去了调动最重要的教育力量——自我教育力量的契机。实验表明，教学应当"淡化形式，注重实质"，使个体获得整体领悟。由于人的认识活动是整体的，是由知、情、意组成的系统，人对事物的认识，也就必须是整体输入的，才能唤醒机体的整体性。在教学内容和方式上，矛盾表现为"一点一点学"的专家整理路线与整体把握领先的学生学习路线的对立。前者带来的问题是，学生不能很快地把握整体，无法了解整体，无法形成意义，也就不能调动自己的全部积极性和经验来支持学习。

（三）教育对象具有复杂性

教育教学的许多问题来源于对学习者本身、对他们的发展过程以及对人的学习过程的认识单调化和线性化，忽视了它的复杂性。我们可以从人类认知的层次性和实际事物的复杂性的联系去看这个问题。人类的认识对于解决问题是必要的，但人的认识总受到层次的局限，而层次是无穷的，人不能完全地描述客观世界。这样的一个例子是，对大脑神经的研究。在神经元水平的模型中，研究只是集中到每一神经元的动力学性质和适应的性质上，从而把神经元表述为单元。在神经网络水平上，均一的神经元相互关联起来并展现出系统功能。在神经系统水平以上的模型中，若干网络结合起来展示出更复杂的感知功能、原动功能、稳定控制功能等等。精神操作水平的模型描述的基本过程是思维、认知、求解等等。从方法论的观点综合来看，模型决不可能穷尽一切。另外的例子是，在物理学中，单摆模型忽略了摩擦；在化学中，分子模型将轨道中的电子看作类似于太阳系中的行星，而忽略了其他相关的定理。由此我们可以看到，作为教育者，可以给出对客观世界的概括，也就是给学生以知识，但这些知识本身并不是对于客观世界的终极描述，在某种意义上来说，它只是在我们方便的范围内的某种概括。同时，与之相联系的头脑内部的、可以被我们描述和想象的反应，也不过是我们设定的头脑中某种水平的反应而已。实际上头脑的接受方式和机制要比这复杂得多。如果我们借用"灵气"来表述头脑的真实的反应的话，那么，"灵气"不是外部力量可以刻画、提取的。创造性不能"教"出来，而只能通过培养，由儿童自己产生出来。尽管我们进行的大量的、各种各样的训练似乎接近儿童"灵气"的境界，但实际上相去甚远，它只是我们可表述和可刻画的尚简单的层次，而不是儿童头脑中的复杂物或复杂过程。

　　承认人的学习是复杂的，必然会承认发展的差异性，应该把教育对象看成是发展中的主体，帮助他们学会从错误和挫折中认识世界、认识自己，学会从错误走向正确。在生本教育模式中，学生有许多探索机会，而探索是一种与错误作斗争的过程。在生本教育的课程与教材教法中，实际上假设学生有自己的信息加工能力，教给的内容的未特定性或非完形性，正好给他们以补缺或完整化的机会，学生的探索构建成为教学活动的主要方式或中心方式，这就形成了允许学生多次反复而获得知识的格局。这种格局更符合学生的学习规律，它应当成为学校教育生活中的正常秩序。

（四）教育对象具有创新性的本质

从教育学和心理学的观点看，生命的第一个行动是创造活动。良好的教育就是要促进人的自我实现，即发挥自己的潜能和创造性，实现自己的价值。鲁洁教授关于教育是人之自我建构的实践活动的判断，揭示了教育自身的本质：人在教育活动中创造（发展）了自己。

从生物哲学的观点看，生物哲学家把人的创造性的发展视作人的生物规定性。动物一出生就是特定化的，它们依赖特定化的本能在特定化的环境中简单地生活着。与动物相比，人一生下来的非完整性、发展方向的多样性、所能接受的环境的可变性，以及成熟的长期性，都是大自然赋予人创造发展规定性的证据。作为完整的人必须包括肉体的未特定化和精神的创造性，正是创造性使人决定自己的行动，使人从本能中解放出来获得自由，使人能超出动物在特定化环境中生活。这种智育的非特定化，导致了学生学习过程的漫长以及学生的创造活动余地的宽广。对于儿童，只要是通过自己的思维进行学习，就是创新性地学习。儿童的这种创新成果对其发展具有重大的意义。这是学会生存的需求，因而是人的本性。儿童的思维是由不知到有知、从少知到多知的，这同科学家的发现性思维是一样的，只有创新式的学习才能在儿童身上发生良性循环，使他们不断地从本质上提高创新意识和创新能力。

（本文原载《教育研究》2000 年第 8 期）

二、枯叶蝴蝶

——关于学习天性

多年来,我们对教育对象存在所谓"被动假设",即认为教育对象都是被动的,他们的头脑在学习之前是空白一片。我们在这样的认识基础上建立教育教学理念。我们很少想到过学生自身有一种先天的结构可以支持他们的学习,其表现就是,我们的教育教学基本上是不考虑学生的主观能动性的那种"就范式"、"维持性"的教育教学,而不是学生"主动式"的或"创新式"的教育教学。也就是说,由于对学生是有自身的动力还是没有自身的动力的不同认识,我们相应采取了不同的教育策略。显然,认识学生自身的这种先天结构,是我们正确的教育教学策略的基础。对于如此基本的问题,如果仅仅是依靠理念的传递,似乎很难进入认知深处,我准备从曾经深深打动了我的"枯叶蝴蝶"说起。

(一)

我看到枯叶蝴蝶是在辽西一所中学的标本室里。辽西是古来征战之地,有唐诗"打起黄莺儿,莫教枝上啼。啼时惊妾梦,不得到辽西"为证。而有了辽西之行,方知它更是史前古生物的乐园。在一些村子,各种古生物化石多得用来砌墙铺路。这里是最古的鸟——中华龙鸟的故乡,人们还发现了最古的花——辽西古果的化石。物种繁荣的原因是,在中生代晚期,北半球地区气候温润,尤其是辽西地区适宜于生物的生长。尽管有了这些知识,当我们见到名为"枯叶蝴蝶"的标本时,仍然惊奇不已。蝴蝶两翅酷似两片枯叶,从颜色、叶脉到叶柄,毫无二致,足可乱真。它默默地躺在标本盒中,像在倾诉着动植物间不可思议的默契和世事的沧桑浩茫。一个万古之谜向我们提出来了:是谁造成了这种相像?什么是第一推动力?

也许,远古某个时期的蝴蝶种类多不胜数,其中既有像枯叶的,也有不像枯叶的。不像枯叶的,因缺少保护色而被自然淘汰了,剩下的只是像枯叶的蝴蝶,后者因为迷惑了天敌和觅食对象而保存下来。但是这并没有回答上面那个问题:谁,怎样创制了最早的枯叶蝴蝶?直觉是,一旦弄清了其中机制,或许会给我们某种启示。

思维和考证告诉我们,枯叶蝴蝶是这样形成的:最早的时候并没有形似枯叶的蝴蝶。但蝴蝶在一代一代生存的过程中,把许多生存和发展的信息以 DNA 的方式用遗传密码储存于细胞,而细胞不断地发生微小的、因为 DNA 复制的异常情况而产生的突变。这种突变是偶然的,但它大量发生,千姿百态。比如,一开始,蝴蝶可能与枯叶风马牛不相及;经过突变,虽然蝴蝶 A 和蝴蝶 B 都还与枯叶相差很远,但蝴蝶 A 要接近一些,于是在森林中没有被天敌发现,可以存活,而蝴蝶 B 则被天敌发现了、消灭了。这样,物种就朝着"像枯叶"的方向发展了一步。微小的突变不断发生,选择反复进行,大自然有的是时间,而且十分耐心,它的"选种"工作就不断地进行下去,而且,每次发生的突变越微小,选择后对"需要"的充填就越精密,种系的变化就越细致,就像用沙子填充一个空杯子远比用小石头来得致密一样。有些突变适应了外部世界,于是物种保存了下来,否则就灭绝了。而且从表面上看来,好像是生物想要什么,就长成什么似的,而实际上是突变和自然选择的结果。

顺便指出,这种物种的自身需求和"突变"、"自然选择工程"

的同构性，使我们可以以"为了适应生存，想什么变什么"来快速判断生物的发展趋向。这种发展包括外形以及"内存信息"的变化。于是，一代一代，在突变中需要偏向于枯叶的蝴蝶，越长越像枯叶，就像需要吃到高处嫩叶的"长颈鹿"，其颈部和腿部越来越长，成了今天我们见到的模样。

我们很自然地要把这种大自然和物种长期形成的这种默契——度身定造似的变化规律类推到人类。同上面所述一样，需要维持生存、逃避危难、繁衍后代、适应环境的人类，在长期的物竞天择中，他们的细胞里也就有许多生存、逃难和繁衍以及适应环境的信息。而且为了适应日益复杂的情势和环境，人脑越变越复杂，神经元越来越多，竟至达到140亿个，构成了最复杂的计算机也无法比拟的结构。脑的分层也显现出了人的进化。比如，人脑最低级的部分称为"爬行动物脑"，依次有越来越高级的脑：只有灵长动物才有的，谓之"灵长动物脑"；当然，也有的部分，是只有人才具有的，后来才发展起来的。人的神经元中的这些信息，有些是比较基本的、比较低级的，有些则是比较高级的。人们对低级的信息，以及它们的造成了解得较多。我们感兴趣的是，在人从先祖处继承下来的、细胞所存储的信息中，到底有哪些高级信息？也就是说，人自身有学习的意识吗？有自我完善、认识环境并与之适应的意识吗？有自我实现的本能吗？有"为善而乐"的本能吗？等等。如果有，就意味着我们可以依靠它来进行教育。如果没有，则意味着我们只好去"无中生有"，去把学习的欲望移植到他们身上。这样一来，由蝴蝶的变异引起的讨论，就同人类的教育的大题目联系起来了。

（二）

仿照对蝴蝶的逻辑，我们这样看：人要生存，就要学习，只有通过学习才能适应环境。学习往往是很艰苦的。如果人在长期的发展中,某些突变是有利于了解环境和适应生存的,这些突变就会保留下来;某些突变是不利于了解环境和适应生存的,发生这种突变的物种就有可能灭绝。我们可以想象,一定有一些不会学习(当然指的是广义的带生态性的学习,不仅是我们现在常说的学校学习),学习意识不强,或存在意识不强的某些人,其物种呈现弱势,发展不起来,甚至衰落下去。即使在今天,也还存在那种可悲的类别,但它只占人口的极少数,而世上的人多数人则是学习意识强的,有着与生俱来的学习愿望的大种群的一分子。或者说,发展到今天的人类,应当基本上是学习的优胜者。正如恩格斯所说的,人与人的智力差别,同家犬与猎犬的智力差别相比,前者比后者小得多。伟大教育家孔子就凭着他的洞察力,作出了"有教无类"的论断。拿我们今天的话来说,是教育要面向全体学生。看来,"有教无类"不仅仅有道义上的缘由,更有着生理学的、心理学的和人类学的根据。

  我们姑且把上述这种从突变到选择的物种发展的论证方式称为工具A。除此之外,我们还可以有工具B。这就是利用种系发育与个体发育的一致性来考察人类是否有学习的本体要求。生物界有一种奇异的现象,就是万代生物的长时期的发展变异的宏观过程大致同一代生物个体由初生到长大的微观过程相吻合。譬如,作为人类的种系,最早应是单细胞的,然后逐步发展为多细胞的,先是水生,进而陆生,从爬行而站立;人的个体生长居然也一无遗漏地经历这样的过程。我们有了这样的工具B,就可以靠观察人的发育和活动来确定人自远古以来积累的先天性质了。研究表明,人其实是有着十分顽强的学习和适应环境的本性的。从受精卵在母体中着床开始,就产生了占领与排斥的战争:作为异体,母体要排斥这个微小生命体;但作为生存的需要,微小生命又顽强地着床。结论当然是明显的,不够顽强的被淘汰了,顽强的存在了下来。人类个体从受精卵到出生要经历三次这样的"战争"，因此，成活者无论从远古至今的发展，还是从小到大的发展，都经历了千锤百炼。这有助于我们理解"存在即合理"的规律：凡是存活在世上的人的生命体，都有它的生理以至心理的长处，这一长处是自然界汰弱留强之后的精华所在。我们以同样的方式来看婴儿的学习。实验表明，婴儿很快学会游泳——这是人类进化过程中曾经经历水生的一个痕迹，当然，也说明了婴儿的生存机制和适应外部世界的本能。而且，解剖表明，人的大脑的确存在管理不同语言的分区。有的区域，所管辖的其实十分专门化，如有的单纯管辖"命名"。而当我们想到，语言在人类发展中应当是相当后期的产物，它带有一定的社会性而不仅仅是自然性，而人类头脑中居然有与之相应的构造，可见，人的活动需要并不需要有很长很长的时间就可以影响着本体结构和本体"内存"。"学习"这一适应环境的活动，必然要影响人的神经元的内存信息，成为一种本能，成为先祖馈留给后人细胞的一种礼物。综上所述，先祖给后人留下了两方面的东西。一方面是类似于计算机"内存"的细胞中的具有一定程序性的各种信息，支配着人的基本生命活动，同时也包括较为高级的学习活动；另一方面是先祖的具体生活所形成的种种知识、经验和智慧，就像计算机后来写进去的文件，等待着我们把它写进头脑。由此，我们看到了先祖拥有的信息不自觉地沿着"两条路径"遗留下来，实在是赐给我们发展的和谐，于是我们再次赞叹大自然的巧妙安排。

　　幼年生物包括幼儿的无压力状态（包括成年生物或人的强制或诱之以利）的活动给出了学习本能的证明。我们观察老鹰教育小鹰，把小鹰从树上不断抛下来以让它学会生存的时候，我们看到并非后天的经验起作用——因为老鹰对自己幼年受训或无能的经验应当没有自觉，而且对小鹰来说，没有利诱可言。

　　再观察幼儿。幼儿一旦接触了外界，就会不断地提出问题。比如，这朵花是什么颜色？你告诉他是红色，他会问："好看吗？"你告诉他"好看",他可能要进一步问:"为什么你觉得好看,我也觉得好看呢?"这个时候,我们当然不能答以"你有自己的认识体系,我也有自己的认识体系,两者是同构的"等。事情就是这样,问题越基本,越难以回答。不管怎样,儿童的思考是十分积极、丰富和灵活的,这是一种与生俱来的天性。他要了解自己生存的环境,以便适应它,这并非我们所教,而是出自先天的结构和功能,他们甚至想得比我们成人还充分。一则故事说,妈妈带着孩子,遇到狗在吠,妈妈说,不用怕,会叫的狗不咬人。儿子却担心地问:我们知道它不咬人,可是狗自己知道吗?粗想起来,孩子实在是多虑。但严格说来,他有他的道理,甚至比大人的思考更精彩。有一个故事,一位绅士站在铁路旁,一位孩子问他:"到伦敦的火车几点钟开?"绅士答道:"四点四十四分。"孩子再问:"几点钟开?""四点四十四分。"绅士又答。孩子再问,绅士说:"你不是已经问过了吗?"孩子说:"我很喜欢你说'四点四十四分'的时候,小胡子一翘一翘的样子。"忍俊之余,我们看到了,这就是儿童!他们没有成人的种种拘束,拥有自然和天真的世界,他们就像婴儿学游泳比已经开始怕水的儿童来得快一样,一个依着自己的学习天性来思考的性灵,较之于具有种种后天的框框和局限的思考要更为宽广和敏捷。告别自己的童年时代的成人,也许记住了自己在孩提时思考的结果,却通常忘记了思考的过程。因此,他只能以自己的结果性的眼光看世界。如果他作为教师或家长对儿童进行教育,也只是一副成人面孔、成人的思维方式。成人思考方式的特征之一,是忘记了自己曾经那样地睁大求知的双眼,怀着极大的兴趣去探索未知世界,忘记了自己获得新知时的那种甜蜜,天空是那样的蓝,云彩是那样的白。于是,他不自觉地操起"就范式教育"的大棒,压抑儿童的精神,贬低他们的学习本性。在整个教育中,弥漫着我们上面所说到的"被动假设"。

写到这里,我想起前几年到一所乡下小学的经历。外地调来的教师对这所小学的学习风气十分不满,于是迁怒于学生素质不好。一位教师担任低年级语文,学生期中考试平均分不及格,见到我的时候,他愤愤然于学生"素质低下,不堪教育"。

"可是,他们才只三年级啊!"我说,意思是他们刚刚起步,还不存在定型的"很差的"素质的问题。

"你不知道,这个村子,同姓通婚。"教师神秘兮兮地压低了声音说。

这已经是到了得罪人的边缘了。我略微了解这个村子学生的情况,我同样压低声音告诉这位老师,这个看法不对,据我所知,恰好是在镇中学就读的这个村的学子,平均高考成绩居于各村的前列,说明当地儿童的智力并不差。我说,问题很可能出在我们的教学上。比如,我顺手捡起他批改的卷子:打"√"(对)的时候,本来应当是两笔,但老师却仅仅打一笔"/",而打"×"(错)的时候却坚决有力。事情微乎其微,却折射出对学生的态度,反映出对学生成就的冷漠和对缺点的热乎。后来,这位老师通过学习和思考,教学观念有了很大的改变,他所担任的班级学生学习情况有了很大的改善,成绩提高很快。但像这位持有类似的陈旧教学观念的教师颇多。在这些老师心目中,学生是缺少主动精神的,是永远被动的,他们没有独立的主体精神,因而需要随时随地地"鞭挞":分数,苛责,挖苦。他们把学生每一个进步都仅仅看成是教师苦口婆心教育的结果,诸如此类。这些见解,一个共同之处,就是忽视了人自身的学习和适应环境的本能。

前不久,深圳华侨城中学(我所在的教育科学研究所的实验学校)一位老师打来电话,他十分兴奋地说起在上个星期听了我的一个报告之后所上的一堂数学课。他说,他对我讲到的把每个学生看成是一位创造者、一个天才、一个值得尊重的具有思维权利的个体的观点颇有同感,他第一次上了一节原来自己也不完整地知道要上什么的课,这是因为,一堂课既然是以学生为主体,就不应该单由

◇教育走向生本

教师去决定课堂的全部进程，而应当在学生的主体参与之下去形成课程的实际路向。整堂课都在学生的参与下，生动活泼。他认为，在解决课堂的主要问题上学生的思维积极而活跃，这就是课堂最大的成功。该校的校长也认为，这是该校数学教学的重大变革。

  这些实例大有中国古代所谓"无为而治"的意味。汉文帝、汉景帝时期，奉行黄老哲学，实行无为政治。所谓无为政治，当然不是领导者在政治上无所作为，而是凡是下面能解决的让他们自己解决。这有点儿像今天所说的市场调节，于是出现了"上无为而下有为"的情形，出现了极大的繁荣。教学又何尝不是如此。尽管教师因为他的知识、地位，需要起主导作用，但他仍然是服务者，是为主体服务的。好的服务者应当尽可能地不露行迹，即"主体有形，主导无形"。古人云"善战者不战"，这有诸葛亮祠堂前的对联为证：

  能攻心即反侧全消，从古知兵非好战；
  不审势则宽严皆误，后来治蜀要深思。

如果我们进行移植的话，这两句话基本上概括了我们的教育策略。首句可以转译为"善教者以不教为教，教是为了不教"，次句可以转译为对教育策略重要性的认识。假如我们对学生的看法基本上是错误的，把他们看成消极的被动的知识容器，那么我们的教育措施就是压抑人的，就会出现"宽严皆误"的情况。这样看来，从枯叶蝴蝶的形成机制引出的对学生学习本能的认识，实在是有决定向何处去"势"的重要。

  写到这里，想到一篇文章《我所看到的美国小学教育》，最后一段写道：

  我常常想到中国的小学教育，想到那些课堂上双手背后坐得笔直的孩子们,想到那些沉重的课程、繁多的作业、严格的考试……它让人感到一种神圣和威严的同时,也让人感到巨大的压抑和束缚……它或许有自身的辉煌,但是面对需要每个人发挥创造力的现代社会,面对明天的世界,我们又该怎样审视这种孕育了我们自身的文明呢?

我想,这段文字应当唤起我们对"人"本身,人的本性、本能和本体的严肃思考。我们面对的,是我们必须给予足够尊重的人,是人的大脑。开动大脑,将释放出多么巨大的用于学习和认识世界的能量,实在是难以估量。而这,只要改革我们的教育和教学就行了,我们有什么理由,不去努力而为之呢?

三、学习化社会的序歌

广东省实验中学最近进行的语文教改活动,以"百位名人是我师"为题,让学生走进社会,以自己所写的文章,请教名人。这样的一个勇敢和近乎突兀的行动,得到了被请教的领导、专家、教授的热情支持,一百三十多位领导、作家、文学研究专家、历史学家、教育学专家、心理学家等作了回复,复函内容涉及了社会、文化、科学的众多领域,精彩纷呈。这是语文教学改革的新事,它超出了一个班级或一门学科的教学活动,折射出我们时代、我们社会某种崭新的东西,使人感动,发人深思。

首先,它告诉我们,今天,教育正在超越学校门墙,获得全社会的重视。中学生提出问题,专家在百忙中解答,篇篇书札,饱含爱心,诲尔谆谆,热情洋溢,体现了这些领导和专家的学识与智慧,更反映了他们以教育为国家之本的社会责任感和胸襟。它使我们听到了中华民族发展教育的澎湃之声,使人联想起古人所说的教育"为天地立心,为生民立命"的分量。而随着国际竞争和知识经济的变化发展,我们会日益看到,他们的行动给我们昭示的这一点,是多么富有远见。

其次,它告诉我们,在学生中间隐蓄着十分巨大的创造力和学习热情。阿什利·蒙塔古说:"在地球上所有的生物中,孩子是最为如饥似渴的学习者。"从广东省实验中学的同学们的文字和行动中,我们看到,一旦我们给孩子们以创造的机会,他们就变得生机勃勃,他们会行走匆匆去图书馆翻看资料,会把课本里同他想要解决的问题有关的章节反复钻研,会去互联网查找资料,会造访专家和社会活动家，他们的学习积极性就会被激发出来，他们的潜能得以发挥，价值得到体现。而对儿童的这一认识，是一切教育改革行动的基础。过去，我们不少教育工作者、家长不是还认为人之初性本惰，需要的只是灌注和管制的教育吗？相传，古代的鲧治水，用"堵"的办法，失败了；而大禹治水，用"导"的办法，成功了。这个故事和广东省实验中学的实例，可以给我们一种教育改革的带根本性的启示：人之初，性本学。学习是儿童的天性。教育的任务，在于发展儿童的天性，而不是压抑它。有个故事说，一位印第安老人买了一辆汽车，不知道如何开动，便雇了三匹马来拉它。他的问题在于不知道汽车自身有动力。而当前我们教育改革的一个重要工作，就是要研究学生对象，认识他们自身的动力，那种忽视学生内在的学习能量，一味加重压力的做法，是应当有所改变了。

再次，这一教改活动是学科教学走向综合的行动研究。学科的综合化方向，从根本上来说，是人类终身教育的要求。在未来社会里，无论是在学校里抑或在社会上，阶段性的学习都不足以满足人的终身需要。这是因为，包括计算机和互联网在内的现代机器已经进入了人的精神创造和储存的领域。人的知识更新越来越快，职业周期越来越短。一个人必须不断地学习，这样，获得学习能力相对于掌握孤立学科的知识，会显得更为重要。掌握学习能力的核心，是更好地掌握语言。这里所说的"语言"，包括词汇语言、数学语言和艺术语言等。人们不应当仅在原有的"小语文"、"小英语"、"小数学"中去学习这些语言，而应当把这些语言广谱化，在各种活动中学习这些语言，这种学习甚至要渗透到其他学科的活动性学习、研究性学习之中。例如，在关于历史的研究中，在生物实验——如考查声音对植物生长的影响中，撰写中英文报告、计算植物的生长速度等等，都可以是语文、英语、数学的延伸和拓展。在这样的综合学习中，学生带着一个整体的问题（而不是支离破碎的问题）去进行研究，从中获得意义，进入兴奋状态。他的学习受到

◇教育走向生本

知、情、意的支持，这就会使他的学习效果发生质和量上的重大变化。广东省实验中学的"百位名人是我师"的教学改革，恰好就是这样一种典型。通过这样的研究性学习，我们看到，他们的相关知识学得更透彻了，而他们对语言的感悟更深刻了，而语言的学习水平是不会"封顶"的，这就给了他们以终身受用的描述和表达、学习的越来越锐利的工具。实验中学学生的文章和感想在如此短的活动时间内，集成一册，细读之，我们既感到小作者们学习的情感激扬，又惊诧于他们竟有如此丰富的语言和信息。这也就更加说明，如果我们继续那种一点一点教、一点一点学的"灌注式"做法，是决然不能适应变化了的、比旧时拥有更多的灵气和悟性的现代经济发达地区的儿童的了。

21世纪是学习化社会的世纪。学习化社会不仅表现为人们需要不断学习，更表现为学习资源的社会化，以及学习组织方式的多样化。这是社会走向现代化的标志之一。在数字化时代，学习化的社会将会得到先进工具的保证而更快、更大规模地形成和运行。任何一个儿童或成人都可以通过电子邮件访问专家，而专家也会从大量的邮件中获得许多有用的信息，教学模式将会进一步改变。今天，我们看到，随着知识经济的发展，学习化社会的前景正在展开，人们在学习上的互相关心和互相依托正在变成现实。而从这个角度说，广东省实验中学这样一个众多领导和专家关注学生的事实，恰好给了我们学习化社会中学习交互现象的一种雏形，这对我们认识未来世界也是极有启发的。

广东省实验中学是我所在的广东省教育科学研究所的"创新式学校"研究项目的实验基地，"百位名人是我师"是这项研究中的一个子项目。主持人罗易老师又是我们承担培养任务的广东省普教系统"百千万人才工程"（在2010年以前培养百名教育专家、千名名校长和万名名教师）的省级专家培养对象。他要我为他主编的这个文集写一写感受，我不辞粗陋而命笔，其中，最重要的，是因为他的这一改革的成果使我激动不已——尽管改革总是伴随不完善，但它所带给我们的信息的意义，则是难以名状、使人衷肠为热的。谨书此，请读者教正。

（本文是作者为《百位名人是我师》一书作的序）

四、教育之道，启发潜能

　　学习是最需要自主的行为，而我们的认识却往往与之相反。譬如，在我们的传统教学中，总是隐含着某种假设，似乎学生非得要接受老师和课本所设定的一切，这样的教学事倍功半，已是无可争辩的事实。然而要如何改变呢？解决这个问题，需要有理论的探讨和实践的探索。广东省广雅中学特级教师黄永光老师和他的学生们所编著的这本书，就是教改探索的一项富有特色的成果。
　　通过本书，我们知道，黄老师别出心裁，把学科课程和活动课程综合在一起，利用假日时间，让学生们参与了"百位名人教我学"的活动。学生们或用信函，或用电话，或用电子邮件，或登门造访，在获得名人指教之后，写出自己的文章，结集成册。读这些文章，就如参加了同学们与各界名人的对话，别有一种品味，可谓"不是寻常随笔"。譬如，黄嘉星同学在访问香港陈方安生司长后写道："我首先想到的是我那'惑之不除，事无以成'的观点……司长应该是不会认同我的那样的'除'法，她认为，'除惑'要从'择善'开始（这就和黄阿姨的观点十分吻合）。"（黄阿姨是作者另行采访的黄玉娥高级工程师）短短几句，时而老成有加，时而稚态可掬，可作论文观，又可作孩子的心声读。百位名人，百封信札，涉及各行各业，然而激荡在所有学生文章之中的，是一种投入的兴奋，一种发现的撼动。他们终于可以展开自己的思想，去亲自与社会人生接触，这当然会产生犹如肺原细胞直接接触负氧离子的那种清爽的欢快。书中学生文章清新可人，意趣纵横，思想活跃，信息丰富，文笔流畅，令人对今天的中学生刮目相看。然而，这还不是我们注意的焦点。学生们写出了什么，是否达到什么水平，并不那么重要。重要的是他们参与着、思考着、创造着。潜能发挥出来了，自我实现了，"高峰体验"了，学习成为他们生活中最美好的部分，这就够了，他们自会用这种获得去创造更新更美的文章，创造更其美好的精神世界。叶澜教授说："人的自然生命存在的基本表征，就是他能自动地呼吸……但当问题扩展到精神生命发展等领域时，这一结论却常常被人遗忘、丢弃，甚至违背、践踏。学生的精神生命发展的主动性被剥夺，在我国几千年的教育传统中表现得十分突出。"① 今天，广雅中学的老师们表现出了对学生的精神生命发展的主动性的尊重，这是对传统教育的革新。

教育之道，在启发潜能。人的潜能无限，这是我们的先祖数十万年来发展的累积，问题在于我们能否去保护和开发它。教育者不能代替学习者对他们自身的潜能进行开发。苏格拉底说，教育者的这种地位犹如产婆。产婆也者，再辛苦，也只是助产，而不是自己生产。我想，他用这样一个偏例，是否取"欲得周郎顾，时时误拨弦"的策略，好让人们印象更深，更深切地认同：教育的本体是学生，而教师只是服务于本体的。教育最终不是为了发挥我们教师的聪明，而是要通过教师，去最大限度地发挥儿童的聪明才智，启发他们的潜能。这是世界上任何一种职业也没有的特征。黄永光老师进行的这样一个大胆尝试，其意义就在于迈出了这一步，使教育的本体——学生突显出来。现在看来这是成功的，本书就是一个证明。从旁观之，黄老师和同学们的这一小步，是教育思想和措施从师本走向生本的一大步，不知然否？

著名诗人、哲学家卡利尔·吉布兰在写诗抒发对子女之情时说：

孩子们自有孩子们的头脑，

---

① 叶澜：《让课堂焕发出生命活力》，载《教育研究》1997年第9期。

能百般爱护他们哟，
却无法让他们跟着长辈跑。

孩子们的心啊正飞往未来世界，
锁得住他们的身呀，
锁不住他们的心。
未来世界呀无法找寻，
就连梦中也无法找寻。

　　这首诗也许会打破想要儿童就先辈之范的梦幻，同时告诉我们，人类的知识传输是重要的，但更为重要的是培养儿童的学习能力，好由他们自己去发现和创造未来世界。黄永光老师很好地把握了这一点，尊重和启发学生，创造条件让学生全身心地投入活动。试看，每个学生在书中相关那一节都是主角。那里，有他们自己的肖像，有他们的活动和感悟，有他们展现思想的窗口。而当他们自己去发现的时候，知识变得有"个人意义"了，像世间之爱那样，他们对知识也就产生了"生产性的爱"，而这样，他的知识就拥有了个性，拥有了他自己所赋予的生命，正如钱钟书先生所说，这样的知识是"心血浸养"的和"联系着神经和血脉"的。他们的潜能奔涌而来，他们的品格提高了，创新精神和实践能力加强了，这不就是我们教育的理想吗？

　　语文教育乃至整个基础教育的改革任重道远。改革实践会带来许多我们甚至始料不及的问题。黄永光老师和同学们的这一改革实践也不例外。比如，如何处理原有的学科课程与活动课程的关系，或者说，如何进行以学校为基地的课程整合或改革？一个学科的改革与学校的整体改革有什么关系？等等。但是，这些问题的提出与解决是在改革的基础上的，是高一层次的。在新的高度上提出了新的问题，这显然也是黄老师和许多教育改革的积极实践者的功绩之一。

  黄永光老师是由我们承担培养任务的广东省普教系统"百千万人才工程"的省级专家培养对象，他的"百位名人教我学"互动式语文教学改革，是我省"百千万人才工程"专项课题之一。他同广东省实验中学罗易老师合作进行这项课题。罗易老师和他的学生也出版了一本《百位名人是我师》，与本书为姊妹篇。我曾应罗老师之邀为该书写了序，原以为要说的话多已说了。但当我读了黄老师这本书，感到又有新的感受和新的振奋，故还是如黄老师之约欣然书此为序。

      （本文是作者为《百位名人教我学》一书作的序）

五、论科学观念教育
在学科教育中的地位

长期以来，由于流俗教育的影响，学科教育仅侧重于现成的知识结论、技巧和技法，而忽视了科学观念的教育。科学观念，指的是人们对某一科学对象或科学过程的本原和本体的见解和意识，包括对该科学知识项目而言，人类为什么想、怎样想和想出了什么这样一些问题。对这些基本问题的领悟，就反映了科学观念。科学观念不同于科学概念。科学概念必须严格界定，因而它利于记录、传播和交流，而科学观念更具有模糊性，它是科学概念及其与其他概念的联系的整体背景和基础。它不便于传播和交流，却具有广泛和高效的特征，既成为人的科学素养的一部分，又广泛支配着知识的应用。培养人的科学观念，是学科教育的素养目标（形式训练）和实用目标（实际应用）的中介，因而对学科教育的改革具有重要意义。此外，我们所谈的科学观念，可以是宏观的，也可以是与某一学科知识项目相关的，据之可以确定科学观念的教育序列，使科学观念的教育具有可行性。

科学观念的培养是学以致用的关键

近年来对学科教育目的的研究有两种认识。其一是强调学科的"磨刀石"作用，认为学科教育对于人只是一种形式陶冶，重要的不是所学的具体内容，而在于人的内在品质的提高。这种看法导致了课程内容的"窄而深"。其二是与之相反的见解，认为学是为了用，提倡学直接应用的东西。这种看法导致了"阔而浅"的课程设计，使课程减弱了系统性并缩小了理论覆盖面。尽管这两种见解有对立的一面，但又是有联系的。事实上，形式陶冶不能离开知识的有效性，而有效的知识也不完全是实用型的。特别是在基础教育阶段，为了使学生在较短时间内获得较多的知识，必须使知识具有一定的系统性和逻辑性。其实，对一般人来说，知识用处的大小，并不完全取决于它本身，更多的是取决于学习者本人的状态。因此，在学科教育中加强科学观念教育，通过增强人的科学观念，就能在知识的系统性和逻辑性的前提下，发挥知识的实际应用功能。

为了了解科学观念教育是如何促使人发挥知识的效用的，我们在深圳市实验学校对 46 名高中一年级学生进行了如下的考查。

题 1：你认为下列的两个集合 X 和 Y 中，Y 是否为 X 的函数？
(1) Y：量身高所得的刻度尺读数
　　X：人的身高
(2) Y：人的体重
　　X：人的身高
(3) Y：某班各个学生的考试成绩
　　X：某班各个学生的学习水平
(4) Y：一本书中各个英语单词的出现次数
　　X：这本书中的英语单词数

题 1 的考查目的是了解学过了函数知识的学生对日常生活中存在的函数的敏感程度。考查的结果是：第（1）小题答对率为 65%，第（2）小题的答对率为 96%，第（3）小题的答对率 43%，第（4）小题的答对率为 47%。

题 2：现有八种甜度不同的苹果，另有糖和水（用以配成不同浓度的糖水），设计一种甜度函数，用来表示苹果的甜度。

题 2 的考查目的是了解对现实生活中的可量化对象，学生是否能使用函数知识加以量化。考查的结果是没有学生能答对。教师加以启发，得出如下解决法：配制出由低到高不同浓度的糖水，把苹果相应编号；然后先尝一口 1 号苹果，再尝一口 1 号（最淡）糖水，对比的结果，如果觉得苹果比糖水甜，则再尝 2 号（次淡）糖水……不妨假定第 4 号糖水和 1 号苹果一样甜，则以 4 号糖水的号数作为 1 号苹果号数的函数，称为 1 号苹果的级数。

由我们的生活经验可知，任给一种苹果，都有一种特定的级数与之对应。因而这样定义的关系是函数关系，也就是说，这样来给苹果定级是有意义的。若有几种苹果的级数相同，也就是缺少区分度，这时，就要对上述函数加以改进。例如，把糖水浓度差定小点儿等。

在测试中，教师对学生讲解了题 2 的解法，也就使函数的观念较好地树立起来了。学生在教师的讲解中体会到，所谓函数至少有两方面的意义。首先，它是两个状态之间建立起来的最起码的对应关系，如果连这样的关系都没有建立（在一个集合中给出一个元素后，另一个集合没有确定的元素与之相对应），那么两个状态之间的关系就难以表示了。其次，它又是用一个容易描述的状态来表示另一个较难描述的状态的工具。在题 2 中，糖水的甜度是较易表示的概念（我们可以自行配制任意非饱和浓度的糖水），建立函数的目的就是用它来表示苹果的甜度。而如果所建立的对应关系不能使几种苹果有一个确定的级数的话，这一对应关系就是不符合要求的。由此，学生深刻地领会了函数定义的真正含义，亦即较好地树立了函数观念，这为回答题 3 作好了准备。

题 3：举出用函数表示某个量的例子（最好是自己发现的例子）。

本题的回答率为 79%，有 61% 的学生作出了有自己见解的答案，尽管这些答案中有一部分是不符合函数意义的，但也给了他们通过辨析更加明确函数概念的机会。这些解答表现了学生初步形成函数观念之后产生的丰富想象力，所涉及的内容有教育计划（学生认为培养学生的用钱总量)、pH 值、工厂超时工资、细胞分裂、气温与人们穿的衣服的多少(这种关系引起了重视——因为同一气温下不同的人或同一个人在不同的气温下穿的衣服是不确定的)、脑力劳动量与大脑的开发量、近视深度与眼镜的度数、给自行车打气时车胎容度与进气量、足球运动员的射门数与场次等。

有一位学生举出了八个例子：吸烟的危害程度与吸烟的年龄、皮肤癌的发病率与紫外线的辐射量、大自然环境的污染与年代的增长、地球自转的次数与时间、地球公转的次数与时间、科技发展的程度与时间、人的年龄的增长与时间、人类掌握的知识总量与时间。

还有一名学生举出了人的视野的宽广程度和人与对面的距离，指出这个函数描述了"欲穷千里目，更上一层楼"现象。他还指出，温度就是用以描述物体内部分子运动的剧烈程度。还有的学生把做作业中的墨水消耗的数量等现象也作为研究对象，指出有时只要看学生墨水的消耗，就可知他做了多少作业。由此可知，函数观念实际上给了人们间接地认识世界的意向和方法。

考查结果表明，如果学生树立了函数观念，他们就能自觉地应用函数知识。观念是在审视知识和应用知识的联系中产生和形成的。观念的建立，有可能成为形式训练与应用之间的桥梁。题1，是学生还没有树立函数观念时的状态；题2，经过教师的讲解，学生初步感受到了函数的观念；题3，学生在函数观念的指导下大大开阔了思路。这一过程给我们的启示是，科学观念的建立成为学生训练与实际应用之间的桥梁，应当在教材和教法中，把树立科学观念作为改革的重要内容。

调查表明，学生毕业之后，所学知识的能用性空间远比已经用到的要大得多。分析起来，他们之所以用不上所学知识，往往不是由于学习该知识时成绩不佳，也不是由于在所处的环境中没有相关的科学因素，而是在于他们仅仅掌握了一些具体的事实，并没有形成相关的观念。事实上，只有当他们体会到怎样想和为什么这样想时，才能形成可以驾驭知识、具有很强的活动性、可以在人的未来生活中起作用的观念。形象地说，某一知识的相关观念的建立，相当于推开了一扇心灵之窗，可以看见知识同如此众多的事物的本质联系。例如，形成了函数观念的人，对于在客观世界中存在的数量对应关系会有一种敏感，经常想到可以用一种数量集合去描述另一种集合，于是他们经常寻找数量化的方法，企图数学化、定量化地描述世界。这无疑大大地增强了数学知识的威力。所以说，科学观念教育是从根本上而不是就事论事地解决学以致用问题的关键。

科学观念教育是现代社会对学科教育提出的要求

在学科教育中贯彻科学观念教育，是现代社会发展的需要。事实上，现代信息社会的一个特点，主要是在科学和生产领域不仅发生了渐进式的发展而且不断发生思想和观念的更新，以及产品转型式的变化。人们在竞争中，需要"用两只眼睛看世界"，即一只眼睛盯着原有基础上的改进，一只眼睛盯着新思想、新观念的发育形成。为此，出新产品新思想的科学研究，已经成为企业的一种必要的组成部分，它有时甚至可以关系到企业的命运。著名的王安电脑公司就是一例。这个公司数十年来一直在计算机领域居于领先地位，但在20世纪80年代中期，尽管在大型计算机技术上该公司仍处于领先地位，却因为不能适应计算机个人化的新观念的挑战，经营状况每况愈下，终至破产。信息社会的大多数人将从事信息的管理和生产工作，社会财富的增加主要靠知识而不是靠体力劳动。工业将从大批量、少品种的刚性系统过渡到小批量多品种的柔性系统，知识的不断革新、技术的不断进步和普及，使得产品日益复杂和精巧。相应地，人的职业周期变得非常短促（如美国有些调查机构估计，在今后四五年内，工人改变职业的次数为平均每人四五次），因此，工作和学习将会交替地进行。在信息社会时代，更聪明地工作比更用力地工作显得重要。人们直接使用习得的非基础知识的可能性越来越少。新的职业要求工作人员在智力上能适应工作——他们应当准备吸收新思想，适应变革，应付模棱两可的情况，感知事物的来龙去脉，解决非传统式的问题。这种聪明才智是在掌握有关知识的基础上，善于应用所学知识的那种敏锐。这就要求受教育者应当对客观世界的本质和规律具有更深刻的、更高层次的认识，这就是人们所说的见识或见地。清代袁枚在《随园诗话》中指出："学如弓弩，才如箭镞，识以领之，方能中鹄。"这就把人的"才"——智能，"学"——知识，"识"——见地、见识或我们所说的科学观念三者区分出来，并十分形象地指出了它们之间的关系：知识是解决问题的基础，才智把知识转化为解决问题的工具，而见识或见地则是我们对知识和能力的应用方向、方法、方式的引领和监控。假如没有后者，知识和能力都找不到用场，当然，也就不能有效地解决问题了。在现代社会中，知识能力与科学观念的这种关系，显得更为重要。这是因为现代生活为知识和能力的发挥提供了更为广阔也更隐秘的可能性空间，需要"识"的引导，才能最大限度地发挥知识和能力的功能。正因如此，科学观念成为人的自下而上的需要。如1989年美国学者给国家的报告《人人有份》中指出的，人们从来也没有像现在这样需要数学式的思维。

现代信息社会要求把各学科的知识综合起来去解决现实问题。学校中所学的严格的科学概念、系统和门类，是整理和传输知识所必需的，但并不意味着仅仅学会它们就可以自然而然地解决现实问题。正如老子指出的："道可道，非常道；名可名，非常名。"用今天的话来说，对客观事物的整理总带着某种局限性。在用科学方法描述对象时，总是要把客观事物的某一方面（尽管如我们所说是本质的方面）分离出来，抽象出来，从而具有某种理想的性质，而这也就难免割裂了客观世界的实在联系。在现代社会中使用这些知识就必须有综合方法，要使认识超越理论和实践之间的，以及学科之间的距离，使人更具有在具体情况下作具体分析的创造性。面对这一点，就必须把在学习具体学科中获得的科学观念相联、融合，形成更高级的、覆盖面更大的观念。

我们以文科为例。虽然对于一些人文事物的认识必须遵从一定的既成规则，但是，由于长期反复的书面整理和课堂教学的结果，既成规则与实际生活中的约定规则已有了相当大的距离，个体只有建立了一定的人文观念，才能把两者统一起来。举凡法律的建立与解释、改变，经济规律的认识与揭示，等等，无不依靠一定的人文观念。文学创作也说明了这一点。一位著名现代作家在介绍他的创作经验时说，他的创作把现成的文字"重新打散来用"。要把文字重新打散，就必须依靠作家的美感，而不是依靠被考试所反复强化的语法条文。同时，这要求符合文字的本义而不仅是人们用惯用熟了的引申义，这两方面其实就是要求人们习得基本的东西：最基本的知识和语文观念。与此相类似，中小学的美术、音乐乃至数学，也应该以培养美感、乐感、数学感为潜在目标，而把技法性的目标相对降低。对这种强调观念的教学，数学家江泽涵先生风趣地称之为"得意忘形"，而某位美术教育家则认为不妨使受教育者"眼高手低"。前者其实是指通过具体的"题和形"去培养人的数学感，后者则是指美感重于技法。这是因为现代人的文化修养，表现在能从更高的层次上去看待事物。事实上，多数人都会接触到艺术，虽然他们不需要自己充当画家或设计师，但要具有区别好坏、欣赏美的事物的能力，这种能力使他们在学习美术时，容易进入一定的境界，能用一定的设计思想和观念去对待周围的事物，为创设美贡献力量。许多老科学家曾为没有一个中国籍诺贝尔奖获得者而感到遗憾，并常常把它归因于教学内容和方法的缺陷，其中一个重要的原因就是在基础学科教育中缺少科学观念教育。诺贝尔奖获得者杨振宁教授说他在中国学到了演绎法,在西方学到了归纳法,这才取得了今天的成绩。重视归纳法与演绎法的结合,在学习中弄清来龙去脉,形成观念,是那些提出新概念、新思想、新方法的科学家的共同之处,是值得我们在学科教育中借鉴的。

科学观念教育是提高学科教育水平的动力

科学观念是对事物整体考察而获得领悟的结果,它必须通过符合学习者认识事物规律的相对完整的学习过程才能形成。因此,科学观念教育就其本质来说,应是有意识地为树立科学观念而进行的活动性教学过程。这里所指的活动性教学,是区别纯粹结论的或结论的应用的教学。抓住了科学观念教育就抓住了当前教学改革的主要矛盾,就有可能在学科教育中真正加强素质教育。重视科学教育,将会给学科教材、教法和教学思想的改革带来新的气象。

事实上,如果形象一点说,学科教学由于传统考试的影响,一般都逐步地向教学程序的"末梢"转移。强调"末梢",是指以非基本的技巧和技法作为主干的那些题目。对此,无论学生还是教师都很难追溯出到底是何种机制产生了解答这些题的灵感。因此,它对一个人形成科学观念的作用是甚微的,对激发人的最积极的思想影响是不大的。年复一年,考者、教者、学习者在追求技巧和技法方面犹如军备竞赛,愈演愈烈,其直接的后果,就是离对问题的产生、发展的整体领悟越来越远。

我们对某校 15 名初中数学尖子进行测试,题目是:两人轮流在一张长方形桌面上放铜板,谁放下最后一枚,迫使对方接着没有地方放下他的一枚,谁便胜利。试问有无必胜之道?

被试 15 名学生都不会把问题归结为最简单的情形,即从一张只能放一枚铜币或二枚铜币或三枚铜币的小桌子去进行思考,从而得出必胜之道:先放,并占取中心位置。这说明虽然学生做过大量

◇教育走向生本

的题目,但对从简单到复杂、从具体到抽象的研究的第一步,即找出最简单的对象并从中发现可能的一般规律,则几乎毫无观念。于是他们就不可能解决新情境中的问题,这无论对他们就业或是进入大学学习都是十分不利的,所谓"高分低能"就是这样产生的。实际上,即使演练大学里的习题,也用不上中学所学的那些技巧性过强的东西,需要的是做学问做研究的本领,即把材料变成模式或把模式变成材料。

事实证明,科学观念其实就是对知识的本质的领悟,我们在深圳市实验学校进行的实验证明了自觉表象是如何以原型匹配的方式进行迁移的。

对五年级 50 名学生给出了一组题:

上半场赢球 10 个,下半场输球 5 个,全场结果赢球几个;

上半场赢球 5 个,下半场输球 7 个,全场结果赢球几个;

为了简便起见,把赢球记为"＋",把输球记作"－",这就是说:

$(+10)+(-5)=?$

$(+5)+(-7)=?$

后面的练习及检查,结果全对。同理,学生对于涉及收、支、朝东、朝西、上升、下降等均用"＋"、"－"来表示十分感兴趣,并表示希望找一个名字,以便称呼"一个数去掉符号后"。特别令人感兴趣的是,学生在依照输赢球的例子来学习正负整数的加减之后,未经教师的进一步指点,他们就可以解决一些简单的正负分数相加的问题,如 $-5/9+2/9$ 等。教师当堂考查含有正负分数加减的题目,全班 96％的同学得满分。这里,其实发生着一种原型匹配的过程:

赢输球的加减——赢输球——正负——正负整数加减

球数——绝对值(在学生还不会称呼绝对值时,他们把它看成是相当于进球的数)

尽管进球数不存在分数,但这不妨碍学生进行这样的原型匹配,也就是学生对所占材料的不足之处进行了心理补偿。这正是观念的心理功能超越了逻辑思维的表现。

在这里我们看到了一个现实的(赢输球的)原型是如何孕育着设置正负数的思想的。我们感兴趣的是这样一个事实:观念的产生是胚胎式的,而不是用片段组合起来的。也就是说,观念的单元是对于某种问题的解决。即使是用学生最熟悉的材料所构成的新问题的解决(全场输赢球数)也是一个新的观念。它就像胚胎一样,尽管不完善,但已经具备了可以发育为成熟的观念(在上例中指的是形成了有理数加减法的法则)的所有生长点。

而另一种把生动活泼的客观世界分割成一个个不能反映某一观念单元的小块的"盲人摸象"的教材安排方式,或许是使许多原本不是难点的材料成为难点的原因。事实上,在这种教学中,学生就像一个只能被动地一次一次分别摸象的嘴、牙、腿的盲人,他们只有在相当长时间以后才能体会到所学对象所蕴含的思想或观念,他们的学习是被动的,很难产生内在的学习动机。下面还是以"有理数"的教学为例。一般的课本开宗明义就是"相反意义的量",然而这个概念并没有组织到一定的观念中去,学生可以承认它的存在性,却难以领会为什么要作出正负号的规定。而在输赢球的例子中,这种规定的实际需要就十分明显,并且成为学生自己学习的愿望。

这样,我们就接触了强调观念发展的教学(教材教法)。它同过去的知识叠加的教学是完全不同的,在这样的教学中,学生知识的这种胚胎——完形,或观念——概念的发展,符合他们的认识规律,有助于课堂学习的高效率。

在深圳市福田区教研室组织的"初中教学观念教育为主"的教学实验中,就始终抓住数学观念的建立,让学生体会到观念产生的必然性,形成相关的观念,从而使他在整章的学习中得到观念的支持。如"代数式"一节，教师就把代数式对数的抽象功能作为讲解的重点，让学生在学习中深刻领会代数式概念产生的必然性。

　　加强科学观念教育，关键在于教师的重视。如果教师缺乏科学观念教育的意识，就不可能对存在的教育观念进行分析研究。如果教师用传统教材教法所反映的观念去看待和处理教材，在备课时就仅备具体知识的传授，而不可能用更高的观点去领悟教材。当然，对于教师来说，更重要的是发现教材中的科学观念联系，这就要求教材编写者把科学观念教育作为教材编写原则之一。特别是应当用科学观念体系去取代那种让学生一点一点地学习知识的知识累积体系。各类学科有相应的学科活动，如数学的思维活动、物理化学的实验活动、文科的人文活动等，种种观念都是在这些活动中形成的。在教材教法中贯注科学观念的教育，必须研究和分析这些活动的过程。此外，科学观念是在人类认识活动中形成的，为了了解和掌握知识所蕴含的科学观念，教师应当学习有关的科学认识史和科学认识方法论，为此，编写一套适用的学科认识史和有关的认识哲学，是十分必要的。

（本文原载《教育研究》1995 年第 7 期）

六、让学生通过自己的思维学习数学

我们把在数学教学中启迪思维、培养思维能力和改善学生的思维品质的活动，称为思维教育。思维教育是数学教学的核心。它牵涉到复杂的心理现象。数学教学中的思维教育，存在着以下问题。(1) 在实际教学活动中，采取"注入式"和"题海战术"。把学习数学的认识活动的主干看成是感知和再认识，削弱或取消了其中的中心环节——思维。(2) 把数学思维活动的因素仅看作数学题本身，而忽视了人的因素，把学习数学的思维仅看作数学现象而不是思考活动。(3) 把思维教育的过程看作仅是传授如何解决既有问题的思维经验，而不是启迪学生开展思维活动并获得教育效益。上述问题的实质是：人在数学学习的认识活动中，思维占了什么样的地位？数学思维仅仅是数学现象吗？教育措施是直接作用于个体的思维，还是作用于思维的条件系统？

思维教育是数学教学的潜在目的

思维是数学教学的潜在目的，这首先是由于数学的高度抽象、遵从逻辑规则和不断创造新的精神产品的特征，十分集中而突出地表现了人类思维的概括性、间接性、逻辑性和生产性。数学学习对人是一种良好的思维训练。调查表明，数学成绩与中学各科成绩有明显的正相关，而且是不可逆的（即对其他各科成绩不起负面作用）。我们对广东省理科竞赛数理化前九名的调查，即表明了这一点。各科分两试，一试是单科，二试是除该单科外各科的综合知

◇教育走向生本

识。一、二试合计总分。结果如下表所示：

项目	单科优胜前列者		单科前九名中获总分前九名者			
科别	人数	计分数	人数		计分数	
数学	9	45	9	占100%	45	占100%
物理	9	45	5	占56%	33	占71%
化学	9	45	2	占22%	17	占38%

说明：其中第一名计9分，第二名计8分，余类推。

调查还表明，作为基础教育的中小学数学学习对人的发展的影响中，数学知识是重要，但在许多情况下并不是第一位的。我们分别调查了广州新中国造船厂和广东教育学院（现名广东第二师范学院）数学系、物理系共148人次，其中本科程度91人，专科程度22人，高中程度16人，初中程度19人。采用问卷调查，对中小学数学从数学知识、数学的严谨性、抽象性、运算能力、逻辑思维能力等方面的九个问题，给每个回答层次记分为：影响很大记5分，较有影响记4分，一般记3分，稍有影响记2分，没有影响记1分；然后将每个问题总的得分加以比较，以评价中小学数学诸因素对人的发展的影响。调查结果如下表：

总分	对工作的影响				对学习的影响		对个人特点的影响			累计
	组织能力	表达能力	专业技术	成绩荣誉	理解能力	专业知识	性格	兴趣爱好	创见	
数学知识	363	362	541	376	456	455	320	381	361	3 276
数学的严谨性	448	386	419	362	451	427	382	366	389	3 630
数学的抽象性	362	374	423	351	437	412	357	346	391	3 453
运算能力	377	331	394	354	409	343	385	346	373	3 312
逻辑思维能力	462	449	472	389	478	450	393	372	433	3 898

由此可见，数学学习获得的逻辑思维能力对人的发展影响最大；仅仅把传授知识作为数学教学目的，显然是不够的。数学的历史，可以看作一个巨大的思想的历史，它呈现为一种完整和连贯的演变过程，科技工作者或是一般的人都会引起重视。

其次，思维是数学认识活动的高级阶段和中心环节。除了思维之外，学习数学还有感知、记忆、再认识等活动。但是数学学科以逻辑推理作为真理性的标准，从而使它被列为思维学科，既区别于比较强调感知的实验学科，又区别于比较强调对既有事实的记忆和再认识的人文科学。数学问题的解决，最终是通过思维实现的。思维继续和发展着感知和记忆表象的认识功能。在数学学习中，几乎每一个环节都需要思维。以数学资料的阅读为例，实验表明学生在阅读中的时间分配，总是花在最富思考性的地方为多。如在阅读一个"证明 $\log_6 7$ 是无理数"的资料的实践中，被试学生花时间最多的是在"显然，$6p=7q$ ［p，q 为正整数，$(p，q)=1$ 是不可能的］"上面，其原因是学生未学过素因子唯一分解定理，总感觉这个式子（尽管由直观不难看到例证）缺乏根据。而"按据说理"正是思维的表现。在解答一道非标准的习题时，也离不开通过思维建立微理论的过程。

正因为思维在数学教育的外部和内部都有着重要的地位，所以，任何忽视思维的数学教学理论和方法都是不合理的。

思维教育涉及复杂的思维条件系统

思维教育是从研究解题如何快些好些开始的。最初的想法是，每一道题都有着相应的最佳思路。把思路传授给学生，就是培养了数学思维。换言之，错误的观点认为数学思维是由有关的题目唯一确定的，它仅仅是单纯的数学现象。这种见解导致了把思维研究简单地看成是题型归类、题型思路传授、"证题术"和"招数"等。

事实表明，人的思维并不是像可以被描述为"证题术"那样完全形式化的，它受着复杂的条件系统的支配。以模糊思维形式和自然语言为主要成分的意会知识，较之于以精确的思维分析、科学语言为主要成分的"言传知识"更为基本。言传知识，如符号构成的陈述、逻辑推理、数学运算，归根结底在意会基础上才能被理解和表达。而且意会知识、理论、心理、情感、价值等，又不断填补言传知识的逻辑循环。

这种现象广泛地分布在数学学习之中。例如，广州48中学的实验表明，就十四五岁的学生来说，学习反证法的障碍在于学生对把正确结论的否定作为推理的前提难以接受。在一次以谬误为前提的推理中，有91.4%的学生对假设前提与感知上的矛盾困惑不解。又如，在数学归纳法第二步的证明，以及在分析、综合发现解法需假定"结论"成立的思考中，总是受到"这些结论尚未证明，不能作为假设"的想法的干扰。

在思考功能模拟研究中，一些科学家承认思维存在着两个层次：一种层次可以用计算机的启发程序进行类比，于是可以成功地加以描写；另一种层次如果用计算机类比的方法进行描写，那么或者是内容空洞的，或者根本不可能。事实上，计算机固然可以复制操作的某些方面，但不能反映思维活动的个人特征及其动机。人的思维不同于主要由外部问题规定的动物的手势思维，也不全是可以形式化的思维，只把思维看作计算机程序式的，忽视了主体的自我组织能力和主动因素。我们把人工智能同人的思维的这种关系的讨论，映射到思维系统内部的研究中去，是否可以认为：人的思维可以形式化的部分，就是所谓的言传态的思维；而不能形式化的部分，则是意会态的思维，它包括了情感、动机等一系列因素。这样，我们可以把思维产生与运演的条件系统看作思维场，思维场包含思维环境、思维需求和反应能力三部分。思维环境指思维者所处的内外部环境。外部环境指个体面临的问题情境，内部环境指个体的有关经验（包括记忆），思维需求是主体在内外部环境的相互作用，以及间接动机（由所学材料引起的动机叫直接动机，与所学材料的逻辑结构及内容无关的那些动机叫间接动机）的支配下产生的，反应能力取决于主体的先天智力条件以及后天的思维实践。因此，我们可以把思维场定义为：伴随着某一问题情境产生的情感、动机、过去有关经验和记忆，以及外部环境与主体状况相互作用所共同组成的，作为可以言传—形式化的思维的基础而存在的意识—环境系统。

从思维场的角度，我们可以认识到，学习数学的思维绝不仅是数学过程，还是复杂的心理过程。

思维教育的重点是作用于思维场

数学教育必须把培养人的思维能力作为重要目标。但思维是在个体头脑中发生的，并且思维是这样一种事物，当你把思维结果（如解题方法、解答方案）明白地告诉思维者时，思维就不必要，也就不存在了。也就是说，教育对象的思维，是教育不能直接作用的。思维的这种内在性、独立性，却并非昭示着思维教育无事可做，恰好相反，它决定了数学不应以"传授"思维过程和结论为主，而应当寻找产生和制约思维的、教师可以直接作用的因素。而这些因素的总和，就是上面所说的思维场。这些因素可以分成志向水平、联系水平、数学水平、策略水平和探索水平等若干个维度。个体对某一问题的思维水平是由这些维度确定的教育者通过直接作用于这些因素，调节这些维度，达到激发、启迪和提高学生思维活动水平的目的。从作用于思维场的角度看，思维教育不但是简单的"传授想法"的问题，而且是一项多方面的、多层次的长期细致的工作。

思维的志向水平指个体对思维的积极程度和各方面的倾向性和

专注性。志向水平对于数学思维具有重大意义，在教学中必须重视志向的激起和激励，使学习者的思维活动有一个积极的开端和持续的势头。为了提高思维者的志向水平，除了必须有合适的间接动机之外，还必须引起强烈的直接动机，这就需要合适的问题情境，即外部问题与内部知识经验的恰当程度的冲突。所谓启发式教学，从本质上来说，是始终提供合适的问题情境的教学。

关于思维的联系水平。思维可以看作是建立未知与已知联系的过程。狭义的联系水平，是指思维者掌握已知与未知联系的达成程度；广义的联系水平，是指思维的一个阶段性的层次，即掌握了已知与未知的联系，它在时序上处于探索阶段的末尾，又处在使用数学知识和工具进行描述之前。联系可以看作在已知与未知之间形成的一条通路。为了建立这样一条通路，需要志向的激励、数学知识的使用、策略的指导和借助探索去揭示。联系主要在短时记忆中实现，可以考虑运用图论工具对联系水平进行描述和分析，改善短时记忆并借以提高思维及思维教育的效率。

思维的策略水平指思维对某些外部刺激的基本反应方式的合理程度。这一层次的反应方式，因其适用于广泛的解决问题的思维而区别于解题的具体思路和方法。在学校教育中，传授具体思路并不是培养人的思维能力的主要方法，但这并不排除在学生思维实践的基础上，帮助他们去总结策略思想、领会策略形成的本质以及所遵循的原则，从题目和人的记忆系统中去了解可能采取不同策略的原因。从宏观看，策略水平是思维者能对所采用的数学方法及所建立联系过程进行自觉合理控制的那样一种层次，因而是区别于志向水平、数学水平、联系水平、探索水平的一种阶段。尽量把思考提高到策略水平，有助于增强人的思维品质，借以学会解决更广泛多样的问题，收到"举一反三"之效。数学策略与数学的基本方法是相对应、相联系的，大体可以分为五种策略。

（1）升格策略——相应于数学模型方法，指把维数较低或抽象水平较低的有关元素问题转化为维数较高、抽象水平较高或整体性较强的整体间的关系问题，通过对整体性质或关系的考察，而使原来的问题获得解决的策略以及相应的数学方法。

（2）降格策略——递归方法，指当人们对复杂的事物或抽象的事物一时认识不清时，暂时退到简单的仍能保持事物特征的情态，寻找事物的规律或关系的那样一种策略。降格策略反映在数学思维中的相应的反应方式，称为递归方法。例如，把多元问题转化为一元问题，把空间问题归结为平面问题，进而转化为直线上的问题的"降维法"；任意角三角函数通过诱导公式转化为求（0，2）内的角的三角函数；为了发现 $K=N$ 时的规律，先考察 $K=1,2,3$ 时的情况；数的扩张中的形式不变原理等。

（3）缩格策略——数学公理化方法，指在问题的条件系中寻找最小独立完全系，从而把问题归结为只涉及最小独立完全系的问题的策略。如果在一个条件系中有多个变量，其中独立变量最多有 m 个，则这 m 个独立变量构成的子集 T 称为原来变量集合的基底。在中学数学的解题教学中，我们总是把涉及的数量集合的基底找出来，把复杂问题最大限度地转化为只涉及基底的简单问题。例如，求最小公倍数，首先寻找出数系中的独立子系：质数。又如有关三角形的问题，它的位底含有 3 个独立变量，等差数列、等比数列的变量系中也含有 3 个独立变量等。在解这些问题时，总是把问题归结为最基本的那些变量。数学的公理化方法，就是在命题系中寻找独立完全系。因此，它的策略本质是缩格。

（4）更格策略——数学的变换方法，指保持数学题的某些个变量性质，改变信息形态，借以解决问题的策略。这种策略反映到数学思维中，则是变换方法。变换的形式是多种多样的，可以分为传递形式的变换、符号表达方式的变换、空间关系的变换等。其中，传递形式的变换，指的是语义信息、符合信息、形象信息的变换。将语义信息"a,b,c 都为零"转换为"$a^2+b^2+c^2=0$"、"数形结合"等，都是一种语义与符号，或符号与形象信息间的变换。此外，还有符号表达方式的变换，如换元，平移、旋转变换，直角坐标与极坐标的转化，方程的同解变换，以及空间关系的变换如位似变换，几何图形的旋转、反演、平移、投影、对称变换等。

（5）分格策略——数学的系统方法，指把综合性较强的数学问题看成是若干个子问题构成的整体，把一个问题分解为若干个较易解决的子问题的策略，反映到数学思维中，则称为数学系统方法。

数学策略尽管是各种各样的，但都有着共同的本质，就是尽可能地把新问题转向"语义丰富域"——人的知觉范畴中具有充实的内容和丰富的意义的领域。如升格，是把具体提升为抽象、局部扩大为整体、低维跃进到高维。这是因为，在高格情况下，去掉了在低格状态的非本质因素，更容易用已获得的理论知识进行形式推理，导致问题的解决。其他各种策略也类似，当问题一转入到储存信息的"语义丰富域"时，解决问题就受到了有关专业知识的支持和指导。例如证明 $A>B$ 的一类问题，常转化为 $A-B>0$ 的证明，这是因为对两个一般的数的比较所具有的知识，远不及比较一个数与零的大小所具有的知识为多；之所以改变要证的不等式，为的就是利用有关的理论知识。

思维的数学水平是指在对某一问题思考中个体所反映的数学知识水平，在与志向水平、联系水平、探索水平等并列时，是指运用数学知识去描述和思考的那个阶段。数学知识水平不仅取决于知识的数量和深刻程度，还在于由知识的有效结构所决定的知识品质。知识有效结构的特征是：（1）具有高度准确且着眼于联系的概念；（2）具有大容量的知识功能单位；（3）具有程序性而不仅仅是事实性的知识，后者只给人以结论，而前者通过知识的产生过程，使人了解知识的背景和条件，以及所联系的方法，从而更有利于解决问题。

关于数学思维的探索水平。第一种意义（层次意义）是指数学思维过程中的探索思维路径的阶段，这一意义是相对于联系水平、数学水平以及志向水平而言的。建立联系乃是探索的阶段性成果，而探索受到策略的指导并运用数学知识。在另一个意义（维度意义）上，探索水平是指进行探索活动的成熟、有效和高超的程度。探索阶段虽然也受到逻辑思维的指导，但其主体是非逻辑的、发现性的、似真的，推理以直觉、归纳、类比等主要思维方式，生动地体现了思维的辩证过程。

思维场所存在的上述水平，既反映了从产生问题到解决问题的若干阶段，又是培养人的思维能力、进行思维教育的若干努力方向。教学实践表明，分别作用于思维的这些条件，或者综合地作用于思维的条件的一部分或全部，都可以对发展思维能力起到积极的作用。因此，思维教育工作或数学教学中的思维教育研究，有着广阔而丰富的课题。数学教师在思维教育中大有可为。当然，不言而喻，思维教育必须顾及人的年龄特征和智力差异，本文就不再讨论了。

实验证明，加强数学思维过程是作用于思维场、全面提高各项水平的基本措施。据进行这项实验（含教材教法）的江苏省南通市和常州市反映，实验班的学习气氛、学习成绩和学生思维能力，都明显地超出了对比班。有一所实验学校进行数学竞赛，实验班占去了全年级 8 个班的第 1—7 名。广东梅县地区开展和推广这项实验的五华、丰顺、兴宁县，数学成绩大面积提高，升高中考试全县平均在 90 分（总分 120 分）以上，是全省的大面积高分区。

（本文选自作者在 1986 年第二届全国思维与数学教学专题学术研讨会上作的报告，原文获全国首届教育科学优秀成果一等奖）

七、教育科学研究
向自然科学借鉴些什么

作为人文学科，教育研究涉及人际关系、心理、社会以及有关学科等许多复杂因素，其实验研究基本上采取自然的、直接的方式。这既难以控制因素，也难以准确测量与评价，在许多情况下不得不依靠思辨和约定来判断真假。不必讳言，其研究成果的客观性、严密性以及逻辑性，总是处在十分需要提高的水平上。这也许是教育科学还未能走向成熟，甚至被许多人怀疑是否符合科学的原因。

从科学发展史看，自然科学和人文科学都出现过因方法改进而发生巨大变化的例子。例如，生物数学的出现引起了生物学的长足进步；而同样是大系统和多因素的经济学，当引进经济数学，把经济学与数学模型结合起来，转由计算机处理之后，便产生了质的变化，进入了利用仿真、模拟，在实验室中进行的阶段。然而反观教育研究的现状，不难看到，它与现代观察记录手段、采用计算机处理等几乎无缘，这当然是一种缺陷。对教育科学研究来说，非常富有吸引力的和富有挑战性的，是在自然科学研究方法的启示下，进行自身研究方法的更新。

借鉴自然科学论证的彻底精神

自然科学论证的彻底精神，来自四个方面：一是对所论事物具有客观规律性的肯定，二是对物质世界和客观规律的可知性的肯定,三是对物质世界存在质和量的规定性的肯定,四是对在客观存在的(正确的)前提下进行严格逻辑论证的结果的肯定。这些肯定特别是第一种肯定是进行科学研究的出发点,有了这些肯定,在科学研究中就推动了科学研究寻找或否定实证的决心和信念。其实,即使是对自然科学来说,对此也有一个认识过程。在自然科学史上,思考和认识外部世界的存在性,一直是自然哲学家们所关注的问题。最先思考这个问题的哲学家赫拉克利特承认外部世界的存在,同时认为世界上一切都在变化着,断言"不可能两次踏入同一条河流"。然而柏拉图的见解与此不同,他甚至认为天文学不是研究天体运动的,研究这门科学首先"应对天上的东西不予注意","因为真正的天文学所研究的是在数学天空中星球运动的规律,有形的天空不过是这一数学天空的不完全的表现而已"。事实上,产生柏拉图思想的原因,是当时观察天象已经达到肉眼所能及的极限。后来的许多科学家鲜明地肯定了外部世界的客观性和可知性。亚里士多德不但肯定了对人类来说外部世界是存在的,而且认为我们关于周围世界的概念是对物质世界的抽象而得到的。自然科学就其整体而言,应当从事对周围世界的研究,从中找出关于周围世界的真理。到了文艺复兴时期,欧洲更是出现了现代哲学,并随之兴起了对自然科学的探索。现代哲学奠基人笛卡尔认为:整个物理世界不是别的,而是一个按规律动作的大机器;而人类运用自己的智慧,找出各种方法,包括数学推理的方法,可以发现其规律。

正因为对自然事物的客观存在性和运动规律性作出了明确肯定,自然科学实验才如同我们今天所见到的那样发展起来,为人类作出了如此巨大的贡献。而在教育领域,人们却产生了疑虑:教育是否也如同一般的自然科学那样,存在着确定的规律呢?人们认为,教育这个"激流"比之于教育之外的其他过程更加变化多端,我们很难看到对象在过程中重复运动的情形,更加不能"两次跳进去";一个关于教育科学的试验,得到的结果并不像研制新药的药方一样，可以让人如法炮制，如果不考虑实际情况而照搬别人的试验方法，就往往会失败。科学是严格地按照经验是否可重复来作为判别真假的标准的。我们既然缺少有力的手段去揭示教育过程难以进行重复实验的机理，当然就很难摆脱对教育是否存在客观规律性的疑虑了。

事实上，这个问题可以从教育与自然科学的关系来认识。人作为教育对象，既是社会的，又是自然的。作为自然的人，不仅仅具有自然本能，更根本的是具有生命和行为，这就必然有物质的变化和能量的转换。教育中所涉及的无论是生理的还是心理的因素，都具有相应的物质和能量形式，都受到物质和能量的变化规律支配。而物质和能量的存在与变化又是可以为自然科学的研究方法所察知的。就这个意义来说，只要自然事物存在客观规律，教育也就存在客观规律。只要自然事物的规律是可研究的，教育的规律也就是可知的。当然，难度孰大孰小另当别论。

深究之，人们之所以怀疑教育是否存在客观规律，原因在于教育涉及了变动不居的精神的和情感的因素。正如苏联心理学家维果茨基说的："思想背后是激情和问题的倾向——我们把思想比作下雨时（把词比作雨）笼罩天空的云雾，而把思想的动机比作引起运动的风，只有揭示了别人思想的底蕴时，才能真正地完全了解别人的思想。"因此，他认为要将人的思维完全形式化，就必须使动机、情感、激情也完全形式化。但目前在信息加工领域（如计算机），却远远不能理解情感和动机等领域。长期以来，类似于情感、动机等这样一些领域对电子仪器来说，似乎是永难察知的，这一问题成了教育实验方法革新的障碍。但实际上当代生物学、脑科学、神经科学等自然科学知识和相关的手段，是可以用来解释情感的发生和发展机制的。我们从对不同的情绪以及不同的知识所联系的不同脑区的研究中知道，情绪的改变会引起内分泌变化，而内分泌变化会引起体内和体表的电阻变化。特别是，人脑相同的内部结构和遇到相同的社会、文化背景，使个体之间有可能在相同的情景下作出相同的反应，这就是教育现象从本质上来说是可重复的理由（正是为了察知这种深层次的重复，我们需要有新的手段）。近年的研究否定了如下看法：人只有低层次的需要才是本能的，而人本身所具有的各种超出动物的高层次需要特征，都没有实证基础。美国心理学家马斯洛认为，人的高层次需要也属于天性的范围，而人区别于动物的特有天性，本身也是具有生物学意义的，也类似于本能。例如，希望受尊重、有安全感等主观意念都不是可有可无的，而是人生存中高层次的类似于"对维生素 D 的需要"，失去了这种需要，人也会生病，即所谓"灵魂病"。马斯洛认为："这是一种人活着就无法摆脱的人性，并且是可以从实证科学的意义上加以确证的。"有的研究人员在教育科学实验室中，观察到受试者由成功兴奋而引起皮肤电流的明显变化，从而找到了启发式与愤悱状态的相联系的较为深切的实证根据。这说明，尽管教育涉及极为复杂的精神的和社会的因素，但精神活动是以人脑为物质基础的，而脑的活动又不是孤立的，它与人的内分泌系统、循环系统、经络系统都有着密切的联系。在这些活动中产生的物理的和化学的变化总是可以得到反映和观察的。而这种观察的数据，也总是可以进入现代信息加工体系之中的。由此可见，在教育科学研究中，忽视教育可以最终归结为物质和能量变化的自然科学本质，并对自然科学手段的介入持无所作为的悲观态度，是没有根据的。当然，在自然经济或工业社会中的教育研究，我们还很难提出或解决上述问题，而在信息社会，在以计算机和现代通信手段为中心的现代研究手段日益发展的今天，我们已经可以来探讨和着手解决这个问题了。只有这样，我们才能把教育科学从满足于思辨、大面积、长周期、因素混沌、手工业式、重结果而不重过程的研究方式中蜕换出来，使之出现一个强调实证的、可以把实验室实验和自然实验相结合的、高效率的、高科技的、既重视结果研究又重视过程研究的新面貌，这对教育科学化的进程,将具有巨大的意义。

借鉴自然科学用微观或超微观研究
确定宏观规律的方法

教育科学研究正在我国蓬勃发展。目前,它正在以很大的规模朝着整体和宏观的方向进展。作为群众性的研究活动,这样的进展是令人鼓舞的。它有力地促进了教师业务水平的提高,并直接推动了教育工作。然而也存在一些问题:目前普遍使用的宏观的、自然的、直接的研究,涉及的因素众多,系统庞大,很难正确归因。因此,它对教育的客观规律的认识是比较有限的。自然科学研究在遇到同样的问题时,认为"混沌来自于没有发现自由元——正如把奇数改写为 $2K+1$,从而且得到自由元 K,就在新的层次上获得了认识奇数的自由"。最常见的处理是,把宏观的研究转化为微观的或超微观的研究。例如,在物理学上,把物体的物理性质,如刚性、比热、密度等等,都用原子、分子论来解释。早在公元前 5 世纪,古希腊科学家雷基伯和他的追随者德谟克利特就指出,虽然我们的感觉使我们相信声、光、水和物体在整体上是连续的,一切现象起源于物质的基本结构,但是存在着各种体积、形状、硬度和排列位置各不相同的原子,一些大的物体是由数值不同和排列位置不同的原子组成的。他们认为,现有的一切感性认识,只是各种排列的原子引起的表面现象。古代自然科学家的这样的认识,实际上是朴素的微观决定论。对这种理论和其一般性固然有待探讨,然而它至少提供了一种有力的研究方法。类似地,在数学中,用微分来研究积分,用瞬时速度来研究宏观的速度,把高维的图形看作是低维的图形运动的结果,例如把面看成是线动的结果,把线看成是点动的结果,等等。在遗传学中,把人的性别、性格和气质产生差别的原因都归为细胞染色体和基因所决定。马克思主义经济学借助于自然科学的方法，找到了复杂的经济世界发生的运动的细胞——商品，通过对商品的研究，揭示了剩余价值和科学社会主义的理论。克莱恩指出："完全有充分根据把量子力学的创建认为是20世纪物理学的第二次革命，至今我们还不能举出任何一个其他的科学发现，可以改变我们对自然界的认识和对大自然的想象。""量子力学研究的物质的原子结构——人们称为微观物理阶段，它与一些宏观的物理学不同，量子论所'发掘'的程度要比其他如视觉及触觉告诉我们的任何东西要深奥得多。""量子力学进行的是无形的静默的研究，虽然这个世界的本身感觉不出来，但是它产生的如此现实，就像桌、凳和我们那样。量子论发现的某些性质至今还未弄明白，而它却在实践中体现出来了，原子弹——这就是现实。"

自然科学之所以经常采用微观确定宏观的方法，有以下三个原因。一是对事物活动的最小单位的考察，可以把握宏观现象的根源。以哲学而论，这其实是在进行事物本体论的研究。突出的例子是关于原子可分的认识史。亚里士多德所持的观点起源于恩培多克勒（公元前495—约前435），后者认为，土、火、空气和水这四种成分是一切物质的基础，在某种程度上世界上所有物质都拥有这些成分的物质。这种情况同中国的"五行学说"相类似。从17世纪直至20世纪初，原子的不可分理论得到了承认。到了1897年，汤姆生用实验证明了物质确实是由粒子组成的。1900年，洛伦兹证明了负电荷粒子的存在。1903年，日本的长冈提出了所谓"土星模型"，按照这一模型排列，原子中心的核是被电子包围着的，这是第一次与原子不可分的观念决裂。而当揭示出关于微粒的"一波二元论"，即"所有电子形成一个波"的薛定谔理论提出后，演算所得到的解与实验极为吻合，因而这种理论就在原子试验的宏观实践中发挥了效益。二是对事物的微观研究，常常可以与宏观的变化相类比。1910年，卢瑟福进行了放射性原子试验，他得出了这样的观点：原子的结构与行星围绕太阳旋转的太阳系很相似。类似地，从描述天体运动的万有引力定律，到描述电场的库仑定律，所用的都是同一个以微观研究与宏观变化相类比的公式；在生物世界中，个体的发展与种系的发展之间有趣的一致性也是这种可类比性的例证。三是微观的实验室实验，容易创设理想的状态，获得高度精确的结果，能正确地反映客观规律。

  受自然科学的启发，教育科学也必须重视微观的研究。事实上，教育必须研究人本身。所谓个性教育，它的基本意义就是个体充分自由发展，也就是个体的发展。个体是"人"的基本单位。人的思维和人的行为都是由个体产生的。对个体的研究，对人的发自内部需求和可能性的研究等，都是对人的群体教育（教育的宏观现象）研究的基础。例如，我们对个体层面的小学语文的讲、录、听、写和单纯的写进行对比实验。其实验假设是：根据小学生短时间内记忆容量较小、集中注意力的时间较短的特点，以及个体的外显语言将对内部语言有所促进的原理和经验，我们设想，要小学生讲一个短文材料的时间，比写出它所用的时间少得多。实验的方法是：在小学生能集中注意力的时间内，让小学生先讲并录音，然后听录音，最后再写。实验表明，这样处理信息，效果很好。我们的实验还表明，可以在实验室中进行上述微观课题的研究，得出精确的结果，用以指导宏观的大群体的教育改革。

  应当说，即使是个体教育的研究，也是非常复杂的，我们常常不得不选取个体本身或行为的一部分来进行研究。这就构成了比个体研究更为深入一层次的微观研究。现在的问题是，行为的微观究竟在多大程度上决定了行为的整体？事实上，在心理学研究中我们经常采用的心理量表，就是利用行为的一部分来判断个体的整体性质。我们认为，人的行为具有全息性，就如在全息照片中，每一块碎片都保存着原来整张照片的全部影像；在非预警状态下，人的行为哪怕是很小的部分，也蕴含或联系着个体各方面的品格，诸如性格、反应能力、体质等的许多信息。例如，我们有时候说，"某一句话只有某人才能说出来"、"某个动作是某人的特定动作",这些其实就是对其行为的见微知著。又如,关于"字如其人"的笔迹学研究认为,借助于笔迹可以判断人的性格、情绪、健康状况和学问功底等。我们之所以在日常生活的范围中不强调这种行为的全息性,是因为日常的、一般的观察条件不可能对行为的小部分进行全面的分析。也就是说,问题不在于行为的片断中是否存在个体的全部信息,而在于我们是否能对其中的信息点加以考察、放大和析出。今天我们开始在教育研究中采用现代化研究手段,从而得以发掘行为微观的深刻的因素与特征,从而为行为的微观研究开辟了道路。当然,正如粒子也有着分子、原子等不同的层次,为了实验的方便,在研究行为的微观时,也要注重选取合适的行为单元,即有相对独立性的行为片段。还需要指出,行为全息性的见解是利用实验室对行为的微观进行研究,借以解决宏观问题的理论基础之一。

借鉴自然科学以间接研究取代直接研究的方法

使用间接的方法来研究对象是自然科学研究的绝招之一——当难以采用"正面攻击式"去直接解决问题时,就采取迂回策略,采取间接的方式去解决。例如,想要了解肝脏的病变,直接的方法是切片或打开腹腔进行观察,然而大多数情况下人们并不这样做,而是把问题转化为对血液中的某些参数,诸如黄疸指数、麝香酚草浊度指数等的研究。在科学方法论中,这种间接方法也称为 RMI 法则,即所谓关系反演法则。以下是关系反演法则的略图。

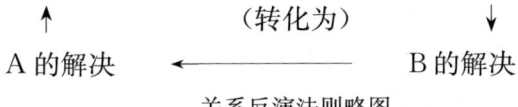

关系反演法则略图

◇教育走向生本

在自然学科和数学中，采用这种研究方法是司空见惯的。举一个最简单的例子。关于人身高的定性描述通常采用"较高"、"很高"、"不高"等用语，当然这不精确，而用刻度尺量身高读数，显然就简明精确。在自然科学中进行的间接研究是模拟研究，如仿真模拟、数字模拟等等。仿真模拟的核心是使仿件与被仿件建立主因素同构；数字模拟要求在统计和测量的基础上建立主因素变化的数学模型，通过数学模型的动作，把现实事物的变化状况反映出来。

自然科学研究的间接方法对教育科学研究具有重要的启示。如前所述，教育的复杂性在很大程度上来自教育的社会性、个性和心理因素，而当前我们对之研究用的大都是直接实验法和自然实验法，其缺陷是由于系统过大和因素过多、结构复杂，难以进行精确观察和把握。这就迫使我们寻找教育现实事物的易把握的表征或参数，进而把问题转化为对这些表征或参数的考察。为了找到这些表征或参数，我们可以考虑用"共变法"，即如果条件 M 发生变化，此时现象 R 也发生变化，当这种情况经常发生时，我们就可以判定条件 M 是现象 R 的原因。例如，当我们多次地发现某种特质的学生在一定的教育措施 Y 下，产生某种反应 T，而且反应 T 出现，又总是联系着某种易考察的表征 S，那么，我们可以考虑用在教育措施 Y 之下表征 S 的变化规律，来刻画在教育措施 Y 之下的反应 T 的变化规律。例如，学校设置了左脑和右脑活动的活动课程，我们想了解在这样的课程进行中学生反应的情况，就可通过某些表征去了解。我们知道，在右脑中情感因素和形象思维被调动起来时，至少可以出现下列表征：表情、声音、肾上腺素分泌、眼动方式、脉搏、生物电的变化，笔迹的变化，等等。从大量观察可以得知这些表征与所论课题之间的关系，从而我们可以把研究原课题转化为观测这些表征中的一个或若干个。

在科学发展史上这种间接法则的优美例证是，加伐尼发现用两种金属接触蛙腿发生痉挛现象具有划时代意义。这一发现不仅成为伟大的电流科学的肇始,而且在生理学与心理学方面也引起了许多活跃的联想。现代心理学创始时最早的贡献之一在于对感觉极限的研究。研究者用两针同时刺激皮肤的不同部分,当这两处感觉到受压时,测量两点的距离,直至得知还能感受到两处刺激的最短距离。从中他还发现了一定的数学关系,即刺激按每一步骤开始时的强度增加,换言之,即按几何级数增加。可见这种间接法的研究,比较有哲学头脑的人士早就认识到了。贝内克在1833年发表的论文《自然科学的心理学》中也提到了这个观点。洛采在1852年承认数学方法适用于心理学的几个部分。费希纳在1860年首先使用"心理物理学"一词。现代学派的努力表现在冯特的著作中,他进行了许多测量,如测量了人们对事件的感觉,而且还把许多研究线索整理成一个条理分明的体系。特别是,冯特充分认识到间接方法在特殊问题的研究中的作用,但他绝对没有忽略内心生活的基本统一性。而这正是现代教育心理学所要解决的问题。这个问题涉及所谓身心平行的理论:人的生理和心理的现象显然是平行的,纵然没有联系也是同时出现的。这个理论认为,意识是伴随神经系统内的变化而产生的外部现象,它虽然复杂却是可以研究的。对心理物理学来说这就够了,而不需要追问这一外部现象是否独立存在。而意识会在社会生活中不断发展,它表现在语言、文学、科学、艺术和一切社会活动上。这是一个心理价值增长的过程。因此心理科学不但与语言、科学、语文学、语音学等联系起来,而且给予这些科学以新的力量,并且通过这些科学由人的外部世界深入到人的内心世界。自然,有关学生活动的外部行为与心理活动的统一性问题,现时还未在精密科学方法的范围之内得到深入的研究,一些基本的问题目前仍在研究。但是上述思考给了我们在研究方法上的新启示,那就是把自然科学方法研究获得的"理解"与统一论的哲学教育学的"解释"统一起来的一种综合型研究方法,也就是把间接所得的实证与直接的审视结合起来的研究方法。这将是教育科学研究的一条科学而具操作性的途径。一个例子是，在实验室中把学生置于流行艺术（例如某港台影片）之前和置于严肃艺术（例如电影《上甘岭》）之前，然后测试观看时学生生物电流的变化规律，再依据既有的波形图的教育科学的专家定义表（教育科学解释），去作出不同文艺对学生影响的判断。显然这样的研究比单纯的问卷调查等方法，有其更强的说服力。德国一名学者就以此方法研究过色情广告对 20 世纪 70 年代和 90 年代美国青年的影响，结果发现，色情广告对后者来说，影响力已经大幅度减小。这样的研究当然对广告业的选择有明显的干预作用。

此外，我们还可以举出，教育科学研究要借鉴自然科学使用计算机、软件化的方法。既然所有的事物都有质的规定性和量的规定性，从理论上说，我们就有可能对它进行数量化的刻画。其一般的做法是：在测量统计的基础上，取出揭示既有实验所反映的因果关系的数据，建立相关的数学模型，进而进行对所立模型的再实验的考验；如果通过了考验，我们认为该数学模型是可用的，然后我们使它进入软件，用以对新的数据作出处理，获得计算结果，这样就可以进行教育科学的"软件上的实验"了。

(本文原载《教育研究》1996 年第 5 期)

八、繁荣教育科学，促进教育创新

深化教育改革给教育科学带来了机遇和挑战。这要求教育的思想、观念、途径与方法进行重大的甚至根本的变革，教育研究的地位与作用已非往昔，它必将在教育创新的强烈需要下获得巨大的繁荣，日益成为教育改革与发展的灵魂。以下拟就新时期教育科学地位的变化，进行若干思考。

教育科学推动新的教育理想的构筑

新时期教育科学的任务之一，是促使教育更好地适应现代社会。教育学是人学。当现代社会需要培养一代新人的时候，必须把握人性的基本范畴，这就不可避免地会要摆脱原有的教育框架。尽管教育科学从它产生开始就是以探求教育规律为本质的，但一定的教育规律的认知依托着一定的教育基本框架，不同的教育框架会产生不同的教育行为和与之相应的规律认知。因此，当社会转型要求教育框架发生改变的时候，仅靠过去教育的规律总结已不足以回答今天和未来的问题了，教育研究很自然地要把它的重心放在构筑新的教育理想上。也就是说，未来的经济、社会要求教育科学的注意力集中在未来的人和培养目标上，并讨论如何实现新的教育理想。这是新世纪教育科学发展的显著特点，也是教育科学的新的使命。

创新是一个民族进步的灵魂，是国家兴旺发达的不竭动力。新的教育理想，首先是培养具有创新精神和创新能力，以及与现代社会相适应的现代人格的一代。而这一教育理想同传统的教育哲学产生了激烈的碰撞。第一，既有的教育理念在一定程度上拒绝以人为本，使教育思考不能真正进入人的发展的探讨。第二，传统教育受着文化守成性的潜在制约。第三，传统教育的基础是对人的本性的"被动假设"。第四，在流俗的作用下，传统教育退缩为实然性的而不含有应然性的功利和短视的行为。

新的教育理想的建立，是同这些陈旧的观念、意识相抵牾的结果，正是在这些地方，教育研究作出贡献，为新的教育理想建立相关的理论基础。

首先，教育科研为新的教育理想的实现提供了以人为本的基本策略。它揭示了以人为本与以社会为本的一致性，从而为两难之境找到了出路。在计划经济体制下，人本总是被看成是与社会对立的：要使培养的人与社会的需求一致，就要用社会划一方式改造个体，就要压抑人的本性。这种教育固然也起过一定的作用，但其实际状况与出发点却大相径庭，突出的问题是抑制了人的创造性。现代教育学尊重作为社会活动的单元的个体，认为只有个体的充分发展才能为社会发展提供强大动力，这犹如每个原子能量的释放才能产生原子弹的巨大力量一样。与此同时，现代心理学发现了人的高层次需要的存在，认为人可以获得自我实现的高峰体验，而自我实现必须在社会的背景下才能实现和体认，这是人的终极幸福的归宿。良好的教育给予对象以真善美的认知与个体情感共生和统一，以及在社会中实现自己的高层次的幸福的可能性，这就找到了以人为本和以社会为本的深层联系，为着手于人而服务于社会的教育策略找到了依据，并赋予了现代教育理想以追求崇高的特性。

其次，教育科研为现代教育伦理提供了新的文化基础。教育科研成果指出，教育民主化的本质是教育的内在需求而不仅是外部约定，从而为学生主体精神的发扬提供了依托。这种认识与儒家文化的观点是对立的。作为发生于我国古代教育而又渗入社会、家庭和教育的背景性文化，儒家文化的核心内容之一是"上尊下卑"。在其影响下，教育过程形成了非民主的潜在约定，教育者拥有知识而成为学校生活的权威，教育变成了从外部对受教育者进行加工的过程，学生沦为被动的知识受体。这就造成了教育的传承式、维持式、接受式和就范式的格局以及他律为主的过程。其问题远超出了师生关系伦理，而更在于脱离了学生是学习的主体这一基本事实，抹杀了学生创新的本性和思维的权利，破坏了教育教学的规律。"不审势，则宽严皆误"，格局既定，所有教育行为的效果也就大打折扣。就过程而论，它压抑了学生的学习热情和学习能量，降低了教育的质量和效率；就结果而论，它不利于培养知识经济社会所需要的人才。教育科研不断揭示了人在教育认识活动中的主体作用以及与之相适应的师生关系伦理，促使教师把尊重学生自身的创新精神和创新能量、提倡创新式的学习、教人求知和开启智慧作为基本工作，确立了教师为学生的自我发展服务这样的新秩序，从而赋予了教师工作和教学过程的新的概念。如爱因斯坦所强调的，自我行为和自我负责的教育，比起那种依赖训练、外界权威和追求名利的教育要优越得多。

再次，教育科研为新的教育理想的构筑提供了儿童本性的科学认识基础。教育科研揭示了学习者的先天结构与后天行为的关系，否定了对受教育者学习的"被动假设"。人之初是"性本学"还是"性本惰"？这是对人的认识的重要分野，也是学生能否取得真正的主体地位、获得教学中民主资格的前提。研究表明，当今存在的人类，是自然界长期的物竞天择的优胜者。在生存竞争中，人不但形成了任何计算机也不能比拟的用于思想的丰富的物质基础——人脑，拥有逃避危难、繁衍族类、繁荣滋长等内部机制，而且形成了更高级的适应环境、学习外界、实现自我的意识或本能。而这正是人之成为人的标志之一。作为心理结构，它有如计算机的内存，与生俱来，成为写入（学习和内化）前人的知识经验等心理内容的基础，也成为培养具有创新精神的人以及"有教无类"（面向全体学生)的生物学基础。教育科学要研究在此基础上的教育理想,而不是延续在人的"被动假设"(学生只能被动地学习)基础上的旧的教育观念体系。

　　此外,教育科研为现代教育理想提出了相应的发展哲学基础。教育科研揭示了教育对象的现实与发展的两重性,肯定了现代教育理想内蕴的发展理念。它尊重这样一个事实:在同一时点上,一个受教育者既是现实的、即时的实在,又具有未来的、发展的因素。既然受教育者具有这种双重性,对它的教育教学的所有措施和概念,如评价、知识、经验、能力、课堂教学、教案等等,就都必须兼顾到这两个方面。例如,目前常见的教育评价手段往往只考虑现实因素,而很难评价未来发展,使教育退缩为仅具"现实"的单重性,变得十分功利了。再如,传统的认识把知识看作对确定事实的描述,是认识的结果,是实在的,但实际上知识同时也是认识的过程,是求知的方法,是一种精神和态度,它又是发展的。我们可以把成人分为两类:一类是负有发现和创造任务的成人,如科学家;另一类是运用知识的人,即普通的成人。儿童的思维,与上面两类成人的思维方式相比,更加类似于科学家的思维。这是因为,与科学家一样,儿童的思维也是从无知到有知,从少知到多知,他们也在探寻未知世界,在自己的头脑中进行创新(区别于科学家在人类知识领域中进行的创新)。也就是说,在教师和教材的条件下,儿童也在生产知识,但这种生产不是丰富人类的知识库,而是使他们的自己头脑发生变化,从头脑的实然朝着应然前进,换句话说,儿童在"自己生产自己"。再如,过去的教案都是教师规定了的,写得细之又细,但既然教学是师生双边的活动,真正的教案只能是在课堂上最后形成的,含有学生的活动因素的那样一种。也就是说,课堂教学不应是教师规定好的一个个细密的认识程序,而应当是在教师主导下的学生的生动活泼的认识活动过程,正是在这样的过程中,课堂充满了如叶澜教授指出的那种"生命活力"。纵览教育的发展，诚如鲁洁教授所说："不能只局限于教育可以使一个自然人转变成一个具有社会历史规定性的人。它的更深层的含义还在于，教育不仅使人具有各种现实规定的实然性，而且还赋予人以人所独有的应然性。教育使人有追求，有理想，有创造，有超越，有意义世界的建构……教育要开发人的智力、能力，要开掘人的大脑潜能等，但教育更重要的是发展人之发展的动力；授人以自我发展的'发动机'和'钥匙'，并不断提高它的能量和功能范围。"[1] 今天，知识经济和知识创新的呼唤，使得人的这种两重性的认识有了更重大的价值，成为构建新的教育理想的重要哲学。

变革的时代是渴求新思想的时代，以构建新时代的教育理想为己任的教育科学，将有力地促进教育的深刻变革。

教育科学是战胜非科学流俗的强大武器

与群众性的教育实践紧密结合，是新时期教育科研的又一特点。教育是受到多元影响的行为，其规模之大，涉及面之广，因素之复杂，使它的发展更容易为陈旧的思想意识或习惯所左右，任何新的措施、做法、口号，都有可能为它们所融合，导致教育实践沿着自然趋向演变。即群众的教育行为，在缺少教育科学指导下或正确的政策规范下，在较低层次的教育理解影响下，自发产生了某种发展趋势或流俗。这种流俗难以适应现代社会的教育需求，与培养现代人的理想背道而驰，而且具有潜在的和强大的影响力。认识流俗的存在，揭示其非科学的本质及其危害，用科学理论武装人的头脑，在实践上克服流俗，促使教育转到正确的轨道上来，是教育科

---

[1] 鲁洁：《实然与应然的两重性：教育学的一个人性假设》，载《华东师范大学报（教育科学版）》1998年第4期。

学的繁难而重大的任务。

我们试举出常见的一些流俗现象。一是由社会性因素产生的功利流俗。它受功利规律的支配，向着可展示、可评价的方向发展，也就是说，哪种行为的效果容易展示、评价，哪种教育行为就得到加强，而难以展示和评价的教育行为就受到削弱。例如，学校硬件的过度建设，或对可考查评比、可竞赛性内容教育教学的过度倾斜，以及对学生的内在品质教育即素质教育的削弱，等等。二是受认识方式影响的"物相"流俗。它受感知规律的支配，向着把教育"物相"化而非"人化"的方向发展，"用物理过程的规律看待教育和心理过程"。三是由片面的工作经验引起的经验流俗。例如，教师片面总结了"严是爱，松是害"的经验，把对学生的严格要求，泛化到在爱的名义下对儿童实施非民主的管制与训斥，或造成盲目竞争的所谓激励机制，等等。

非科学的流俗不是源于缺少进行良好教育的愿望，而源于对人的教育的简单化和浅薄化的理解。从最普遍存在的"物相"流俗就可以看出这一点。事实上，由于教育的精神的、社会的，以及发展的和隐蔽的因素难以观照，于是，无论是教育者还是教育管理者，都极容易把对其他可观照物的认识迁移或叠合到对教育的认识上，把教育作为某种物相，主要表现为物式目标、物式灌注、物式知识结构、物式评价、物式管理等等。下面我们在给予说明的同时，用教育科学的观点加以对照。

物式目标。流俗使现实教育只重视人在教育中的具体的、可表现的获得，而不注重人的内在的、发展的因素的增添。其原因是把教育效果视为物质产品，以物质产品的可感性来观照教育目标。例如，如果某一堂课是真正素质教育式的，注重了学习者的思维活动，它把某一课本的结论，交付给学生去寻找和获得，并以此培养学生的科学精神、态度和方法，那么这样的课往往因其具体的教学内容"容量小"而受到批评。因为精神、态度、方法是不可感的，而具体读了几段书，做了几道习题，则是可感的、物相的。与之相对照的是，教育科学深刻地揭示了教育对象的发展性。

物式灌输。在实践中，人们对教育教学过程的认识，很难摆脱"倒满水缸"、"灌满香肠"之类的物相类比的潜意识。于是，整个教育教学过程中大都是教师讲，学生听，教师灌注，学生接受，只注意了人的知识学习，忽视了人格或思维的发展；在教学中强调的是记忆、模仿和大量的操练；人们不自觉地假设学生是装纳知识的容器，教师灌得越多，学生就装得越多，考试时流出的也越多。这种物式灌注扭曲了教育教学的复杂过程和机理，忽视了如下事实：无论何种教育和教学，最后都必须通过学生的内化来完成人格建树或知识的获得。在内化过程中，外部信息在学生的适当的心理场中，在学生的价值观以及一定的精神态度因素下，与学生原有的知识、经验和智慧结合。也就是说，如果把学生类比为知识容器的话，它也只是一种活性的容器，"心是不屈不挠的"，它对外部信息的最后吸收、选择、拒绝或内化，完全拥有其自主性。也就是说，只有学生才能真正占有自己的全部头脑。外部灌注者所能调动的只是学生头脑的显意识中可以传讯的思维。而在显意识中，还有一些只可意会、不可言传的非传讯性思维，此外还有他们的潜意识等，只有学生本身才能对之调动并发挥其在学习中的功能。

物式知识结构。非教育世界的物相结构是层层累积、由局部到整体的搭建方式。而知识的真正过程，却是既有搭建又有着意义的整体把握，形成所谓"思维胚胎"，并以此为起点逐步完善的过程。现在的问题在于，无论是教材还是教师的实际教学，对知识的结构都很难避免采取类似于建筑物相的搭建方式。据此，一项知识总是由局部到整体地建构的。学生如果不学习前面的，就不知道后面的；但不学后面的，却又不知道前面的学来何用。也就是说，学生的学习很难进入意义领域，很难形成所谓思维"胚胎"，这不仅不符合人的学习的实际过程，更难以调动学生的学习积极性，使学习

◇教育走向生本

奉命而为，缺少真正的、内在的、直接的学习动机，不能获得认识母体——学生自身的全部经验对新知识的支持。换言之，我们在知识结构问题上，采取了学科整理专家的路线——累积式发展的路线，而不是采取符合学生认识规律的路线——及早进入意义领域。教育研究则指出了我们上述的"思维胚胎"式发展的路线。例如，有人依据实验结果对小学语文教学目前的知识搭建方式提出了批评，认为小学语文把识字过程拖得很长，使学生无法及早进入阅读——获得认识意义的领域，造成整个语文教学以学生的被动接受为基调。

物式评价。教育评价的常用策略是把教育结果的外显物加以某种方式的量化，它经常受到把教育结果物相化的影响，即把教育成果看成是可分割的、可直接进行数值计量的、可加的。当然，我们不可避免地要采取这种计量方式去作为教育测量与评价的一部分，但如果把它绝对化，使得教育评价的内容越来越多，分割越来越细，武断赋分的现象越来越频繁，其结果就会使学生成为"谨小慎微、保守、缺少宽宏态度的人"。事实上，当人的每一小步都诉诸评价的时候，就举步维艰了。也就是说，物相的评价方式，可以评价人在发展中的外显物，而难以评价其内在物；可以评价人的智力发展的某些方面，却难以评价非智力因素。教育评价首先不是技术问题，而是技术选择的问题。有利于人的发展，应是技术选择的主要依据。

物式管理。教育对象是发展的主体，管理应以人为本，服从于教育对象在自我行为和自我负责、自觉为主发展的需要。这是与企业的物的生产管理的本质区别所在。事实上，如果我们要勉强对比的话，教育的加工是在表面上的产品——学生身上发生的。学生既是加工结果的受者，又是结果的予者，是产生结果的"主要劳动力"。执教者的责任不是生产，而是引导和激励生产，如同苏格拉底说的，是助产士，而不是产妇。对于一个受教育的群体而言，教育教学是既有共性，又有着强烈的个性的行为。其个性首先表现为教育对象特质各异。管理工作应把学生和执教者都当作活生生的人来研究。应当给教育的指导、传授和激励者——教师以工作的自由度、想象空间和施展余地。只有他们有自主权了，他们才能给教育对象以相应的余地和空间，实现以人为本的管理。否则，事无大小，都由教育管理者一一订定，就会把人的培养变成机械产品的生产，使教育的使命扭曲变形，不能培养出现代社会需要的创新人才。

由上可见，流俗的认识与科学的认识是相互对立的。教育科学将在克服流俗的过程中找到十分丰富的课题，发展自己的针对性和战斗性，增强自己的生命力。尽管流俗十分强大，但是我们有信心依靠教育科学的力量来克服它。这是因为，思想一旦把握了群众，就会变成巨大的现实力量。今天，我们有许多有利条件。首先，上述种种非科学的流俗，造成了教师和学生都疲于奔命但结果适得其反的状况，改变这种状况，已成为社会广泛关注的问题，成为许多教师和学生的愿望。我们已经具有了克服流俗的思想基础。其次，我国的教育科学研究已经把克服这些流俗列为各种各样的相关课题，从理论上到实践上都作了准备。教育科学将以其深远的对可持续发展效果的洞见去化解短期功利的追求，以其对人的深刻认识去改变物相化的表面功夫，以其全面的辩证的见解去克服片面的经验流俗。特别是，当今推进素质教育已成为政府行为。素质教育本身，就是恢复了人的教育的内在的、应然的目标，就是把人还归为人来进行教育。

教育科学正在成为积极改变现状的行动科学

近年来，教育科学地位的体现，还表现在它从被动的"解释学"转变为积极的"行动学",特别是直接地为教育决策服务。教育界人士越来越把教育科学看作正确决策的前提,教育科学在决策中发挥了越来越大的作用。

教育科学直接为教育决策服务,是教育科学从消极走向积极的表现。事实上,教育科学长期滞后于决策,而当决策形成并付诸实践的时候,教育科学所能起的作用就是图解决策,为决策作出理论诠释,为一定的政策服务。但在现代社会中,作为反映教育客观规律的教育科学,仅仅起到这样的作用显然是不够的。教育是关系到亿万人的事业,而且十分依赖于时间维度。如果一段时间的教育发生失误,其影响将不仅是这段时间的在学者,而且波及这些人的后续工作、生活直至整个社会的进步发展。一个不当的决策,从行政程序来说,是可以改变的,但其造成的社会、经济以及人本的影响,则是难以弥补的。因此,决策是否依赖教育科学,教育科学是否具有可靠性、真实性,是关系到整个教育的长远发展以及一代人的成长的问题。

今天,教育科学的行动意义,还在于我们面临的知识经济社会带来了许许多多的新信息和新问题,这些问题成为决策或实践必须或不由自主地要加以考虑的因素。例如,教育现代化问题,信息化对教育影响的问题,新课程问题,现代教育投资体制问题,等等。对这些问题的研究,一般要依靠专门的工作者才能深入其境。并且,由于现代决策的节奏加快了,从研究到实施的周期缩短了,专门的教育科学研究工作者的责任也就更重大了。一个概念或结论正确,可能避免浪费或失误,使学校教育走向科学之路,这是十分值得注意的。例如,经济发达地区面临的教育现代化和学校如何适应信息化问题。首先是教育现代化的含义。对于经济社会的现代化来说,由于它有着明显的发展阶段标志,其含义是明确的。但对教育来说,它的现代化含义却具有需要加以讨论的复杂性。一种见解是,世界发达地区的教育已经具备了某些特征,这些国家的经济社会是现代的,因而教育现代化就是向这些国家的教育看齐。从教育在社会现代化的进程中必须解决的问题角度来看,我国教育的确要借鉴发达国家的教育,因而这种见解有其积极意义。但经济现代化国家的教育是否就是教育现代化的模式,也仍然是值得讨论的。例如,有学者认为教育具有民族和文化特征,导致基础教育与国外"无轨可接"。另一种看法认为,教育现代化的含义就是教育面向现代化,其核心是培养现代社会所需要的人。这种看法固然非常稳妥,但它更多地把现代化当成一种趋向和进程,并没有明确地指出教育现代化的具体目标。第三种看法认为,教育现代化就是教育观念的现代化、教育目标和方法的现代化、教育手段的现代化或者物质条件的现代化等等。这种教育现代化的含义比较概括,但也有值得质疑的地方。主要是在教育现代化中把手段与物质条件的现代化与教育观念、目标和方法的现代化并列,有过分强调物质条件之嫌。有的学者认为,教育主要是文化和精神的传递与形成,物质条件是必要的,但不处在关键的地位。在实践中,如果不把这点分辨清楚,就很容易由于功利流俗和物相流俗使得教育现代化物相化,形成物质攀比。这无论对于教育的实际需要,还是对于我国经济还比较落后的国情,都是不适合的。与此有关的是关于现代化教学手段或教育技术的问题。从发展的历史来看,在多种多样的教学手段中,计算机辅助教学起到了良好的作用。近年来,由于世界信息化的发展,特别是芯片和网络的改进,互联网成为信息储存与传递的强大工具,人们对未来一代学习计算机的意义有了新的认识,而且计算机辅助教学的水平也有了提高。在学校中,更多地采用计算机辅助教学,让学生学习计算机的基本知识,把计算机作为学生个别学习的工具等等,都是十分必要的。但也要防止把信息化与中小学的关系过分机械化。基础教育是一种生命和情感的过程,在这一过程中,中小学生首先要学会做人,学会求知。教学认识也要循着由切身的感性到切身的理性的这样的规律,这才有可能让学生去联系自己的经验去学习和想象，并借此培养他们的感知和想象能力，发展他们的智力。由于计算机设备迅猛地进入中小学，相应的教育科学研究要跟上去，使既有设备起到应有的作用，并保护开展现代教育手段研究的学校的积极性。

仅从这些事例可以看到，随着经济、社会现代化的来临，今天，教育科学研究已经走到了前沿，教育科学的使命更为重大和迫切。保持教育科学研究的客观性、科学性（真确性）和批判性，不仅关乎教育科学的生命，更是关系到教育的发展前途。教育科学的学术研究应当更为活跃，研究的质量要进一步提高。同时，不仅在决策方面，在教育的应用科学方面也要有所发展。如学校建筑学、学校环境学、学生卫生学、学校法学等与教育实践密切联系的学科等，使教育学的行动科学性质更为突显，使教育科学在现代社会中成为一门具有强大生命力的、朝气蓬勃的学科。

（本文原载《教育研究》1999 年第 9 期）